외국어 습득론 입문

외국어 습득론 입문

지은이 정양수
발행일 2025년 2월 28일
발행인 김정겸 **펴낸곳** 충남대학교출판문화원
주소 대전광역시 유성구 대학로 99 **전화** 042-821-6045
홈페이지 http://www.cnupress.co.kr E-mail cnupress@cnu.ac.kr

ISBN 979-11-6503-303-3 93740
정가 20,000원

본 교재는 2023년 국립대학육성사업비 지원에 의해 발간되었음.

외국어 습득론 입문

정양수

충남대학교출판문화원

머리말

자신의 모국어 이외에 제2언어/외국어라는 새로운 언어를 배운다는 것은 어린이나 성인 모두에게 많은 노력과 시간을 요구한다. 그럼에도 어린이들이 성인에 비해 언어 숙달도에서 높은 성취도를 보여 주는 것은 사실이다. 따라서 모국어 및 외국어의 습득/학습 과정에 대한 많은 연구자들의 연구 결과는 외국어를 보다 효율적으로 가르치는데 유용한 통찰력을 언어 교사들에게 제공해 줄 것으로 생각된다. 이러한 맥락에서 본 교재는 학습자 입장에서 그들이 제2언어/외국어를 어떻게 습득 및 학습해 나가는 과정에 초점을 맞추어 기술되었다.

본 교재는 행동주의에서 구성주의에 이르는 철학적 사조에 따른 외국어 습득/학습 과정에 대한 다양한 시각, 외국어 습득/학습 과정에 영향을 미치는 다양한 요인 탐색, 그리고 최근까지 많은 학자들이 제시한 제2언어/외국어 학습 및 습득 이론을 중심으로 기술되었다. 특히, 학습자 개개인들은 자신들이 갖고 있는 인성, 인지적 성향, 태도, 동기, 학습전략 등을 활용하면서 외국어 습득 및 학습 과정에 적극적으로 참여하면서, 자신의 언어체계를 발달시켜 가는데 매우 창의적이고 적극적임을 부각시키고자 하였다.

본 교재는 총 10장으로 구성되어 있다. 1장에서 3장까지는 행동주의, 인지주의, 구성주의라는 서로 다른 철학적 사조에서 바라본 외국어 습득/학습 과정에 대해서 기술하였고, 4장에서는 어린이들의 언어발달 단계를 설명하기 위해서 내적교수요목에 대해서 기술하였다. 5장에서는 학습자 개개인의 언어 숙달도 차이에 영향을 미치는 요인들에 대해여 기술하였으며, 6장에서는 외국어 습득/학습 과정에서 학습자들이 받아들이는 언어입력의 유형에 대해서 기술하였고, 7장에서는 언어의 실제적 사용에서 나타나는 언어의 변이형 및 의사소통전략에 대해서 기술하였다. 8장에서는 외국어 학습의 기본 모형과 관련하여 창의적 언어구성 모형과 언어 기능 학습 모형을서로 대조하여 설명하고자 하였으며, 9장에서는 Krashen, McLaughlin, 그리고 Schumann의 이론을 포함하여 다양한 외국어 학습이론에 대해서 살펴보았으며, 마지막으로 10장에서는 외국어 습득/과정에서 파생된 주요 용어에 대한 논의와 함께, 외국어 습득/학습 과정에서 유추해 볼 수 있는 여러 함축적인 면에 대해서 기술하였다.

본 교재는 영어를 포함하여 외국어 교육을 전공하는 대학원생 및 교육대학원생, 외국어 교육에 관심이 있는 학부생들과 예비 교사들, 그리고 현직 영어 교사들의 외국어 습득/학습 과정에 대한 이해를 높이기 위해서 표, 그림, 및 독자들의 흥미를 끌 수 있는 영문 자료들을 많이 제시하고자 하였다. 이 교재를 통해서 외국어 습득/학습 과정에 대해 폭넓은 지식을 얻는데 도움이 되길 소망한다.

끝으로, 이 책을 출판하도록 재정적 지원을 해준 충남대학교 관계자, 그리고 충남대학교 출판문화원 편집부 선생님들께 감사의 말씀을 드린다.

2025년 2월
대덕 캠퍼스 연구실에서

저자 정양수

목차

1장
행동주의와 외국어 습득

1장

행동주의와 외국어 습득

단원 핵심 용어				
· 고전적 행동주의	· 신행동주의	· 자극	· 반응	· 습관형성
· 강화	· 대조분석	· 조건화	· 백지상태	· 간섭
· S-R 이론	· 언어수행	· 언어능력	· 매개이론	· 효과의 원리
· 강화의 원리	· 연습의 원리	· 표층구조	· 심층구조	· 반복의 원리

반복, 연습, 모방, 그리고 암기를 통해서 습관형성(habit-formation)에 이른다는 행동주의 학습 원리는 모국어 및 외국어 습득 · 학습 과정을 설명하는데 강력한 영향을 미쳤다. 행동주의 측면에서 모국어 습득을 습관형성으로 본다면, 외국어를 학습하는 학습자들 역시 새로운 습관을 형성해야 한다. 모국어라는 이미 형성된 습관과 외국어라는 새로운 습관이 서로 다를 경우, 이러한 차이점은 새로운 습관형성에 장애가 될 수 있다는 점을 예측해 볼 수 있다. 이러한 맥락에서, 학자들은 학습자들이 모국어라는 옛 습관과 외국어라는 새로운 습관 간의 차이점을 어떻게 잘 극복하여 외국어라는 새로운 습관을 형성하게 할 것인지에 대해 많은 관심을 보이면서 대조분석을 제안하였다.

1.1. 고전적 행동주의와 신행동주의

행동주의에서 바라보는 학습은 서로 무관했던 자극(stimulus)과 반응(response) 사이에 특정의 연합(association) 관계를 형성하는 것으로 보았다. 만약 자극과 반응 사이에 어떤 연합 관계가 형성되었다면 이는 조건화(conditioning)가 된 것이며, 조건화를 가능케 하는 요인으로 반복(repetition), 연습(practice), 강화(reinforcement), 모방(imitation), 암기(memorization) 등이 있다. 행동주의는 주어진 자극에 대해 학습자가 보여준 행동(반응)의 변화를 학습의 결과로 보았으며, 이러한 행동의 변화를 과학적으로 관찰하는 것을 중시하였다.

1.1.1. 고전적 행동주의(Classical Behaviorism)

러시아 과학자 Pavlov는 개가 음식을 보면(자극) 침을 흘린다는 점(반응)에 착안하여, 개에게 음식을 줄 때마다 종소리를 듣게 하였다. 그런데 시간이 흐른 후에 개에게 음식을 주지 않고 종소리만 듣게 하여도 침을 흘린다는 것을 발견하였다. 물론 실험 초기에 개에게 종소리를 듣게 하여도 개는 아무런 반응을 보이지 않았다. 개가 음식을 보고 침을 흘린다는 것은 자연스럽고 생리적인 반응이지만, 일정 시간 동안 계속하여 음식을 주면서 종소리를 듣게 하여 나중에 종소리만을 듣고도 침을 흘리는 것은 개가 어떤 새로운 사실을 학습한 결과라고 할 수 있다.

음식이라는 자극에 대해 개가 침을 흘린 것은 생리적인 현상과 관련이 있어서 새로운 사실을 학습한 것으로 보지 않는다. 이때 음식은 조건화되지 않은 자극(unconditioned stimulus)이 되며, 침을 흘린 개의 반응은 조건화되지 않은 반응(unconditioned response)이 된다. 하지만 음식을 개에게 주면서 종소리를 같이 듣게 하여 나중에 종소리만을 듣고도 개가 침을 흘렸다면, 이때 종소리는 조건화된 자극(conditioned stimulus)이 되며, 종소리를 듣고 침을 흘린 개의 반응은 조건화된 반응(conditioned response)이 된다. Pavlov의 실험은 자극(음식, 종소리)과 반응(침) 간의 연합 관계를 설정함으로써 인간의 학습 과정을 설명하려고 하였다. 즉, 일정한 자극에 대해 일정한 반응이 일어나도록 연합 관계를 형성할 때, 유기체의 행동에 습관형성과 같은 어떤 영속적인 변화를 가져올 수 있다는 점을 주장하였다. 이 때문에 Pavlov의 이론을 'S(stimulus)-R(response) 이론'이라고도 한다.

고전적 행동주의에 따르면, 인간의 학습은 '백지상태(tabula rasa)'에서 시작하여 자극과 반응 간의 반복, 연습, 모방을 통한 연합 관계 설정, 그리고 습관형성이라는 결과로 나타난다고 보고 있다. 한 예를 들어, 한 사물의 이름을 듣고 그 이미지를 생각해 내는 것(예: '개'라는 소리를 듣고 '개'의 이미지를 생각해 내는 경우)은 조건화되지 않은 자극과 반응이다. 그러나 새롭게 학습한 개를 의미하는 영어 발음만 들어도 개의 이미지를 생각해 낼 수 있다면, 이는 조건화된 자극과 반응이 된다.

1.1.2. 신행동주의(Neo-behaviorism)

S-R 이론에서 보듯이, 고전적 행동주의의 가장 큰 약점은 유기체는 항상 자극이 먼저 주어져야 하고 이에 대해 수동적으로 반응을 보이는 것과 같이, 학습자의 주체성을 설명하지 못한다는 점이다. 이에 신행동주의 학파의 Skinner는 '작동적 조건화(operant conditioning)'라는 개념을 통해 인간 학습의 주체성을 설명하려고 하였다. 여기서 '작동(operant)'의 의미는 어떤 환경에서 자극을 받은 후에 행동하는 유기체의 수동적인 측면보다는 자극이 없어도 유기체가 먼저 주체적 행동, 즉 반응을 먼저 보일 수 있다는 점을 강조한다.

Skinner는 'Skinner Box' 또는 'Black Box'라 불리는 상자 안에 비둘기 한 마리를 집어넣고 상자 안에 설치된 특정 지렛대를 누르도록 하였다. 상자 안의 비둘기는 상자 밖의 상황에 대해 전혀 볼 수도 없고, 들을 수도 없으며, 또한 냄새를 맡을 수도 없다. 비둘기는 상자 안을 걸어 다니면서 여러 지렛대를 누를 수 있다(반응을 먼저 보일 수 있다). 그러나 특정 지렛대를 누르지 않는 한 아무런 강화 요인은 제공되지 않는다. 만약, 비둘기가 정해놓은 특정 지렛대를 누를 경우에만 음식이라는 보상(강화)이 제공된다. 이러한 과정이 계속되면 비둘기는 이제 다른 지렛대는 누르지 않고 음식이 제공되는 특정 지렛대만 계속해서 누르게 된다. 그러나 특정 지렛대를 누르더라도 음식이 제공되지 않는다면, 비둘기는 더 이상 그 지렛대를 누르지 않는다.

Skinner의 신행동주의는 사건의 반응(결과)에 따라 어떤 보상(강화)이 주어지는지를 중시한다. 예를 들어, 어린아이가 엄마 얼굴을 쳐다보면서 생애 처음으로 '엄마~'라는 발성을 하였을 경우, 그 어린아이가 엄마로부터 받는 미소, 칭찬, 포옹 등과 같은 특정한 보상은 어린아이의 심리적, 육체적 만족을 가져다준다. 이러한 보상은 차후에 어린아이가 '엄마~'라고 발화할 수 있는 가능성을 높여주며, 또한 '엄마'라는 어휘의 의미를 깨닫도록 해준다. 이렇듯 신행동주의에서는 어떤 반응의 결과에 대해 주어지는 강화(reinforcement)를 통해 학습이 이루어진다고 주장하였다. 강화에는 바람직한 행동이 더 많이 나올 수 있도록 하는 칭찬, 상, 물질적 보상 등과 같은 긍정적 강화(positive reinforcement)와 바람직하지 않은 행동을 없애기 위해 주어지는 벌, 비난, 체벌 등과 같은 부정적 강화(negative reinforcement)가 있다.

1.2. 행동주의 학습 원리

1) 강화의 원리

강화의 원리에서 가장 중요한 점은 학습자들이 먼저 자발적으로 행동할 수 있다는 것이며,

그 행동이 가져온 결과에 대해 주어지는 강화 요인에 의해 학습자의 특정 행동이 지속될 수도 있고 아니면 중단될 수 있다는 점이다. 예를 들어, 선행을 한 학생에게 칭찬과 물질적 보상과 같은 긍정적 강화가 주어지면, 그 학생은 앞으로 다른 학생을 돕는 등과 같은 선행을 행할 가능성은 높아진다. 하지만 수업 시간에 말썽을 피운 학생에게 체벌과 같은 부정적 강화를 제공한다면, 그 학생은 수업 시간 도중에 바람직하지 않은 행동을 할 가능성은 낮아진다. 예를 들어, 언어학습에서도 바람직하지 못한 발음을 한 학생에 대해서 즉각적인 피드백(강화)을 제공한다면, 학생은 곧바로 올바른 발음을 생성하기 위해 그의 발음을 수정하게 된다.

2) 연습의 원리

행동주의에서 의미하는 학습의 결과는 과학적으로 관찰 가능한 행동의 변화를 일컫는다. 바람직한 행동의 변화를 가져오기 위해서는 강화와 함께 지속적인 반복 연습을 통한 습관형성이 중요하다. 실제로 같은 학습 내용을 여러 번 반복 연습하면 학습 효과를 높일 수 있다. 반복 연습은 학습 내용을 소단위로 그리고 단계별로 쪼개어 실시하는 것이 효과적이며, 쉬운 과제를 먼저 성공적으로 완수하고 이에 대한 강화를 받고 나서 어려운 과제로 옮겨가는 것이 과제를 성공적으로 완수할 수 있는 가능성을 높여준다. 실제로 반복과 연습은 언어학습의 성공 여부를 결정짓는데 매우 중요한 역할을 담당한다.

3) 효과의 원리

Thorndike는 미로 상자에 실험 쥐를 집어넣고 얼마나 빠르게 그 미로를 빠져 나오는지를 측정하였다. 물론 미로를 빠져 나오면 음식이라는 강화 요인을 제공하였다. Thorndike는 시간이 흐르고 반복될수록 실험 쥐가 미로 상자를 빠져 나오는데 걸리는 시간이 단축되었다는 것을 발견하였다. 미로 상자 안에서의 경험은 어느 미로가 출구까지 이어져 있고, 그에 대한 보상이 무엇인지를 학습하도록 해준다. 효과의 원리는 학습 후 학습자에게 주어지는 보상이 무엇인지에 대한 필요한 정보의 제공은 학습자의 학습 의욕을 높여준다.

4) 부분의 원리

부분의 원리는 학습 내용 전체를 한꺼번에 학습하기보다는 몇 개의 부분으로 나누어 각각의 부분이 완전히 학습되도록 연습할 경우 학습이 보다 효과적으로 수행될 수 있다는 것을 의미한다. 부분의 원리를 잘 반영하고 있는 학습 체계로는 프로그램 학습(programmed learning)이 있다. 나일주와 정인성(1996, p. 35)은 프로그램 학습의 원리를 다음과 같이 소개하였다.

① 학습의 기본 단위(프레임)를 작은 단계로 나눔으로써 학습자의 능력에 맞는 학습을 지향하고 성공의 확률을 높인다.

② 학습자의 적극적이고 능동적인 반응을 유도할 수 있도록 다양한 강화 형태를 사용한다.

③ 학습자의 이해를 촉진시키기 위해 단순에서 복잡, 구체에서 추상, 부분에서 전체로의 학습 순서를 택한다.

④ 적절한 암시나 힌트를 제공하여 처음부터 올바른 반응을 유도한다.

⑤ 반응 결과에 대해 즉각적인 피드백을 제공하여 긍정적 강화와 함께 오류를 줄이고 수정할 수 있는 기회를 제공한다.

행동주의 학습 원리의 가장 중요한 점은 처음부터 바람직한 방향으로 습관형성이 될 수 있도록 적절한 강화 요인이 제공되어야 한다는 것이다. 예를 들어, 부모는 어린이에게 그들이 배울 문장들을 제시하고, 어린이들은 이들 문장을 모방, 연습, 반복하여 학습하게 된다. 물론, 학습 과정 중에서 어린이들은 실수를 하게 될 것이고 부모는 실수에 대해 적절한 수정이 이루어질 수 있도록 강화 요인을 제공한다. 어린이들은 계속적으로 이러한 방식으로 연습하게 되고, 부모 또한 자녀들에게 강화 요인을 제공하는 과정을 반복하게 된다. 이렇게 몇 해가 지나면 어린이들은 의사소통을 하는데 전혀 어려움이 없는 언어능력을 습득하게 된다. 행동주의 학자들은 이 원리가 외국어 학습에도 그대로 적용될 수 있다고 믿는다. 따라서 학습자가 배우고자 하는 외국어를 모방하고, 반복하여 무의식적으로 말이 나올 정도로 습관화될 때 외국어 역시 성공적으로 학습될 수 있다고 생각한다.

행동주의 언어학자들은 '언어학습은 곧 습관형성(language learning = habit-formation)'이라고 생각하기 때문에, 언어는 모방, 암기, 반복, 그리고 연습을 통한 습관형성을 통해서 학습되어야 한다고 생각하였다. 따라서 행동주의에서 바라보는 외국어 학습은 언어 요소들을 분해하여 그 하나 하나가 습관화가 될 때까지 모방, 반복, 연습, 강화를 통해 하나씩 축적해 나가는 과정이며, 나중에 전체가 연쇄적으로 묶이어 새로운 언어습관을 형성하는 과정이라 할 수 있다. 우리가 흔히 들었던 문형 연습, 흉내-암기 방법 등은 외국어 학습을 위해서 사용되는 주요 교수법의 예가 된다.

■ How to teach a pigeon to play table tennis

1. First stand your pigeon behind a ping pong ball. Whenever it approaches the ball (by chance at first), give it some food. Some your pigeon will have been conditioned to approach the ball.
2. Now only give the pigeon food when it actually touch the ball.
3. When the pigeon has learned to touch the ball, start to reward it only when it push the ball forward.
4. Continue training in the same way until the pigeon can knock the ball over a net.
5. Your pigeon is now ready to confront an opponent (another pigeon). You now only reward them when they push the ball past their opponent. The championship can commence.

from Johnson, 2013, p. 48

1.3. 행동주의에서 바라본 외국어 학습

행동주의자들이 주장하듯이, 학습의 결과를 습관형성으로 본다면, 모국어 습득 및 외국어 학습 역시 일종의 습관형성으로 볼 수 있다. 이런 맥락에서 본다면, 외국어를 학습하고자 하는 학습자는 모국어라는 옛 습관을 버리고 외국어라는 새로운 습관을 형성할 필요가 있다. 행동주의자들에 의하면, 학습의 가장 이상적인 출발점은 '백지상태(tabula rasa)'이다. 따라서 새로운 습관을 형성하기 위해서는 백지상태(tabula rasa)에서 시작하여 모방과 반복 연습을 통해 새롭게 습관형성이 이루어져야 한다. 그러나 외국어 학습은 모국어를 이미 습득한 후에 이루어지는 경우가 많아 백지상태에서 시작될 수 없다. 실제로 학습자가 가지고 있는 모국어 지식이 외국어를 학습하는데 영향을 미치고 있음을 발견할 수 있다.

새로운 습관을 형성하는데 옛 습관이 영향을 미치는 것은 분명해 보인다. 두 습관이 서로 비슷하다면 옛 습관이 새로운 습관을 형성하는데 그다지 큰 장애가 되지 않겠지만, 만약 두 습관의 차이가 크다면 분명 옛 습관은 새로운 습관을 형성하는데 장애(간섭)가 될 것이다. 이는 모국어라는 옛 습관이 외국어라는 새로운 습관을 형성하는데 부정적 전이(negative transfer), 즉 간섭(interference) 요인으로 작용한다는 것을 의미한다. 따라서 외국어라는 새로운 습관을 형성하는 과정에서 모국어라는 옛 습관으로 인해서 나타날 수 있는 간섭 요인을 최소화할 필요가 있다. 이를 위해 행동주의 언어학자들은 대조분석(contrastive analysis) 방법을 도입하게 되었으며, 모국어와 외국어의 두 언어를 서로 비교 대조하여 외국어를 학습하는데 방해가 될 수 있는 간섭 요인을 제거하려고 노력하였다.

1.4. 대조분석(Contrastive Analysis)의 대두

행동주의에 기초한 구조주의 언어학자들은 인간의 두뇌는 태어날 때부터 백지상태이지만, 반복과 연습을 통한 후천적 경험을 통해 언어는 습관형성에 이르게 되고, 이들은 하나씩 언어지식으로 인간의 두뇌에 축적된다고 주장하였다. 외국어를 성공적으로 학습하고자 하는 학습자는 모국어라는 옛 습관을 버리고 외국어라는 새로운 습관을 형성할 필요가 있다. 그러나 외국어 학습을 위한 새로운 습관형성이 어려운 경우가 종종 발생한다. 그 이유는 학습자들이 모국이를 배우면서 이미 가지고 있는 모국어 습관이 외국어라는 새로운 습관형성에 부정적인 영향을 미치고 있기 때문이다. 이는 모국어를 습득하면서 형성된 옛 습관이 외국어라는 새로운 습관을 형성하는데 간섭(interference) 요인으로 작용한다는 것을 의미한다. 실제로 학습자가 가지고 있는 모국어 지식이 외국어를 학습하는데 부정적 영향을 미치고 있음을 발견할 수 있다. 따라서 모국어와 외국어를 상호 비교, 분석하여 외국어를 학습하는데 장애 요인이 될 수 있는 특정한 차이점을 미리 파악함으로써 학습자들이 어려움을 느끼지 않도록 도움을 줄 수 있다면, 외국어 학습을 성공적으로 이끌 수 있을 것이다. 이런 취지에서 대조분석이 대두하게 되었다.

대조분석의 대표자인 Lado(1961)는 모국어와 외국어 간의 유사점은 학습자가 외국어를 학습하기 쉽지만, 두 언어 간의 차이점은 외국어를 학습하기 어렵게 할 수 있다고 주장하였다. 특히, 모국어 체계와 외국어 체계 간에 차이가 크면 클수록 모국어가 외국어 학습에 미치는 간섭은 클 수밖에 없다. 그러나 만약 두 언어 간에 유사한 점이 많으면 모국어의 언어적 항목이 외국어를 배우는데 긍정적으로 전이되어 간섭이 예견되지 않는다. 따라서 성공적인 언어학습을 위해서는 모국어와 외국어 간의 차이점을 극복하는 것이 매우 중요하다. Lado의 주장이 사실이라면, 두 언어 간의 차이점(difference)과 이로 인해 학습자들이 느끼는 어려움(difficulty)은 서로 같다는 공식이 성립된다. 따라서 모국어와 외국어 두 언어를 체계적으로 대조하고 분석하여 그 차이점을 기술함으로써, 두 언어 간의 차이로 인해 발생할 수 있는 학습상의 어려움을 예측할 수 있다고 보았다. 두 언어 간의 차이로 인해 학습이 어려울 것으로 예측되는 언어적 항목들은 학습자들에게 미리 강조하고 집중적으로 연습시킬 수 있으며, 이러한 방법은 학습 상의 오류를 사전에 방지할 수 있다고 생각하였다.

■ Robert Lado(1935-1995)

· 대조분석의 선구자적 역할을 함
· 1957년 Linguistics across cultures를 통해서 대조분석의 원리 주장
· 외국어 학습 과정에서 학습자들이 접할 수 있는 어려움에 대한 해결책을 제시하고자 했던 응용언어학자로 기억 됨.
· 1960-1980까지 Georgetown University에 재직하면서 100여편 이상의 학술논문과 60여편의 저서를 남김.

1.4.1. 대조분석의 유형

1) 강한 입장의 대조분석(Strong Version Contrastive Analysis)

강한 입장의 대조분석은 학습자가 외국어를 학습하기 전에 모국어와 외국어 간의 차이로 인해 발생될 수 있는 간섭의 요인들을 미리 예측(prediction)해 보는 방법이다. 수업 전에 대조분석을 진행하여 학습 상의 간섭 요인을 미리 예측한다고 해서 사전(a priori) 분석이라고도 한다. 외국어를 학습하기 전에 예측되는 어려움을 미리 파악해 낼 수만 있다면 성공적인 외국어 학습을 위해서 더 바랄 나위가 없다. 그러나 언어는 수많은 항목으로 구성되어 있어서 두 언어를 정확히 분석하여 기술할 수 있는지, 그리고 예측되는 모든 어려움을 정확하게 나열할 수 있는지 등의 현실적인 문제에 부딪히게 된다. 두 언어 사이에 존재하는 음운적 차이 등과 같이 눈에 띄는 큰 차이점과 어려움은 예측이 가능하겠지만, 그 외에 다른 어려움을 예측하기란 현실적으로 불가능하다. 한 예로, Whitman과 Jackson(1972)은 일본어와 영어 간의 대조분석을 통해 일본인들이 영어를 학습하면서 겪을 수 있는 어려움을 예측해 보려고 하였다. 이를 위해 일본인 2,500명을 대상으로 40문항의 영문법 테스트를 실시하였다. 그 결과, 일본인들이 보여준 실제 오류와 대조분석을 통해 예측된 오류 간에는 발음과 같은 음운적인 면을 제외하고는 많은 차이가 있음을 발견하였다. 이는 대조분석을 통해 두 언어 간에 존재하는 모든 간섭 요인을 미리 정확하게 예측하기란 현실적으로 매우 어렵다는 것을 보여준다.

2) 약한 입장의 대조분석(Weak Version Contrastive Analysis)

약한 입장의 대조분석은 학습이 진행되면서 학습자들이 보여준 실제적인 오류를 대상으로, 수업이 끝난 후에 왜 이러한 오류가 나타났는지 그 원인을 찾기 위해 분석이 이루어지기 때문에 사후(a posteriori) 분석이라 한다. 외국어를 학습하면서 학습자들이 실제 어려움을 겪는 언어적 항목을 직접 관찰한 후에 그 원인을 설명하기 위해서 대조분석을 수행한다. 대조분석을 통해서 학습자들이 언어학습 과정에서 겪는 어려움의 원인을 설명할 수 있다면, 이 또한 차후에 이루어질 언어학습에 있어서도 효과적일 것으로 생각된다. 학습 과정 중에 관찰된 오류를 대상으로 분석이 이루어지기 때문에 관찰될 수 없는 사고, 기억 등과 같은 인지적인 영역의 오류에 대해서는 설명할 방법이 없다.

3) 중용적 입장의 대조분석(Moderating Contrastive Analysis)

Oller와 Ziahosseiny(1970)는 그들의 실험을 통해서 로마자 철자를 쓰는 스페인과 프랑스 영어 학습자들이 로마자를 쓰지 않는 일본인 영어 학습자에 비해 영어 철자를 배우는데 더 어려움을 겪는다는 것을 발견하였다. 행동주의 이론에 따르면, 두 언어 간의 차이가 클 때 간섭이 예측되었으나, Oller와 Ziahosseiny의 실험에서는 유사한 언어체계를 학습하는 것이 전혀 다른 언어체계를 배울 때보다 더 많은 간섭이 있다는 것을 보여 주었다. 따라서 그들은 중용적 입장의 대조분석을 제시하였다. 중용적 입장의 대조분석은 외국어 학습에서 발생되는 오류는 모국어의 부정적 전이로 인해 비롯되는 간섭일 수도 있겠지만, 외국어 자체 내의 규칙들의 과잉일반화(overgeneralization)와 단순화(simplification) 작용으로 인해 비롯될 수 있다고 주장하였다. 그들은 외국어 규칙 내에서 일어나는 언어 내 간섭(intralingual interference)을 과소평가하지 않아야 한다고 주장하였다.

1.4.2. 대조분석의 절차

구조주의 언어학자들은 두 언어를 구조적이고 체계적으로 분석하여 그 차이점을 기술함으로써, 두 언어 간의 차이로 인해 발생될 수 있는 학습상의 어려움을 미리 예견하고 훈련시킬 수 있다고 생각하였다. 또한, 이러한 과정을 통해서 학습자들은 오류를 줄이면서 외국어를 성공적으로 배울 수 있다고 주장하였다. 이러한 맥락에서, 대조분석은 학습자가 생성한 오류에 대해서 그 원인을 파악하고 설명하는데 매우 유용하다.

한편, Whitman(1970)은 대조분석을 수행하기 위한 절차로 기술, 선택, 대조, 예측 등의 4단계로 나누었다.

① 기술(description) : 구조주의 언어학의 형식문법을 이용하여 두 언어를 명확하게 기술하는 과정이다.
② 선택(selection) : 두 언어의 모든 언어적 항목을 비교하기란 불가능하다. 따라서 연구자의 의도에 따라 대조하고자 하는 특정 언어 항목(음운, 문법, 구문 등)을 선택한다.
③ 대조(contrast) : 두 언어의 체계를 도식화하면서 유사점과 차이점의 영역을 파악한다.
④ 예측(prediction) : 대조분석 결과를 바탕으로 어느 언어적 항목이 쉽고 어느 항목이 어려울 것인가에 대해 학습의 난이도 위계성(hierarchy of difficulty)을 결정한다.

행동주의자들은 위에서 제시한 4가지 절차에 의해서 대조분석이 이루어지면 학습자들이 겪게 될 어려움과 학습자들이 생성하게 될 오류의 유형들을 미리 예측할 수 있다고 주장하였다. 그러나 일선 현장에서 외국어를 가르치는 교사들은 행동주의자들의 이러한 주장이 현실적으로 맞지 않다고 생각한다. 왜냐하면, 대조분석에 의해서 학습자들의 모든 오류를 예측할 수 없고, 또한 실제로 학습자들이 생성한 실제 오류들은 미리 예측되지 않기 때문이다. Whitman과 Jackson(1972)은 대조분석에 의해서 작성된 난이도 목록과 실제 학습자들이 생성한 오류를 서로 비교해 보았다. 그런데 그들의 결론은 학습자들이 언어를 학습하면서 생성하게 될 오류를 미리 예측하기 위한 대조분석이라는 방법은 그다지 효용성이 없다는 것이었다. 여기서 주의할 점은 학습자들이 보여주는 오류가 학습자들이 겪는 어려움을 그대로 반영하고 있다고 주장하는 것은 논란의 여지가 많다는 점이다. 한 예를 들어, 학습자들은 외국어를 학습하면서 자신들이 어려움을 겪는 언어적 항목에 대해서는 회피 전략을 사용할 수도 있고, 또는 그 항목을 대체할 수 있는 다른 언어적 항목에 더 의존함으로써 오류를 생성하지 않을 수도 있다.

대조분석의 관점에서 본다면, 두 언어 사이의 차이점은 다양하게 나타날 수 있으며, 또한 이들 차이점으로 인한 학습의 어려움도 다양하게 나타날 수 있다. 따라서 대조분석 주창자들은 두 언어 간에 존재하는 다양한 차이를 근거로 해서 학습상의 어려움을 예측하기 위한 체계적인 방식을 마련하고자 하였다. 그 대표적인 예가 Prator(1967)가 마련한 '난이도 위계성(hierarchy of difficulty)'이다. Prator는 모국어와 목표어의 차이 정도에 따라 습득의 난이도가 달라진다고 생각하여, 다음과 같이 난이도의 위계를 6단계로 구별하였다. 단계가 높아질수록 학습 상의 어려움이 예견되어 외국어 습득이 어렵다고 보았다.

〈표 1-1〉 언어 간의 난이도 위계성

Level 0	전이(transfer) 모국어와 목표어 사이에 차이점이나 대조점이 전혀 없는 영역
Level 1	합체(coalescence) 모국어에서는 두 항목으로 존재하는 요소가 목표어에서는 하나의 요소로 변하는 영역
Level 2	구별부족(underdifferentiation) 모국어에는 존재하는 항목이지만 목표어에는 존재하지 않는 영역
Level 3	재해석(reinterpretation) 모국어와 목표어에 상응하는 구조가 있으나 그 사용범위 및 형태가 다른 영역
Level 4	과잉구별(overdifferentiation) 모국어에는 존재하지 않는 구조가 목표어에 존재하는 영역
Level 5	분리(split) 모국어에서는 하나인 것이 목표어에서는 둘 이상으로 구분되는 영역

위 모형에 의하면, 학습자들이 외국어를 학습하면서 가장 어려움을 겪을 수 있는 경우는 학습자의 모국어에는 없는 언어적 항목이 목표어에서는 반드시 사용되는 언어적 항목이라 할 수

있다. 하지만, 두 언어 간에 나타난 차이의 정도가 학습 중에 학습자들이 겪는 어려움의 정도와 항상 일치한다고는 볼 수 없다. 이론상으로 두 언어 간의 차이가 서로 같을지라도, 실제 언어학습이 이루어질 때는 어느 언어적 항목이 다른 언어적 항목에 비해 더 큰 어려움으로 작용하는 경우가 많다. 또한, 목표어 항목에는 존재하지만 학습자 모국어에는 존재하지 않는 언어적 항목이 항상 학습자에게 어려움으로 작용하는 것은 아니다. 오히려 눈에 띄는 큰 차이 때문에 학습자들이 목표어 항목을 보다 더 쉽게 학습할 수 있는 경우도 있다. 반면에, 두 언어 간에 나타나는 유사성은 학습자에게 학습의 효율성 보다는 오히려 간섭과 혼란을 유발할 수 있는 가능성이 높은 경우도 있다. 따라서 행동주의자들이 주장하듯이, 두 언어 간의 차이가 학습상의 어려움과 동일시되는 개념은 아니다.

1.4.3. 대조분석의 문제점

대조분석을 주장한 구조주의 언어학자들은 모국어와 외국어 간의 체계에서 차이가 크면 클수록 간섭이 크게 작용할 것이라고 생각하였다. 외국어를 학습한다는 것은 모국어와 전혀 다른 언어체계를 새롭게 학습하는 것이기 때문에 학습자들은 자신이 가지고 있는 선험 경험 또는 모국어 지식을 활용하게 된다. 이런 맥락에서 앞서 언급된 구조주의 언어학자들의 주장은 타당하게 느껴진다. 그러나 실제 외국어 학습에 비추어 보면, 모국어와 외국어 간에 차이가 크다고 해서 항상 간섭이 작용하는 것은 아니다. Wilds(1962)는 두 언어 간에 차이가 적거나 또는 상호 유사한 경우에 오히려 간섭 요인이 최대로 작용하며, 두 언어 간의 차이가 클 경우 학습자는 그 차이를 쉽게 인식할 수 있어서 간섭 요인이 적게 작용할 수 있다고 주장하였다. Newmark와 Reibel(1968) 역시 학습자들이 나타내는 오류는 모국어의 간섭으로 인해 나타나는 것이 아니라, 오히려 외국어 체계와 규칙에 대한 혼란 및 학습 부족에서 비롯된다고 주장하였다. 그리고 Taylor(1975)와 Seah(1980)는 외국어 자체 내의 규칙의 유사성과 모호성으로 인해 규칙을 잘못 적용하여 오류가 발생하는 경우가 더 많다고 주장하였다. 한편, Richards(1974)는 외국어를 배우는 초기 단계에서 모국어 간섭은 전체 오류의 53%를 차지하고 언어 내의 오류는 31%를 차지하지만, 고급 단계로 갈수록 언어 간 오류는 감소하고 언어 내 오류는 증가한다고 주장하였다.

일반적으로 언어는 매우 복잡한 체계로 되어 있어서 두 언어를 체계적으로 비교 대조하는 것은 매우 어려울 뿐만 아니라, 어떤 특정 언어적 항목이 외국어를 학습하는데 꼭 간섭 요인이 될 것이라고 예측하는 것은 현실적으로 맞지 않다. 왜냐하면 외국어를 습득하는데 간섭 요인으로 여겨졌던 항목이 촉진 요인으로 작용할 수 있고, 역으로 촉진 요인으로 여겨졌던 것이 간섭 요인으로 작용할 수 있기 때문이다.

1.5. 행동주의 기반의 외국어 학습에 대한 비평

1.5.1. 행동주의 언어학습 원리의 한계

행동주의에서 바라보는 모든 언어학습은 부모나 선생님 그리고 다른 사람으로부터 받은 언어입력을 반복, 연습하고 모방함으로써 언어적 항목을 하나씩 축적해 나가는 과정이다. 문법적으로 올바른 문장을 생성해 내면 긍정적 강화를 받게 되며, 그렇지 못한 경우에는 부정적 강화를 받게 되는 것과 같이, 언어학습은 강화와 보상을 받는 과정을 통해서 습관형성에 이르게 된다. 따라서 모방, 연습, 그리고 강화는 학습자가 보다 높은 수준의 언어 숙달도에 도달하는데 꼭 필요하다. 그러나 창의적인 언어 사용, 그리고 짧은 시간 안에 복잡한 언어체계와 규칙을 완벽하게 터득할 수 있는 천부적인 언어능력에 대해서는 자극과 반응, 연습, 모방, 습관화 등의 행동주의 이론으로 설명하기에는 제약이 따른다. 이에 Littlewood(2001)는 행동주의 언어학습 원리는 다음과 같은 제한점이 있다고 주장하였다.

① 언어는 눈으로 관찰 가능한 언어적 행동이라는 행동주의자들의 언어관은 언어적인 행동 기저에 있는 복잡한 규칙체계를 간과한 것이기 때문에 더 이상 타당한 이론으로 받아들여지지 않는다. 학습자는 언어 행동 기저에 있는 복잡한 규칙체계를 이용하여 전에 듣지 못한 또는 말해 보지 못한 수많은 문장을 이해하고 생성해 낼 수 있다. 이러한 언어 사용의 창의성은 단순히 반복, 연습, 습관화라는 행동주의 원리로는 도저히 설명할 수 없다. 인간 언어의 창의성은 학습자 내면에 내재화된 규칙체계를 활용할 때 가능하다. 언어규칙에 대해 학습자들이 알고 있는 지식은 '언어능력(LC: linguistic competence)'이라고 불리는데, 실제 상황 속에서 언어능력이 구현되는 '언어수행(LP: linguistic performance)'과는 구별이 된다.

② 어린이들이 언어를 배운다는 것은 언어규칙 혹은 언어능력이라 불리는 추상적인 지식을 습득 또는 내재화하는 것을 의미한다. 이러한 언어규칙에 대한 지식은 언어들이 실제 상황 속에서 사용되는 구체적인 예라고 할 수 있는 언어수행으로부터 터득되지 않는다. Chomsky(1964, 1965)는 언어수행은 학습자의 언어능력을 그대로 반영해 주지 않기 때문에, 언어수행보다는 학습자의 언어능력을 파악하는데 더 많은 관심을 기울여야 한다고 주장하였다. 한편, 행동주의에서는 관찰 가능한 언어 행위를 중시하기 때문에 언어학습을 위해서 이루어지는 모방은 결국 언어수행을 통해서 나타난 발화를 모방하게 되는 꼴이다. Chomsky는 언어수행을 불완전한 것으로 인식하였는데, Chomsky의 주장이 사실이라면 학습자들이 하는 모방은 결국 불완전한 언어체계를 모방한 것이기 때문에 참다운 언어규칙을 발견하고 내재화하는데 문제가 있다. 따라서 언어수행이라는 구체적인 발화

에 대한 연습, 모방 등을 통해서 완전한 언어규칙의 내재화가 불가능하기 때문에 행동주의 이론으로는 성공적인 언어규칙의 내재화 부분을 설명할 수 없다.

③ 발화의 표층구조(surface structure)가 언어규칙을 직·간접적으로 반영하고 있다면, 언어수행이라는 구체적인 발화의 예로부터 추상적인 언어규칙을 도출해 내는 과정은 이해할 만하다. 그러나 언어의 심층구조(deep structure)는 표층구조에서 보이는 것처럼 단순하지는 않다. 예를 들어,

① John *asked* me *to* come.

② John *promised* me *to* come.

위 두 문장은 표층구조에서 동일하다. 그러나 위 두 문장에서 누가 오는지(come)에 대한 주체가 서로 다르기 때문에 심층구조에서 차이가 있다. 문장의 심층구조에서 나타나는 미묘한 차이점들은 단순히 행동주의에서 주장하는 모방과 연습에 의해서 터득되는 것은 아니다.

④ 새로운 언어를 배운다는 것은 우리 인간이 수행하는 다른 어떤 학습 과제보다도 더 어렵고 복잡하다. 그럼에도 불구하고, 어린이들은 어린 시기에 그리고 예외 없이 빠른 속도로 자신의 모국어를 성공적으로 습득해 나간다. 정상적인 언어 환경에 노출된 어린이들은 생후 3년에서 5년 정도 지나면 모국어의 규칙체계를 어느 정도 내재화시키고, 또한 소통상의 어려움 없이 자신의 모국어를 사용할 수 있다. 이러한 언어습득의 천재성은 습관형성이라는 행동주의 이론으로는 설명할 수 없다.

⑤ 모국어를 습득해 나가는 많은 어린이들은 실제로 서로 다른 언어적 환경과 언어입력에 노출되어 있다. 하지만 서로 다른 환경에서 언어를 배우는 어린이들은 그들의 모국어 습득 과정에서 매우 유사한 언어 발달 단계를 보여준다. 이는 환경적 요인이 아닌 다른 요인의 영향이 어린이의 언어습득 과정에 더 강하게 영향을 미치고 있다는 것을 암시한다. 어린이들은 시작 단계에서부터 외부에서 주어진 언어입력을 반복하고 연습하기 보다는, 그들 나름의 언어 규칙체계를 발견하고 형성해 나가면서 점차 성인과 같은 완벽한 언어체계로 도달해 나간다. 이는 결국 어린이의 언어는 외부적인 환경에 의해 형성되기보다는 어린이 내부의 언어처리 메카니즘과 같은 생득적 요인이 언어적 요인과 상호작용하는 가운데 언어체계를 창의적으로 발달시켜 가는 것을 의미한다.

■ The logical problem of language learning

For a long time, people thought that children learned language by imitating those around them. More recent points of view claim that children have an innate language ability. There are three major arguments supporting this notion.

First of all, children often say things that adults do not. This is especially true of children's tendency to use regular patterns to form plurals or past tenses on words that would have irregular formulation. Children frequently say things like *goed, mans, mouses*, and *sheeps*, even thought it is highly unlikely that any adult around them ever produced such forms in front of them.

We also know that children do not learn language simply by imitation because they do not imitate adult language well when asked to do so. For example,

Child : He taked my toy!
Mother : No, say "He took my toy."
Child : He taked my toy.
(Dialogue repeated 7 times.)
Mother : No, now listen carefully; say "He took my toy."
Child : Oh, he taked may toy.

Next, children use language in accordance with general universal rules of language even though they have not yet developed the cognitive ability necessary to understand those rules. Therefore, we know that these rules are not learned from deduction or imitation.

Finally, patterns of children's language development are not directly determined by the input they receive. The age at which children begin to produce particular language elements does not correspond to their frequency in input. Thus, we must assume that something besides input triggers the developmental order in children's language.

from Saville-Troike, 2006, p. 23

1.5.2. 정신적 작용 고려: 매개 이론(Mediation Theory)의 대두

행동주의의 가장 큰 약점은 언어습득 과정에서 정신적인 작용이 갖는 중요한 역할에 대해 관심을 기울이지 않았다는 것이다. 따라서 행동주의자들은 자신들의 이론적 기초를 확장하기 위해서 기존의 'S→R 이론'을 보완할 필요성을 느끼게 되었으며, 동시에 정신적인 작용을 부분적으로 인정할 필요성을 느끼게 되었다. 이러한 맥락에서, Osgood(1957)은 '매개 이론(mediation theory)'을 제시하였다.

기존의 'S→R 이론'은 일상적인 대화 상황에서 나타나는 발화의 연쇄성 측면을 설명하는데 제한이 있을 수밖에 없다. 즉, 발화의 연쇄성을 설명하기 위해서는 'R' 자체가 자기 자극적(self-stimulating)으로 변화하는 일종의 매개 과정이 필요하다. 매개 과정 모형을 제시하면 다음과 같다.

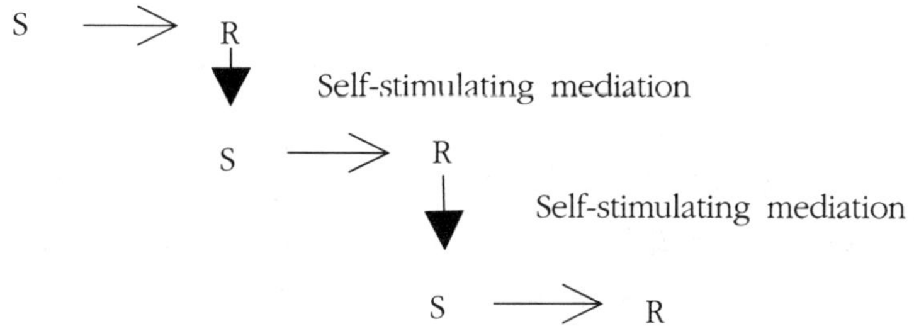

〈그림 1-1〉 매개 이론 모형

이때 자기 자극적 매개 과정은 정신적 작용이라 할 수 있는데, 행동주의자들은 자신들의 이론을 확대하기 위해서 부분적으로 정신적인 과정을 도입하였다. 하지만 언어의 추상성, 표층구조와 심층구조 사이에 얽혀 있는 의미 관계에 대해서 적절한 답을 하지 못하는 제한점은 여전히 갖고 있다.

행동주의 원리만으로 모국어와 외국어 학습 과정을 완벽하게 설명하는 것은 불가능하다. 그렇다고 해서 행동주의 원리가 언어학습 과정을 설명하는데 전혀 쓸모가 없다는 것을 의미하지는 않는다. 행동주의에서 주장하는 모방, 연습, 암기, 반복, 강화 등의 학습 방법은 분명 모국어 및 외국어 학습 과정에서 효과적이고 여전히 학습 현장에서 널리 사용되고 있다는 점은 인정할 수밖에 없다. 하지만 언어학습 과정에서는 행동주의에서 주장하는 학습 원리 이외에도 다양한 요인들이 내재되어 있는 것은 분명해 보인다. 따라서 인간의 언어학습 과정을 보다 타당하게 설명하기 위해서는 또 다른 철학적 사조에 의존할 필요성이 있다.

단원 확인 문제

1. 다음 중 행동주의 학습 원리가 아닌 것은?

① 학습자 능력에 맞춘 학습 진행
② 힌트의 적절한 사용
③ 소단계 학습에 의한 성공의 기회 제공
④ 즉각적인 강화의 제공
⑤ 학습자의 자발적인 의지 강조

2. 한 학생이 수업 시간 중에 발표를 하였는데 급우들에 의해 놀림을 받았다. 그 후 그 학생은 수업 시간에 발표하라는 말만 들어도 두려움이 드는데, 고전적 조건화 (classical conditioning)에 비추어 보았을 때 학생이 새로 습득한 두려움은 다음 어느 경우에 속하는가?

① 조건화된 자극
② 조건화되지 않은 자극
③ 조건화되지 않은 반응
④ 조건화된 반응

3. 행동주의에 대한 진술문 중 틀리게 기술하고 있는 것은?

① 제2자아 형성, 태도, 동기, 동료압력 등의 개념과 관련이 깊다.
② 프로그램 학습(programmed learning)의 원리를 중시한다.
③ 효과적인 언어학습을 위한 교수법으로 대조분석을 주장한다.
④ 모국어와 외국어 간에 차이가 클수록 외국어 학습이 어렵다고 생각한다.
⑤ Intralingual transfer 보다는 interlingual transfer에 더 많은 관심을 기울인다.

4. 행동주의 학습의 원리를 인간의 언어학습에 적용하는 방식에 대해 잘못 설명한 것은?

① 모국어가 외국어를 학습하는데 가장 큰 장애라고 생각한다.
② 학습자 주변의 환경적 요인이 외국어를 학습하는데 중요한 역할을 담당한다.
③ 학습자가 보여주는 실수는 습관형성이 불완전하게 이루어진 경우이다.
④ 외부에서 주어지는 언어입력들 가운데 규칙을 발견, 형성, 수정 등의 절차를 밟는다.
⑤ 모방과 암기는 주로 심층구조보다는 표층구조를 대상으로 이루어진다.

5. 언어학습에 대한 행동주의 입장에 대한 설명 중 틀린 것은 어느 것인가?

① 모국어와 외국어 간에 차이가 적을수록 외국어를 학습하는데 어려움이 적을 것이다.
② 모국어와 외국어 간에 차이가 나타나는 부분이 바로 학습자의 오류가 나타나는 부분이다.
③ Hierarchy of difficulty 개념이 중시된다.
④ 언어 간 Difference는 학습자가 느끼는 difficulty 개념과 일치된다.
⑤ 인간의 기억용량은 한정되어 있기 때문에 유의적 학습의 개념이 중시된다.

6. **강한 입장의 대조분석에 대해 올바르게 설명하고 있는 것은 어느 것인가?**

① 목표어 내의 규칙 혼란으로 유발되는 오류를 예측한다.
② 사후분석이라고도 한다.
③ 학습이 끝난 후에 학습자가 보여준 오류를 설명하는데 대조분석 방법을 사용한다.
④ 언어적 항목에 대한 오류가 관찰된 후에 분석이 이루어진다.
⑤ 외국어와 모국어 간의 차이를 비교하여 학습자가 겪게 될 난점을 미리 예측한다.

7. **대조분석에 대한 비평에 대해서 잘못 기술하고 있는 것은?**

① 특정 언어적 항목이 외국어를 학습하는데 어려움으로 작용할 것이라고 미리 예측하는 것은 현실적으로 어렵다.
② 학습자의 오류 유형을 살펴보면 언어 간 전이에서 비롯된 오류가 언어 내 전이에서 비롯된 오류보다 더 많다.
③ 모국어와 외국어 간의 차이가 있다고 해서 항상 외국어 학습에 어려움으로 작용하는 것은 아니다.
④ 대조분석을 완벽하게 사용하는 목적은 외국어와 모국어를 비교하여 외국어를 학습하는데 장애가 되는 항목을 제거하는데 효과가 있기 때문이다.
⑤ 모국어와 외국어 간의 차이가 큰 언어적 항목이 때로는 외국어를 학습하는데 촉진 요인이 될 수 있다.

8. **대조분석에 대해 잘못 설명하고 있는 것은 어느 것인가?**

① 외국어와 모국어 간에 어떤 언어적 항목에서 유사한 점이 있는지를 알아 내는데 관심이 많다.
② 두 언어 간의 차이로 인해 학습자가 겪게 될 어려움을 예측하는데 많은 관심을 갖는다.
③ 모국어와 외국어 간의 차이가 크면 그만큼 외국어를 학습하는데 어렵다.
④ Interlingual transfer에 의한 부정적 결과를 규명하는데 많은 노력을 한다.
⑤ 두 언어 간 differences = 학습자가 느끼는 difficulty 라는 공식을 중시한다.

9. **Skinner thought that ________ following a response may tend to strengthen behaviour or increase the probability of a recurrence of that response, and thought that this may also constitute a powerful force in the control of human behaviour.**

10. **Tabula rasa 개념이 행동주의에서 왜 중요한 지에 대해서 설명해 보시오.**

11. Transfer 개념과 관련하여, interlingual vs. intralingual transfer 간의 차이에 대해서 설명해 보시오.

12. 다음 대화는 어머니와 아이 간의 대화이다. 행동주의 학습 원리와 연계하여 이 대화에서 함축하고 있는 점에 대해 설명해 보시오.

Child : Nobody don't like me.
Mother : No, say "No body likes me."
Child : OK, Nobody don't like me.
— repeated 8 times —
Mother : Listen carefully, "Nobody likes me."
Child : Oh, nobody don't like me.

2장

인지주의와 외국어 습득

2장

인지주의와 외국어 습득

단원 핵심 용어				
· 언어습득장치	· 생득성	· 반구편중현상	· 결정적 시기	· 오류분석
· 보편문법	· 중간언어	· 발달적 오류	· 근사체계	· 개인특유방언
· 학습자 언어체계	· 상투적 문구	· 조립식 문형	· 과도기적 언어구조	· 연결주의
· 평형분배처리	· 원리	· 매개변항	· 분석할 수 없는 전체	· 확실성의 섬

인간의 언어학습이 반복, 연습, 모방, 강화, 그리고 습관형성에 의해 이루어진다는 행동주의 학습 원리는 언어 사용의 창의성과 복잡성을 설명하기에는 제한이 따를 수밖에 없다. 이에 생득론자(nativist)들은 인간은 태어날 때부터 언어를 습득할 수 있는 '언어습득장치(LAD: Language Acquisition Device)'를 가지고 태어나는데, 이 장치의 도움으로 어린이들은 단기간에 복잡한 언어규칙뿐만 아니라 언어를 완벽하게 구사할 수 있는 능력을 습득할 수 있다고 생각하였다. 어린이들은 언어습득장치의 도움을 받아 언어규칙을 발견하고 내재화하여 전에 듣지도 못한 그리고 사용해 본 적이 없는 무한한 문장을 생성하고 이해할 수 있다. 따라서 인지주의 학자들은 이러한 언어학습의 생득성 및 선천성의 원리가 외국어 습득에도 그대로 적용될 수 있다고 주장하며, 따라서 이를 뒷받침할 수 있는 언어적 증거(데이터)를 수집하는데 많은 관심을 보였다. Chomsky는 나중에 언어습득장치를 '보편문법(UG: Universal Grammar)' 개념으로 대체하였다.

2.1. 생득적 언어학습 능력

Chomsky(1964, 1965)에 의하면, 인간은 외부로부터 주어지는 문장을 단순히 듣고 이를 모방 연습한다고 해서 인간 언어의 복잡한 규칙체계를 완벽하게 습득할 수 없다. 예를 들어, 어린이들은 그들이 알고 있는 내용을 실제로 발화하지 못하더라도 그들이 들었던 문장들 이상의 것을 이해하고 있다. 또한, 모국어를 습득하고 있는 어린이들은 의식적인 노력 없이 모국어의 복잡한 문법체계를 거의 완벽하게 습득해 나간다. Chomsky는 어린이들이 자신의 모국어를 완벽하게 습득할 수 있는 것은 이미 태어날 때부터 생물학적으로 언어를 배울 수 있는 '언어습득장치'를 가지고 태어나기 때문이라고 주장하였다. 어린이가 모국어를 배우기 위해서는 단지 성장하고 특정 언어적 환경에 노출만 하면 되는 것이다. 그러나 언어습득이 어린이들에게 생득적이라 할지라도 이제 막 태어난 어린아이가 복잡한 언어체계를 곧바로 발화할 수 있는 것은 아니다. 갓 태어난 어린이가 바로 걷지 못하고 시간이 흐른 후 걸을 수 있듯이, 언어습득장치가 언어규칙을 찾아낼 수 있는 충분한 시간이 흐른 후에 발화가 가능하도록 생물학적으로 프로그램화된 것이라고 할 수 있다.

■ Noam Chomsky(1928-Present)

· 1961부터 미국 MIT 대학의 언어학과 교수.
· Transformational-generative grammar 발간한 이후 언어학 분야의 혁명적 전환(행동주의→ 인지주의)을 가져 옴.
· 그의 이론은 이후 Principles-parameter model, Minimalism program으로 발전해 나감.

2.1.1. 언어습득장치(LAD: Language Acquisition Device)

Chomsky(1964)는 인간은 태어날 때부터 언어를 습득할 수 있는 생득적 장치의 도움을 받아 자신의 모국어를 짧은 시간 안에 완벽하게 배울 수 있다고 생각하였다. 생득적 장치가 바로 '언어습득장치(LAD: Language Acquisition Device)'이며, 이 장치의 도움을 받아 어린이들은 극히 추상적인 모국어 규칙체계를 단기간 안에 완벽하게 습득할 수 있다. McNeill(1970)에 의하면, LAD에는 다음과 같은 4가지의 언어능력이 포함되어 있다.

① 언어 사용 환경에서 언어음과 비 언어음을 구별할 수 있는 능력
② 언어자료의 분석을 위해서 언어자료를 여러 부류로 재조직할 수 있는 능력

③ 어떤 유형의 언어체계는 문법적으로 가능하고, 다른 유형은 그렇지 않다는 것을 알 수 있는 능력
④ 수용 가능한 언어입력 중에서 다양한 유형의 규칙체계를 구성해 내기 위해 언어체계를 계속적으로 평가하고 발달시킬 수 있는 능력

어린이들이 언어습득장치를 통해 단기간에 모국어를 완벽하게 습득할 수 있지만, 외부에서 주어지는 언어입력(input) 자체가 언어능력의 근원이 되지는 않는다는 것이 생득론자들의 주장이다. 예를 들어, 어린이들이 특정 언어에 노출만 된다면 일정한 교육이 없어도 언어습득이 가능하다. 언어습득장치는 외부에서 주어지는 언어입력 중에서 공통적으로 내재되어 있는 언어규칙을 발견하고, 이를 토대로 무한한 문장을 이해하고 생성할 수 있도록 해주기 때문에, 언어의 종류나 수량, 언어의 학습 환경에 상관없이 모국어 습득이 가능하다. 언어습득장치의 기능을 도식으로 나타내면 다음과 같다(신성철 외, 1999, p. 108).

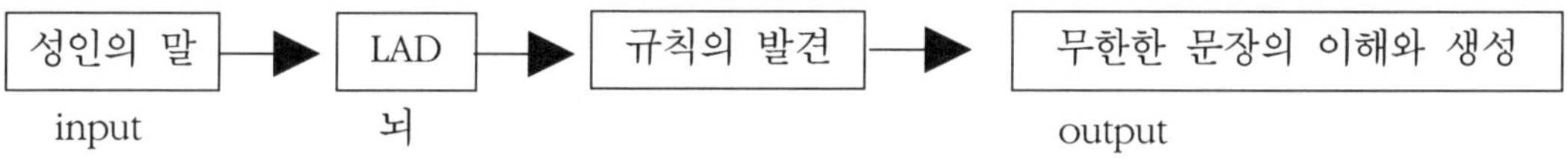

〈그림 2-1〉 언어습득장치의 기능

생득론자들이 생각하는 언어습득이란 언어가 가지고 있는 복잡한 규칙체계를 아는 것이다. 인간은 언어의 규칙을 사용하여 문법적인 문장과 비문법적인 문장의 이해, 그리고 무한한 문장을 창의적으로 생성할 수 있다. 이렇게 인간 특유의 언어습득을 가능하게 하는 것이 바로 '언어습득장치'이다.

한편, 언어습득장치의 구조를 파악할 수 있다면 언어습득의 모든 과정을 과학적으로 이해할 수 있다. 더욱이 언어습득장치는 해부학적으로 관찰 및 검증이 용이하지 않기 때문에, 언어습득장치가 무엇인지를 구체적이고 과학적으로 설명할 수 없는 제한점이 있다. 대신, 인간 두뇌 중의 어느 부분이 이러한 기능을 담당하고 있을 것이라는 추상적인 개념에 기초하고 있다. 하지만 눈에 보이지 않은 추상적인 언어구조에 대한 접근 방식을 택하였다는 점, 어린이의 언어체계를 규칙이 지배하는 체계적인 것으로 인식하였다는 점, 그리고 인간의 창의적인 언어사용을 부각하였다는 점은 언어습득장치가 가지고 있는 의의라고 할 수 있다.

언어습득장치의 개념은 이제 '보편문법(UG: Universal Grammar)'이라는 개념을 통해 보다 보편적 언어 규칙체계로 확장되었다. Chomsky(1965)는 '블랙박스' 라는 종전의 LAD 개념을

'매개변항(parameters)'과 '원리(principles)'의 두 하위 개념으로 구성된 보편문법으로 대체하였다. 원리는 다양한 언어들 사이에 공통적으로 존재하는 언어적 항목을 지칭하는 반면에, 매개변항은 언어들 간에 다양하게 존재하는 언어적 항목을 지칭한다. 매개변항이 갖는 가치(values)는 특정 언어적 환경마다 다를 수밖에 없으며, 따라서 각각의 매개변항 가치는 서로 다르게 설정된다. 이런 맥락에서, 외국어 학습은 매개변항의 가치를 목표어에 맞게 다시 설정하는 과정이라 할 수 있다. 보편문법의 작동 원리를 그림으로 나타내면 아래와 같다.

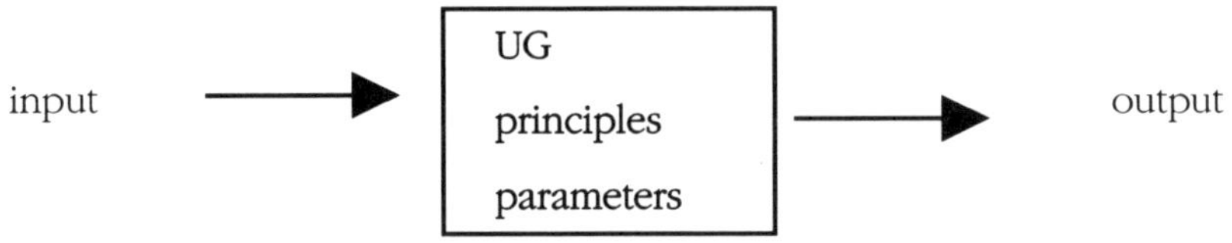

〈그림 2-2〉 보편문법의 작동 원리

한편, 어린이들이 생득적인 보편문법을 활용하여 모국어를 완벽하게 습득할 수 있다면, 여기서 우리가 생각해 볼 수 있는 흥미로운 질문은 외국어를 습득하는 성인 학습자 역시 보편문법을 활용하여 외국어를 성공적으로 배울 수 있는가 이다. 하지만 많은 학자들은 보편문법은 어린이들에게만 활용 가능한 것이고, 성인들은 보편문법에 도달할 수 없기 때문에, 어린이만큼 외국어를 습득하는데 성공적이지 못하다는 견해를 갖고 있다.

이들의 주장을 뒷받침해 주는 증거로 '결정적 시기 가설(critical period hypothesis)'이 있다. 결정적 시기 동안에는 뇌의 유연성이 높아서 언어를 보다 쉽게 습득할 수 있지만, 이 시기가 지나고 난 후에는 언어습득을 하는데 어려움을 겪게 된다. 보편적인 경우는 아니지만 늑대소년의 예에서 보듯이, 결정적 시기 동안에 특정 언어적 환경에 충분히 노출되지 못하면 심각한 언어적 결손을 경험할 수 있음을 알 수 있다. 또한, 결정적 시기가 지나 외국어를 학습하기 시작한 성인 학습자의 발음은 '외국어 억양(foreign accent)'에서 벗어나기가 어렵다는 점 역시 결정적 시기의 한 예가 된다.

이렇듯 성인의 외국어 학습을 보편문법이라는 관점에서 살펴본다면, 성인 학습자들은 보편문법에 도달하지 못하는 것처럼 비쳐질 수 있다. 그러나 많은 학자들은 발음이 외국어 학습의 성공을 결정짓는 주요 요인이 될 수 없다고 주장한다. 비록 성인 학습자가 외국어 학습을 늦게 시작하여 외국어 억양을 구사한다 할지라도, 특히 문법이나 어휘 영역에서는 어린이보다 더 빠르고 완벽하게 학습할 수 있다. 또한, 성인 학습자는 월등한 인지능력을 활용하여 어린이보다 외국어 학습을 보다 빠르고 효율적으로 할 수 있다. 그리고 성인과 어린이들은 사고방식이 서로 근본적으로 다르기 때문에 생득적인 보편문법의 활용에 의해 성인들의 외국어 학습을 평가하기보다는 다른 기준, 즉 인지능력의 활용이라는 기준에 의해 평가해야 할 필요가 있다.

한편, Dulay와 Burt(1974), Ervin-Tripp(1974), 그리고 McLaughlin(1985)은 모국어와 외국어의 언어 발달 단계에서 나타난 유사성을 들어 성인 역시 보편문법을 활용하여 외국어를 성공적으로 습득할 수 있다고 주장한다. Dulay와 Burt(1974)는 서로 다른 모국어를 사용하는 영어 학습자라 할지라도 그들의 영어학습 과정에서 매우 유사한 발달 단계를 보여주고 있다는 것을 발견하였다. 특히, *-ed, -ing* 등은 거의 같은 발달 단계를 보여주었으며, 또한 이들 영어 학습자가 보여주는 실수 또한 영어를 모국어로 습득하는 어린이들이 보여주는 실수와도 매우 유사한 점이 많다는 것을 발견하였다. 이들 연구에 의하면, 모국어 습득 과정과 외국어 학습 과정이 매우 유사하게 나타나고 있었다. 즉, 어린이들이 좀 일찍 모국어를 배우거나 아니면 좀 늦게 배우더라도, 모국어 습득 과정에 있어서 그들이 보여주는 언어습득 순서는 매우 유사하게 나타났다. 따라서 성인들이 외국어를 습득하는 과정에서 모국어 습득에서 보여주는 유사한 유형의 오류를 생성한다면, 성인들 역시 생득적 보편문법에 도달하여 외국어를 배우고 있다는 증거로 받아들여질 수 있다.

물론, 모든 학습자가 Krashen(1981, 1985)이 제시한 자연 순서 가설(natural order hypothesis)에 의해 모국어와 외국어 모두를 같은 순서와 절차에 의해 습득하는 것은 아니다. 언어를 배우는 학습자의 연령이 빠를 수도 있고 늦을 수도 있으며, 이에 상응하는 인지능력의 활용을 고려해볼 때 외국어 학습의 그 순서와 과정에서 다소 차이가 있을 수 있다. 그러나 앞서 언급한 모국어와 외국어 간의 유사한 습득 과정 및 그들이 생성한 유사한 오류 유형을 증거로 본다면, 외국어를 습득하는 성인들 역시 어린이들이 모국어를 배울 때와 마찬가지로 보편문법에 도달하여 창의적으로 외국어를 습득하는 것이라고 할 수 있다.

2.1.2. 반구편중현상과 결정적 시기

인간의 두뇌는 좌, 우뇌로 나누어져 담당하는 기능이 각각 다르다. 일반적으로 좌반구(left hemisphere)는 논리, 분석적인 사고와 정보를 수학적이고 선형적으로 처리하는 능력과 관련이 있으며, 우반구(right hemisphere)는 시각, 촉각, 청각적인 면을 감지하고 정보를 정서적이고 감성적으로 처리하는 능력과 관련이 있다. 그런데 좌, 우뇌가 담당하는 이러한 기능들은 뇌가 성숙함에 따라 좌반구와 우반구 쪽으로 각각 자리를 잡게 되는데, 이러한 현상을 '반구편중현상(lateralization)'이라 한다. 인간 두뇌의 생리적인 문제와 관련하여, Lenneberg(1967)는 반구편중현상은 어린이의 언어능력과 밀접한 관련이 있으며, 이러한 반구편중현상이 완료되기 전에는 대뇌의 유연성이 뛰어나서 언어를 더 잘 배울 수 있다고 하였다.

한편, 어떤 연령의 시기보다 언어를 더 잘 배울 수 있는 특정의 시기가 있는데 이를 '결정적 시기(critical period)'라고 한다. Lenneberg는 반구편중현상이 일어나는 시기와 관련하여, 이 특정 시기가 지나면 인간의 언어능력을 발전시키는데 어려움이 있다고 하면서 결정적 시기를 뒷받침하는 증거로서 반구편중현상을 주장하였다. 즉, 인간의 언어능력은 신체적 성장의 복잡한 시간표에 의해 조건화되어 있는데, 결정적 시기는 언어를 가장 잘 배울 수 있는 시기이며, 이 시기가 지나면 생물학적으로 언어습득이 어려워진다는 것이다. 하지만 반구편중현상과 결정적 시기가 구체적으로 언제인지에 대해서는 학자들 간에 일관된 의견이 없다.

■ Critical period hypothesis

An observation worth making is that there is strong evidence that the mother tongue interferes with the acquisition of a new phonological system, especially when we learn that new system as adults. As soon as we start to speak an L2, native speakers of that language recognize that we are "foreigners", even when our L2 is fluent, highly educated, and socially appropriate. Native speakers might lack the kind of international experience or exposure to foreign accents that enables them to identify exactly which country a non-native speakers come from, but any native speakers of American English, for example, can instantly tell that former Secretary of State Henry Kissinger was not born and raised in the United States, even if he or she were unable to trace his national origins from the negative transfer of his native German into his exceedingly fluent English. The permanent persistence of foreign accents brought about by the interference of the mother tongue on any second language learned after puberty is the foundation for the ***critical period hypothesis*** and suggests, as already pointed out, that at least for pronunciation, mother tongue transfer for adult L2 learners leaves a salient and perhaps indelible imprint

from Scovel, 2001, p. 48

그러나 Krashen(1973)은 결정적 시기와 반구편중현상이 일시에 한 순간적으로 일어나는 것이 아니고 점진적으로 일어나기 때문에, 반구편중현상 이후 학습자의 외국어 습득 능력이 일시에 사라지지 않는다고 주장하였다. 다양한 영역에 걸친 개개인의 언어능력이 어느 한 순간에 모두 사라진다고 가정하는 결정적 시기 가설로는 언어습득의 복잡하고 다양한 양상을 설명하는데 한계가 있음을 의미한다. Long(1990)과 Seliger(1978)는 Krashen의 이러한 입장을 뒷받침하기 위해서 '다중 결정적 시기(multiple critical period)' 또는 '민감한 시기(sensitive period)'라는 개념을 제시하였다. 이 개념에 의하면, 인간의 두뇌가 성숙해 감에 따라 뇌의 유연성은 떨어지며, 따라서 외국어 습득 능력은 점차 쇠퇴해 간다. 그러나 언어능력은 어느 한 순간에 전체가 사라지는 것이 아니라 시간이 지나감에 따라 조금씩 그리고 누적적으로 사라지는 것으로 보았다. 따라서 각각의 서로 다른 언어적 항목에 따라 원어민과 같은 언어능력에 도달하는데 요구되는 학습 시작 연령이 다를 수밖에 없다는 점이다.

Long과 Seliger에 의하면, 원어민과 같은 발음에 도달하기 위해서는 최소한 6세 이전까지는 학습하고자 하는 외국어에 노출이 되어야 하고, 원어민과 같은 어휘와 통사적 능력에 도달하기 위해서는 15세 이전에 외국어에 노출되어야 한다. 그리고 다른 언어적 항목에 있어서 원어민 수준에 도달하기 위해서는 최소한 6세와 15세 어느 사이에 외국어에 노출이 되어야 한다는 점을 의미한다. 여기서 중요한 점은 외국어에 대한 노출 시기가 위에서 언급한 시기에서 늦어질 경우, 원어민과 같은 수준의 언어능력에 도달하는데 어려움을 겪을 수 있다는 것이다.

그렇다고 해서 성인들이 항상 외국어를 완벽하게 학습하지 못한다는 것은 아니다. 성인 외국어 학습자들은 기억 능력이 어린이들에 비해 월등하게 뛰어나고 외국어를 학습하고자 하는 동기가 강하다. 따라서 Hill(1970)은 성인들이 비록 외국어 학습을 늦게 시작하였더라도 어린이들보다 더 효과적이고 완벽하게 외국어를 습득할 수 있다고 주장하면서 결정적 시기 개념을 반박하였다. 일반적으로 발음에 관한 한, 어려서 외국어를 배울 경우 더 유리하다는 것이 지배적인 견해이지만, 발음이 언어능력을 결정짓는 유일한 기준이라고는 할 수 없다. 억양과 엑센트 때문에 원어민과 같은 발음을 낼 수 없지만 원어민에 못지 않은 영어를 구사하는 성인이 많기 때문이다.

한편, 언어사용의 창의성을 설명하는데 보편문법(UG) 이론은 매우 유용하다. 그러나 현재까지 보편문법에 근거한 외국어 습득 이론은 주로 외국어 학습자의 통사 구조의 발달을 규명하는데 많은 관심을 기울인 반면에, 음운, 형태, 그리고 어휘와 관련된 면에 대해서는 상대적으로 그 관심이 미흡했다. 또한, 학습자가 습득하는 언어적 항목의 순서가 정해져 있다 하더라도 외국어 습득 그 자체를 촉진 또는 지체시킬 수 있는 학습자 내부 또는 학습자를 둘러싼 사회 · 심리적 변인들에 대한 설명은 부족했다는 비판을 받고 있다.

■ Genie : Evidence for the critical period hypothesis

The tragic case of "Genie" bears directly on the critical period hypothesis. Genie was discovered in 1970, at the age of thirteen, having been brought up in conditions of inhuman neglect and extreme isolation. She was severely disturbed and undeveloped, and had been unable to learn language. In the course of her treatment and rehabilitation, great efforts were made to teach her to speak. She had received next to no linguistic simulation between the ages of two and puberty, so the evidence of her language-learning ability would bear directly on the Leneberg hypothesis.

Analysis of the way Genie developed her linguistic skills showed several abnormalities, such as a marked gap between production and comprehension, variability in using rules, stereotyped speech, gaps in the acquisition of syntactic skills, and a generally retarded rate of development. After various psycholinguistic tests, it was concluded that Genie was using her right hemisphere for language (as well as for several other activities), and that this might have been the result of her beginning the task of language learning after the critical period of left hemisphere development.

The case was thus thought to support Lenneberg's hypothesis, but only in a weak form. Genie was evidently able to acquire some language from exposure after puberty (she made great progress in vocabulary, for example, and continued to make gains in morphology and syntax), but did not do so in a normal way.

from Saville-Troike, 2006, p. 83)

2.2. 인지능력과 외국어 습득

어린이의 언어 발달은 어린이 자신을 둘러싼 세상에 대한 이해를 통해 형성한 개념들과 어린이들이 의사소통을 통해서 전달하고자 하는 의미 간에 밀접한 관련을 맺고 있다. Slobin(1979)은 어린이의 인지능력 발달과 언어능력의 발달 간에는 매우 긍정적인 상관관계가 있다는 증거를 발견하였다. 예를 들어, 부모의 발화에서 완료시제(예: *he has walked*)가 자주 발견되었고, 그리고 완료시제가 어린이들의 언어적 영역 안에 조금이라도 자리를 잡았다 할지라도 4세 또는 5세 이전의 어린이들은 영어의 완료시제를 사용하지 않는다는 것이다. 그는 어린이들의 다른 발화들의 예를 조사한 후에 어린이들은 완료시제가 갖는 개념을 터득하기 전까지는 완료시제라는 언어 형식을 사용하지 않는다고 결론을 내렸다. 즉, 완료시제라는 개념이 성립되지 않는다면 이를 표현하기 위한 문법적 구조로서 완료시제를 사용하지 않는다는 것이다.

한편, 개념의 발달은 언어 발달을 유도하지만, 역으로 언어 발달이 이러한 개념의 발달을 유도하기도 한다. 예를 들어, 현재완료 시제를 표현하기 위해 사용되는 언어적 형식은 어린이들로 하여금 현재완료라는 개념을 터득하는데 도움을 제공할 수 있다. 그리고 학습자들은 외국어를 학습하면서 그들의 모국어와는 다르게 나타나는 언어적 현상, 즉 언어적으로 분리할 수 있는 소유와 분리할 수 없는 소유(예: my book, my arm) 등과 같이 전에 인식하지 못했던 이러한 개념상의 차이를 구별할 수 있게 된다.

하지만 성인 학습자들은 이미 자신을 둘러싼 세상에 대해서 기본적인 개념을 형성한 후에 외국어를 학습하기 때문에 인지 발달과 언어 발달 간에는 별다른 관계가 없어 보인다. 그럼에도 불구하고, 인지와 언어 간의 관계는 여전히 중요하다. 왜냐하면, 외국어 학습자는 새로운 개념의 이해와 소통적 유의성을 위해서 자신의 모국어와는 다르게 사용되는 언어적 항목들에 대한 구별을 인식할 수 있는 능력을 발전시킬 필요가 있기 때문이다.

인지주의에서는 직접 관찰 가능한 학습자의 행위보다는 그 행위를 지배하는 내적인 정신활동을 규명하는데 관심을 갖고 있다. 인지주의자들은 인간의 모든 지적인 활동의 내면에는 인지(cognition) 또는 인지구조(cognitive structure)가 작용한다고 생각한다. 인지구조는 여러 요소들이 상호 관련성을 맺고 체계적인 조직을 이루면서 보다 안정적이고 광범위한 능력을 발휘할 수 있는 체계를 의미한다. 따라서 새로운 상황에 직면하거나 새로운 문제를 해결하고자 할 때, 우리는 자신이 가지고 있는 인지 또는 인지구조를 활용하게 된다. 인지구조(인지)는 새로운 환경 또는 정보와의 상호작용을 통해 변화될 수 있고 발전할 수 있다. 따라서 개인이 가지고 있는 기존의 인지구조와 새로운 정보(지식) 및 환경과의 상호작용을 하는 가운데 인지구조의 변화가 만들어지는 것이며, 기존의 인지구조에 변화가 생겼다면 이는 학습이 이루어졌다고 할 수 있다. 따라서 인지주의에서 바라보는 학습은 경험의 결과로 인해 학습자의 인지구조에서 변화가 생긴 것을 의미한다.

인지구조의 변화, 즉 인지발달은 동화(assimilation)와 조절(accommodation)을 통해 일어난다. 동화란 학습자 자신이 이미 가지고 있는 인지구조를 토대로 외부의 새로운 정보나 사건을 해석하고 이해하는 것을 의미하며, 반면에 조절은 외부의 새로운 정보나 사건의 속성 그리고 이들 속성 간의 상호관계를 파악하여 이에 맞게 학습자 내부의 인지구조를 변화시키는 것을 의미한다. 이러한 동화와 조절 작업은 학습자 내부에 존재하고 있는 기존의 인지구조와 새로운 사실을 연결시키는 유의적 과정으로 이해할 수 있다. 학습자가 학습할 내용을 기존의 인지구조와 연결하여 의미 있는 것으로 인식할 때 유의적인 학습(meaningful learning)이 일어난다.

한편, 인간은 새로운 상황에서 기존의 인지구조를 활용하여 문제를 해결하고자 하며, 이때 동화와 조절 과정은 서로 상호의존 방식으로 같이 일어난다. 기존의 인지구조에 의해 동화/조절할 수 있는 것은 그렇게 하겠지만, 기존의 인지구조로 동화 및 조절이 적용되지 않는 상황이 발생할 수 있다. 이때 인지적 불균형(disequilibrium)이 일어나는데, 모든 인간은 인지적 불균형 상태에서 벗어나 자기 자신과 환경 사이에 최적의 균형(equilibrium) 상태를 유지하려는 생득적 욕구가 있다. 이렇게 인지의 불균형과 균형 상태가 반복적으로 계속되는 것은 우리가 새로운 지식을 획득해 나가는 과정이라 할 수 있다.

2.3. 오류분석(Error Analysis)

Chomsky의 변형생성 문법이 대두된 이후 언어습득 과정 중에서 학습자가 생성하는 오류에 대한 인식이 변화되었다. 성인 발화의 기준에 비추어 볼 때, 오류체계로 여겨졌던 어린이의 발화에도 나름의 언어 규칙체계가 존재한다는 사실을 인정하게 된 것이다. 성인 발화의 관점에서 볼 때, 어린이의 발화는 분명 완벽한 규칙체계에서 벗어난 오류이다. 하지만 이들의 언어체계는 일정한 규칙을 바탕으로 하고 있어서 어린이들이 언어학습을 위해서 내적 언어처리 메카니즘을 사용하고 있다는 것을 엿볼 수 있다. 이러한 맥락에서 외국어 학습자의 언어체계에 대해서도 새롭게 인식되기 시작하였다. 즉, 외국어 학습자도 그가 접하는 언어적 자료로부터 창의적으로 규칙을 구성하고 이를 적용해 나가는데, 그 규칙이 점차 목표어의 체계에 근접해 간다고 본 것이다. 따라서 학습자가 생성한 오류를 단순히 학습 실패의 증거로 보기보다는, 학습자가 언어체계를 발전시키고 있다는 증거, 그들이 언어적 자료를 어떻게 처리하는지를 보여주는 자료로 인식의 변화가 일어나게 되었다.

2.3.1. 학습자 오류의 출처와 원인

새로운 내용을 학습하거나 주어진 문제를 해결하고자 할 때 학습자는 자신이 이미 가지고 있는 선험 경험 지식을 활용한다. 이러한 선험 지식은 새로운 지식을 습득하는데 긍정적으로 작용하여 학습을 촉진시킬 수도 있고, 아니면 부정적으로 작용하여 새로운 지식을 학습하는데 오히려 장애 요인이 될 수 있다. 이와 같이 선험 학습의 경험이 다른 후험 학습에 직접적 또는 간접적으로 영향을 미치는 것을 '전이(transfer)'라고 한다. 선험 지식이 새로운 학습을 하는데 촉진적 역할을 하는 경우 이를 긍정적 전이(positive transfer)라고 하고, 선험 지식이 새로운 지식을 학습하는데 장애 요인으로 작용하는 경우 이를 부정적 전이(negative transfer) 또는 간섭(interference)이라고 한다.

구조주의 언어학자들은 모국어와 외국어 체계에 있어서 차이가 클수록 외국어를 배우는데 간섭 현상은 많이 나타날 것이고, 차이가 적으면 간섭이 적을 것이라고 생각하여 두 언어 간의 차이를 분석하는 '대조분석(contrastive analysis)'을 제안하였다. 이들은 대조분석을 사용하여 두 언어 간의 유사점 및 차이점을 기술하려고 하였으며, 긍정적 전이보다는 오히려 간섭이 되는 부정적 전이를 규명하는데 더 많은 관심을 보였다. 또한, 대조분석은 두 언어 간의 차이를 기술하는데 그 목적이 있기 때문에 언어 내(intralingual) 간섭보다는 언어 간(interlingual) 간섭을 규명하는데 더 많은 관심을 보였다. 하지만 외국어 학습에서 나타나는 오류는 모국어와 외국어 간의 차이에 의해서 나타날 수 있지만, 목표어 내의 언어규칙을 불완전하게 학습했거나, 목표어 내 여러 언어규칙 간의 혼란으로 인해 오류가 나타나는 경우도 있다. 하지만 인지주의에서 제안된 오류분석(error analysis)에서는 오류의 원인을 언어 간 전이에 의한 간섭에 대해서도 관심을 갖지만, 언어 내 간섭에 의해 발생되는 오류의 유형에 대해서 더 많은 관심을 보였다.

2.3.1.1. 언어 간 전이에 의한 오류

전이(transfer)란 선행 학습의 경험이 후험 학습에 직접적 또는 간접적으로 영향을 주는 것을 의미한다. 전이의 역할은 외국어 학습에서도 크게 나타난다. 왜냐하면, 학습자는 외국어 학습을 효과적으로 수행하기 위해서 자신이 이미 알고 있는 모국어 지식을 활용하기 때문이다. 즉, 외국어를 학습하는데 있어서 자신의 모국어 지식을 일종의 전략으로 이용하는 것이다.

Taylor(1975)는 중급 수준의 학습자에 비해 초급 수준의 학습자에게서 모국어에 의한 전이 오류가 더 많이 발생하고 있다는 것을 발견하였다. 이는 초급 수준의 학습자일수록 목표어에 대한 지식이 부족하여 모국어에 더 많이 의존하여 언어규칙에 대한 가설을 만들기 때문이라고 분석하였다. 이때 모국어의 간섭이 학습자의 오류를 일으키는 원인이 되므로 이러한 간섭 현상만 극복하면 외국어 습득이 용이하다고 생각하였다. 이러한 맥락에서 구조주의 언어학자들은 대조분석(contrastive analysis)을 제안하였다.

한국어와 영어의 두 언어체계의 차이로 인해 부정적 전이가 유발될 수 있는 언어적 항목에는 다음과 같은 것들이 있다.

① 한국어는 관사의 개념이 불분명하지만 영어에서는 관사의 사용에 대한 개념이 명확하다. 따라서 한국의 영어 학습자들은 관사의 사용법을 습득하는데 어려움을 느낀다.

Sun is very hot.

He is tallest boy in the class.

He is good boy.

② 한국어의 표준적인 어순은 "주어+목적어+동사"이고 또한 많은 경우 그 어순이 비교적 자유롭다. 이에 비해 영어의 기본 어순은 "주어+동사+목적어"로서 한국어와 다르고, 또한 어순이 한국어와는 달리 고정되어 있다. 그리고 한국어에서는 주어 사용이 의무적이지 않아 주어를 생략하고 말을 해도 이해하는데 어려움이 없다. 그러나 영어에서는 꼭 주어를 사용하여 표현해야 한다.

I always English study hard.

③ 한국어에서는 문법 범주로서의 명사의 수(number)를 별로 의식하지 않는다. 하지만 영어에서는 명사의 단수와 복수를 엄격히 구분한다. 따라서 한국인 영어 학습자는 복수 어미

형태소인 '-s'의 사용에서 오류를 자주 범한다.

Three book are interesting.

그러나 대조분석에서 주장하는 바가 언어습득 과정에서 항상 그대로 적용되는 것은 아니기 때문에 대조분석의 효용성에 대한 반론이 제기되기 시작하였다. 첫째, Richards(1971)는 학습자가 생성한 오류는 언어 간 전이보다는 목표어 내의 규칙 혼란으로 인해 나타나는 오류의 경우가 더 많다고 하면서 대조분석의 효율성을 비판하였다. 즉, 오류의 대부분은 과잉일반화나 단순화 같은 과정에서 발생되기 때문에 대조분석의 효율성에 대해서 의문이 제기된다는 것이다. 따라서 모국어와 목표어 사이의 관계를 찾아내는 것보다는 외국어 학습자가 새로운 규칙 체계를 만들어내는 과정에 더욱 주목할 필요가 있다고 주장하였다. 둘째, 모국어와 외국어 간의 차이점이 아닌 유사점이 오히려 외국어 학습의 어려움이 될 수도 있다. Whitman과 Jackson(1972)은 로마자를 모국어로 쓰고 있는 어린이들과 그렇지 않은 어린이들을 대상으로 영어 철자 실험을 한 결과, 로마자를 쓰지 않는 학습자들이 로마자를 쓰는 학습자들에 비해서 더 높은 점수를 보여준 사실을 발견하였다.

이런 이유로 인해 대조분석이 비판받고 있지만 전이는 분명 학습자가 사용하는 학습전략 중의 하나로 이해될 필요가 있다. 또한, 모국어의 전이는 초기 학습자에게 목표어에 대한 특정한 가설 설정의 근거를 제공한다는 점에서 의미가 있다. Corder(1977)는 모국어가 학습자에게 목표어 학습에 사용할 수 있는 풍부한 가설을 제공한다고 하면서 전이가 언어학습에서 중요한 역할을 담당하고 있다고 주장하였다. 이는 학습자들이 백지상태에서 학습을 시작하지 않게 되어 학습이 더욱 경제적이고 생산적일 수 있음을 의미한다.

2.3.1.2 언어 내 전이에 의한 오류

구조주의 언어학자들은 외국어를 배우는데 있어서 언어 간 전이의 부정적인 간섭을 오류의 가장 큰 원인으로 삼았다. 그러나 생성문법 학자들은 언어학습을 반복과 연습 및 습관형성을 통한 기계적인 과정이 아니라 학습자가 새로운 규칙을 형성하는 창의적인 과정으로 보았다. 따라서 학습자가 만들어내는 오류의 대부분은 모국어 간섭에 의한 것이 아니라, 학습자가 외국어 자체의 규칙을 잘못 이해 또는 적용하는데서 비롯되는 것으로 간주하였다. 이러한 관점에서 인지주의자들은 오류분석(error analysis)을 제안하였다.

인지주의자들은 목표어 내의 언어자료를 과잉일반화(overgeneralization) 하는 과정에서 많은 수의 오류가 유래한다고 보았다. 학습자는 이미 학습된 언어적 항목의 범주들을 기초로 하여 새로운 언어적 항목에도 공통적으로 적용되는 규칙을 찾으려 한다. 이때 학습자가 목표어의 어떤 규칙을 새로운 학습 문제에 적용시킬 때, 만약 그 문제가 그 규칙이 적용되는 범주에 속하는 것이라면 올바르게 규칙이 적용된 경우라 할 수 있다. 이 경우를 일반화(generalization)라 한다. 그러나 그 예측은 종종 틀릴 수 있다. 그 이유는 특정 항목을 적절한 범주에 할당했다 하더라도, 이들 특정 항목에는 일반적인 규칙이 적용되지 않는 경우가 있기 때문이다. 이 경우를 과잉일반화(overgeneralization)라 한다. 또한, 그 언어적 항목이 다른 규칙에 의해 적용되는 범주인 경우도 있는데, 이 경우 새로운 범주와 규칙을 만들어야 한다(예: (a.) learned). 이렇듯 새로운 항목이 그 범주에 속하는 것이 아니거나 예외인 경우 과잉일반화에 의한 오류가 나타나게 된다(Littlewood, 2001). 일반화의 한 양상인 과잉일반화는 학습자가 새로운 목표어를 보다 쉽게 학습하려는 목적에서 목표어의 특정한 문법 규칙을 그 규칙이 적용되는 경계를 넘어서까지 부적절하게 사용하는 전략인 것이다(Brown, 1980).

영어의 규칙을 과잉일반화하여 만들어진 오류에는 다음과 같은 것들이 있다.

① 동사의 과거형은 동사 뒤에 '-ed'를 붙여 만들어진다. 그러나 불규칙 동사의 경우는 이러한 규칙 적용에 있어 예외가 된다. 하지만, 이 규칙을 그대로 적용하여 'go***ed***, 'com***ed*** 등과 같은 오류를 범하는 경우이다.

② 명사의 복수형은 명사에 '-s'를 붙여 만든다. 그런데 'mouse'나 'child'에 이 규칙을 적용하여 'mouses'나 'childs'라고 한다면 이는 명사의 복수형 규칙을 과잉일반화시킨 것이다.

③ 진행형을 만드는 규칙을 과잉일반화하여 'know'나 'remember'와 같이 진행형을 만들 수 없는 동사까지 확대하여 진행형을 만들기도 한다('I ***am not knowing*** the rules.').

④ 주어가 3인칭 단수일 경우 이어지는 동사의 뒤에는 '-s'를 붙인다. 그러나 이 규칙을 과잉일반화시켜 'He can sings'와 같은 오류를 범하기도 한다.

⑤ 의문문을 만들기 위해 'do' 동사를 삽입한다. 그러나 'do'가 필요 없는 경우에도 'do'를 과잉일반화시켜 사용하는 오류를 만든다('Who ***did write*** the book?').

그러나 앞서 살펴본 전이와 과잉일반화는 서로 별개의 무관한 개념이 아니다. 왜냐하면, 전이나 과잉일반화 모두 선행 학습 경험에 의존하여 새로운 학습을 효율적으로 진행하려는 학습자의 심리적인 면이 전제되어 있기 때문이다. 목표어 학습을 위해 학습자가 의존하는 선행 학습 경험이 언어 간 전이에서는 모국어의 지식이 되는 것이고, 과잉일반화에서는 목표어의 지식이 되는 것이다. 이와 같이 전이와 과잉일반화는 학습자가 자신의 학습 부담을 덜기 위해 사용하는 학습전략으로 이해될 필요가 있으며, 이를 통해 학습자는 일정한 체계를 갖춘 독특한 규칙체계를 발달시켜 나간다.

그러나 학습자가 생성해 내는 오류가 언어 간 전이에 의한 것인지 아니면 과잉일반화에 의한 것인지를 결정하는 것은 쉽지 않다. 예를 들어, 동사 앞에 'no'를 첨가하여 부정문을 만드는 오류("No look my care.")는 학습자들의 모국어와 상관없이 보편적으로 발견되는 오류이지만, 모국어가 스페인어인 학습자들은 이 오류를 더 많이 더 오래 사용한다. 이를 통해 전이와 과잉일반화의 오류가 복합적으로 일어날 수도 있음을 알 수 있다.

오류의 경계가 모호한 경우에는 오류의 출처가 무엇인지를 애써 따져 밝히는 일은 무의미하다. 그보다는 전이와 과잉일반화 두 가지가 함께 작용하여 서로를 강화하는 것으로 보는 것이 옳을 것이다. 오류의 원인을 전이와 과잉일반화 중 어느 한 가지로 귀결시키기 어려운 이유는 아마도 앞서 설명한 전이와 과잉일반화가 갖는 공통적 속성 때문인 것으로 보인다.

2.3.1.3 교수(Teaching)의 영향에 의한 오류

학습자가 교육 기관에서 교실 수업을 통해 언어를 배우는 상황에 있다면 교사나 교재가 오류의 원인이 될 수 있다. 즉, 학습자가 사용하는 교재에 잘못된 내용이 수록되어 있을 때, 혹은 교사가 잘못된 내용을 학습자에게 가르칠 때 학습자가 오류를 발생할 수도 있다는 것이다. Richards(1971)는 이런 오류가 학습 내용이 담고 있는 '허위개념(false concept)'에서 비롯된 것이라 칭했다. 또한, Stenson(1974)은 학습자 의도와는 무관하게 외적 환경 요인에 의해 오류가 발생하는 것이기 때문에 이를 '유인된 오류(induced error)'라고 불렀다. 또한, Dulay와 Burt(1974)는 '특이한 오류(unique error)'라는 용어를 사용하여 발달상의 오류도 아니고 간섭에 의한 오류도 아닌 다른 형태의 오류로 분류하였다. Brown(2014)은 이를 학습 환경(context of learning)과 관련된 오류라고 하였다.

2.3.1.4 비체계적 오류

학습자의 발화는 목표어에 관해 학습자가 나름대로 내재화한 규칙, 즉 학습자 기저의 언어능력을 직접적으로 반영해 주는 구체적인 증거라 할 수 있다. 즉, 학습자의 오류를 통해 학습자가 목표어를 어떻게 처리하는지 그 과정을 알 수 있는 이점을 제공한다. 그러나 이러한 가정이 항상 옳은 것은 아니다. 학습자는 종종 그들의 기저 규칙체계로 부터 기인하지 않는 다른 요인의 영향에 의해서도 오류를 범하기 때문이다. 이러한 종류의 오류를 '비체계적인 오류(non-systematic error)'라고 하는데, 이는 다시 '의사소통전략(communication strategy)'과 '수행오류(performance error)'로 구분된다.

1) 의사소통전략(Communication Strategy)

학습자는 그가 가진 현재의 언어능력으로는 표현할 수 없는 언어적 항목과 규칙을 사용하여 의미를 전달해야 하는 상황에 종종 부딪힌다. 이때 학습자는 의도한 의미를 전달하기 위해 임시방편적인 전략을 사용한다. 예를 들어, 사전 등에서 언어 항목을 찾아 사용한다거나, 또는 제스쳐 등의 신체언어를 통해 의사소통 목적을 실현한다. 이러한 경우에 발생되는 학습자의 오류는 학습자의 기저 규칙체계를 반영하는 오류라기 보다는 일반적인 문제 해결의 전략에서 비롯된 것이다. 즉, 의사소통전략이란 학습자가 자신의 부족한 외국어 지식을 보충하면서 자신의 의사를 상대방에게 전달하기 위하여 임시방편의 언어적·비언어적 방법을 동원하는 전략이라 할 수 있다. 그런데 이때 사용된 언어적 표현이 표준적인 언어에서 벗어나는 경우 오류가 되는 경우가 많다.

의사소통전략은 '잉여성 축약(redundancy reduction)'의 경우에도 적용될 수 있다. 동사의 굴절형 생략은 학습자가 습득한 규칙의 증거가 아니라 그가 습득한 능력에서 벗어난 그 이상의 의미를 전달하기 위해 사용하는 소통 전략으로 이해된다. 따라서 전이와 과잉일반화도 학습자의 기저 문법체계를 보여주기 보다는 의사소통 문제를 해결하기 위한 즉각적인 의사소통전략의 결과인 경우가 많다. 하지만, 학습자가 생성한 오류가 의사소통전략의 결과인지 아니면 내재화된 규칙체계의 결과물인지를 구분하는 것은 쉽지 않다.

2) 수행오류(Performance error)

오류분석에서는 오류분석의 대상을 결정하는 과정에서 오류(error)와 실수(mistake)를 구별하고자 했다. Brown(2014)에 따르면, 오류는 화자의 불완전한 언어 지식에서 비롯되는 언어능력상의 잘못(competence error)인 반면, 실수는 이미 알고 있는 언어적 항목을 언어수행 상에서 잘못 활용함으로써 생겨나는 순간적인 잘못이다. 특히, 실수는 원어민을 비롯하여 누구라도 범할 수 있으며, 알고 있는 체계를 잘못 활용한 것에 불과하므로 전이나 과잉일반화 같은 체계적인 오류와 구별 되어져야 한다. 따라서 Brown은 실수를 체계적인 오류와 구별하기 위해 '수행오류(performance error)' 혹은 '혀가 미끄러진 것(slips of tongue)'으로 칭하였다. 따라서 오류분석에서는 분석의 대상을 실수가 아닌 오류로 한정하고자 하였다.

그러나 오류와 실수, 즉 체계적인 오류와 비체계적인 오류를 실제로 구별하고 그 경계를 정하기란 쉽지 않다. 예를 들어, 한 학습자가 때로는 "John cans sing." 이라 발화하고, 때로는 "John can sing."이라고 한다면, 'cans'를 오류로 보아야 할지 아니면 실수로 보아야 할지 판단하기가 어렵다. 그런데 만약 학습자의 다른 발화를 관찰해 본 결과, "John wills go."나 "John mays come."과 같이 다른 조동사에도 3인칭 단수 어미를 계속해서 사용한다면 이는 조동사 사용과 관련된 오류로 간주되어야 한다.

따라서 단 하나의 발화를 근거하여 오류와 실수를 구별하는 것보다는 여러 발화를 기준으로 하여 그것이 규칙적으로 나타나는지 아닌지를 보고 오류와 실수를 구별해야 한다. 즉, 잘못된 사용이 여러 환경에서 일관적으로 나타난다면 그것은 학습자의 기저 언어체계를 반영한 오류가 될 것이고, 학습자가 스스로 잘못을 깨닫고 이후의 발화에서는 수정된 형태를 사용한다면 이는 실수가 될 것이다. 그러나 앞서 언급했듯이 학습자 발화의 본질적인 변이성 때문에 기저 언어체계가 규칙적으로 작용을 하더라도 표면적으로는 불규칙성이 나타나는 경우도 많아서 오류와 실수를 구별하는 것은 여간 어려운 일이 아니다.

2.3.2. 오류분석의 절차

대조분석을 주장한 구조주의 언어학자들은 학습자들이 외국어를 학습하면서 발생하는 오류의 주원인을 모국어의 간섭 때문이라고 생각하였다. 따라서 이들은 모국어의 간섭 요인을 제거하면 외국어를 성공적으로 학습할 수 있을 것이라고 생각하였다. 그러나 생성문법 학자들은 언어학습이란 단순한 반복과 연습을 통한 습관형성 그 이상이라고 생각하였다. 생성문법 학자들에 의하면, 외국어 학습은 학습자가 가지고 있는 모든 지식을 활용하여 외국어의 새로운 규칙을 이해하고 형성하는 창의적인 언어구성(creative construction)을 거친다는 것이다. 따라서 학습자가 생성하는 오류는 모국어 간섭뿐만 아니라 외국어 자체의 규칙을 잘못 이해했거나 적용하는 등의 다른 많은 원인에서 비롯된 경우가 더 많다. 학습자가 생성해 내는 많은 오류를 체계적으로 분석하여 이를 시정하는 노력이 '오류분석(error analysis)'이다.

생문문법 학자들이 바라보는 오류는 부정적이기 보다는 학습자의 현재 언어 발달 단계를 보여주는 구체적인 증거가 된다. 또한, 학습자의 목표어 언어체계가 발전함에 따라 학습자들이 보여주는 오류는 점진적으로 사라지는 것이기 때문에 오류에 대해서 긍정적으로 접근하였다. 이러한 맥락에서 학습자가 보여주는 오류는 '중간언어(interlanguage)' 또는 '발달적 오류(developmental error)'로 인식되었다. 한편, Corder(1977)는 외국어 학습에서 학습자의 오류는 필연적으로 나타날 수밖에 없다고 주장하면서, 그 오류를 체계적으로 분석한다면 학습자를 보다 체계적으로 가르칠 수 있는 교수법을 고안해 낼 수 있다고 주장하였다. Gass와 Selinker(2001, p. 66)는 학습자 오류가 갖는 의미에 대해서 다음과 같이 주장하였다.

> Error provides evidence of a system, that is, evidence of the state of a learner's knowledge of the L2. They are not to be viewed solely as a product of imperfect learning, they are not something for teachers to throw their hands up in the air about. As with research on child language acquisition, second language errors are not a reflection of faulty imitation. Rather, they are to be viewed as indications of a learner's attempt to figure out some system, that is to impose regularity on the language the learner is exposed to. As such, they are evidence of an underlying rule-governed system.

따라서 오류분석은 학습자의 언어 발달 단계를 파악하고, 그 과정을 이해하며, 그리고 학습자들이 왜 이러한 오류를 생성하게 되었는가를 분석하기 위한 방법이다. 이러한 오류분석의 목표를 달성하기 위해서 Corder(1971, 1977)는 오류분석을 다음과 같이 5단계로 나누었다.

① 학습자 언어 자료 수집(collection of a sample of learner language):
분석의 대상이 되는 학습자 언어자료와 자료 수집 방법 결정
② 오류의 확인(identification of errors): 오류의 구성 요소 결정
③ 오류의 기술(description of errors):
학습자의 개인 특유적 방언을 목표어로 재구성한 발화와 비교
④ 오류의 설명(explanation of errors): 오류가 발생한 원인에 대한 고찰
⑤ 오류의 평가(evaluation of errors): 오류가 청자에 미치는 영향 고찰

한편, Richards(1974)는 학습자들이 생성해 내는 오류의 유형을 다음과 같이 4가지로 정리하였다.

① 규칙의 과잉일반화(overgeneralization)
학습자가 목표어 내에서 이미 습득한 언어규칙과 지식을 적용해서는 안 되는 언어적 항목까지 확대하여 적용하는 경우이다.
예) He go***ed*** to school yesterday.
He can play***s*** the piano.
② 규칙 제한의 무시(ignorance of rule restriction)
학습자가 언어규칙이 갖는 사용상의 제약을 알지 못해서 일종의 일반화(generalization)에 의해서 언어규칙을 사용하는 가운데 오류가 나타나는 경우이다.
예) He ***explained me*** the book.
③ 규칙의 불완전한 적용(incomplete application of rules)
의사소통 상황에서 전달하고자 하는 의미에 너무 초점을 맞추다 보니 언어 형식의 정확성 측면에서 오류가 나타난 경우이다.
예) How long ***it takes*** to go the station?
Do you know who ***is she?***
Do you know where ***is toilet?***
④ 그릇된 가설의 설정(false hypothesis)
학습자가 목표어의 언어규칙을 잘못 이해하여 오류를 나타내는 경우이다.

예) He *is looks* like a queen.
He *is speaks* English like an American.

2.3.3. 오류분석의 오류(Error in Error Analysis)

외국어를 학습하는 학습자는 아직 완벽한 목표어 체계에 도달하지 않았기 때문에 언어사용에서 오류를 나타낼 수밖에 없다. 학습자가 보여주는 오류체계는 현재 학습자의 목표어에 대한 언어체계를 그대로 보여주는 중요한 언어적 증거가 된다. 실제로 언어 교사는 학습자가 보여준 오류를 대상으로 오류분석을 수행하게 된다. 하지만 오류분석 그 자체가 암시하는 바와 같이, 학습자의 오류에 너무 집중하다 보면 언어학습 과정 중의 중요한 한 단면을 놓쳐 버릴 수 있는 잘못을 범할 수 있다. 즉, 오류분석을 통해서 학습자가 생성한 오류 수에 너무 집중할 수 있고, 또한 이를 근거로 학습자의 언어 숙달도를 잘못 평가할 수도 있다는 점이다. 실제로 성공적이고 유창한 외국어 학습을 위해서는 오류가 없는 올바른 발화에 대한 지속적인 반복과 연습, 그리고 강화가 필요하다. 학습자가 보여주는 오류는 언어적 사용의 결과물이기 때문에 단순히 학습자의 오류에 초점을 맞추어 분석하기 보다는 왜 이러한 오류가 나타나게 되었는지 등의 오류 발생을 둘러싼 다양한 배경과 과정에 대한 이해가 필요하다.

오류분석은 학습자가 생성한 오류를 근거로 해서 수행된다. 따라서 말하기 및 쓰기와 같은 생성적(productive) 언어자료는 분석이 쉽고 가능하다. 하지만 읽기 및 듣기와 같은 수용적(receptive) 언어자료는 관찰이 쉽지 않아서 분석이 여의치 않다. 그렇다고 해서 수용적 언어자료들이 언어학습에서 차지하는 중요도가 적은 것은 아니다. 따라서 관찰이 되지 않는 언어적 자료에 대해 적절한 오류분석이 적용되어 학습자의 언어체계를 정확하게 유추할 수 있는지는 고민이 필요하다.

앞서 언급한 바와 같이, 오류분석은 학습자가 생성한 오류를 근거로 해서 수행되기 때문에 학습자가 만약 회피 전략(avoidance strategy)을 사용함으로써 오류를 보여주지 않는다면 실제 오류분석의 수행은 불가능하다. 예를 들어, 외국어를 학습하는 학습자가 자신이 없는 언어적 항목(음, 단어, 구문, 문법, 담화 등)에 대해서 회피 전략을 사용할 경우, 결과적으로는 오류가 나타나지 않는 것으로 되어 교사는 학습자의 언어 발달 과정에 대해서 잘못된 해석을 할 수 있다. 표면적으로 학습자들이 오류를 보이지 않는다고 해서 원어민과 같은 언어적 능력에 도달한 것으로 잘못 판단할 수 있는 가능성이 있다.

2.4 중간언어(Interlanguage)

2.4.1. 중간언어의 특징

구조주의 언어학자들은 외국어 학습은 계속적인 연습과 반복에 의한 습관형성을 통해 가능하다고 주장한 반면에, 생성문법 학자들은 외국어 학습을 학습자가 새로운 규칙을 배우고 형성해 가는 창의적인 언어구성 과정으로 생각하였다. 따라서 생성문법 학자의 견지에서 볼 때 오류는 모국어의 습관, 즉 모국어의 전이에 의해서가 아니라 목표어 규칙을 잘못 이해하거나 규칙을 잘못 적용함으로써 생겨나는 것이다. 또한, 학습자의 오류는 나름의 규칙성과 체계성을 가지며, 완벽한 목표어 체계를 향해 수정과 재확립을 해나가는 발달적 과정을 보여주는 특징이 있다. 이런 관점에서 생성문법 학자들은 학습자가 생성한 오류를 '언어'의 일종으로 격상시켜 연구의 대상으로 삼고자 하였다.

학습자가 생성한 오류를 설명하기 위해 다양한 용어들이 소개되었다. 이들 용어는 학습자의 언어 발달 단계의 중간에 위치하고 있지만 독자적인 규칙체계를 가지고 있고, 무엇보다도 완벽한 목표어의 언어체계를 향해서 계속 발전해 나가는 공통점을 갖고 있다. 하지만 이들 용어에서 각각 강조하는 측면은 조금씩 다르다.

먼저, Corder(1967)는 외국어 학습자의 언어체계를 '과도기적 언어능력(transitional competence)'이라고 칭했다. 이는 학습자가 외국어의 지식을 발전시켜 나가는 과정 중에 있지만 학습자의 불완전한 언어능력은 일시적임을 함축하고 있다. Corder(1971)의 '개인 특유 방언(idiosyncratic dialect)' 역시 외국어 학습자가 보여주는 오류 역시 나름의 언어체계를 가지고 있음을 인정한 점에서는 동일하다. 단, 일반적인 발화 공동체가 사용하는 방언과 비교해 볼 때 개별 학습자의 언어체계는 학습자 개개인별로 독특한 특성을 가진다는 점을 강조하고 있다. 즉, 학습자의 언어 규칙체계는 그 학습자만의 특성이 반영되어 있어서 특별하다는 생각이 함축되어 있다. Nemser(1971)는 '근사체계(approximative system)'라는 용어를 사용하여 학습자의 언어체계가 계속적으로 목표어에 가까워지고 발전하고 있다는 점을 강조하였다. 즉, 외국어 학습자의 중간 단계 언어체계는 완벽한 목표어 체계를 향해서 계속 발전해 나가는 특징을 가지고 있다고 생각하였다. 한편, Richards(1971)는 학습자의 중간언어를 설명하기 위해 '학습자 언어체계(learner language system)'라는 용어를 사용하였다. 특히, 그는 오류분석과 중간언어 체계를 구체적으로 연구하여 대조분석의 한계를 지적하였다.

한편, Selinker(1972)에 의해 제안된 '중간언어(interlanguage)'는 언어 학습자의 중간 단계 규칙체계를 설명하는데 가장 많이 사용되는 용어이다. 중간언어는 불완전한 과도기적 성격을 띤 언어체계로서 완전한 목표어 체계를 향해 계속적으로 접근해 나가는 중간 단계의 언어체계이다. 따라서 중간언어는 모국어와 목표어의 중간에 걸쳐 있어 두 가지 언어의 속성을 모두 가진 언어체계로 간주된다. 한편, Corder(1971, p. 17)는 아래의 그림을 통해 중간언어 개념을 설명하였다.

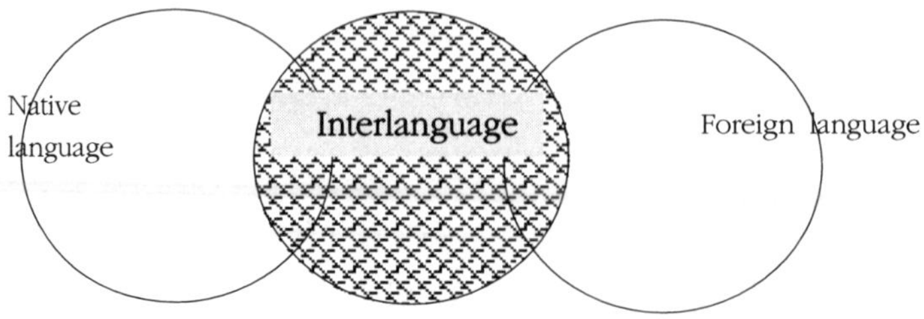

〈그림 2-3〉 중간언어

여러 학자들이 제안한 중간언어의 특징을 정리해 보면 다음과 같다(Selinker, 1972). 첫째, 중간언어는 체계성(systematicity)을 가지고 있다. 외국어 학습자는 내재화된 규칙체계에 의해 언어수행을 하며 이들의 목표어에 대한 지식은 하나의 전체적인 체계를 형성한다. 둘째, 중간언어도 다른 자연언어와 마찬가지로 변이성(variability)을 가지고 있다. 변이성이란 사회 · 언어학적 맥락과 주목(주의력)의 정도 등에 따라 언어적 항목이 다양한 형태로 나타나는 것을 의미한다. 셋째, 중간언어는 어느 한 단계에서 학습자의 지식이 고정되지 않고 계속적인 수정과 확장을 하며 정상적 어법을 향하여 변화하는 역동성(dynamicity)을 가지고 있다. 그러나 때로는 학습자의 언어가 진보하지 않고 그대로 굳어져 버리는 화석화(fossilization) 현상이 나타나거나 초기 중간언어 상태로 퇴행하기도 한다. 중간언어는 학습자의 오류로 나타나지만, Brown(2000)은 중간언어가 다음과 같은 발달적 과정을 거쳐 완전한 목표어 체계에 이른다고 보았다.

① 무작위적 오류(random error) 단계: 일관적인 문법 체계가 생기기 이전 단계로 부정확한 추측에 기초하여 언어를 사용하는 단계이다.

② 중간언어 출현(emergent error) 단계: 학습자가 규칙을 내재화하기 시작하는 단계로 점차적으로 일관성이 나타난다. 그러나 때로는 불안정하여 이전 구조로 돌아가는 퇴행(backsliding)이 일어나기도 하며, 학습자가 자신의 오류를 스스로 수정하지 못하는 단계이다.

③ 체계적 오류(systematic error) 단계: 중간언어가 더욱 일관성을 가지게 되는 단계로 오류를 지적받으면 학습자 스스로 수정할 수 있는 능력이 생기는 단계이다.

④ 안정(stabilization) 단계 혹은 후기 체계화 오류(post-systematic error) 단계: 학습자가 주의를 기울이면 오류를 거의 범하지 않으며 유창성과 의미 전달에 아무런 문제가 없다. 학습자가 스스로 자신의 오류를 수정할 능력이 생기는 단계이다.

2.4.2. 화석화 문제

학습자의 중간언어는 오류의 수가 점차 줄면서 완벽한 목표어 체계를 향해 점점 더 가까워지는 발달적 과정을 겪는다. 그러나 어떤 오류는 영구적으로 사라지지 않고 부정확한 중간언어 형태가 학습자의 언어체계 속에 굳어져 버리는데 이를 '화석화(fossilization)' 현상이라고 한다. 화석화 현상은 학습자의 언어능력이 진보하면서 결국에는 사라지는 '전이적 오류(transitional error)'와는 달리 고칠 수 없는 상태로 고정되어 영원히 사라지지 않는 오류라는 점에서 문제가 된다.

화석화가 일어나는 이유에 대해서는 알려진 바가 적다. 그러나 화석화가 일어날 가능성이 높은 경우는 다음과 같다. 첫째, 전체 오류의 비율 중 모국어의 전이에서 비롯된 오류의 비율은 낮았지만, 화석화되는 오류에 있어서는 모국어의 영향이 크다. 앞서 스페인 영어 학습자의 부정문 습득 과정에서 살펴보았듯이 끝까지 사라지지 않고 남는 오류, 즉 화석화될 가능성이 높은 오류는 학습자 모국어의 영향을 크게 받는다. 둘째, 의사소통 필요성을 오류가 방해하지 않는다는 것을 학습자가 잠재의식 속에서 깨닫는 경우에 오류가 화석화될 가능성이 높다. 셋째, 넓고 다양한 범위의 의사소통 필요가 아닌 단순하고 기본적인 의사소통 필요성만을 느끼는 경우 학습자는 초기 단계에서 진보를 멈추고 따라서 오류도 굳어지게 된다.

한편, Vigil과 Oller(1976)는 화석화 현상의 원인을 정의적(affective) 피드백 및 인지적(cognitive) 피드백과 관련지어 설명하였다. 학습자가 잘못된 문장을 발화하였을 때 대화 상대자로부터 받는 과도한 긍정적인 인지적 반응 및 정의적 반응의 결과로 인해 화석화가 이루어진다는 것이다. 예를 들어, 학습자의 발화에 오류가 있더라도 상대방이 "I understand it."와 같은 긍정적인 인지적 반응을 보인다거나 "I like it."와 같은 긍정적인 정의적 반응을 보인다면, 학습자는 자신의 발화를 교정할 필요를 느끼지 못하고 잘못된 언어 습관을 굳히게 된다는 것이다.

한편, Burt(1975)는 오류 수정을 할 때 전반적인(global) 오류와 국부적인(local) 오류를 구별할 필요가 있다고 지적하였다. 학습자의 오류에 대해 일일이 교사가 피드백을 주는 것은 학습자의 의사소통 의욕을 떨어뜨릴 수 있고, 반대로 오류에 대한 지나친 긍정적인 반응은 오류의 화석화를 불러일으킬 수 있다. 따라서 "She have three sisters."처럼 의사소통에 지장을 주지 않는 국부적인 오류는 학습자의 의사소통 의욕을 높이기 위해 오류를 지적하지 않는 편이 바람직하다. 하지만 "My family is three."처럼 의사소통에 장애가 되는 전반적인 오류에 대해서는 적절한 교정을 통해 화석화를 막아야 한다.

화석화 현상의 대표적인 예는 발음과 관련된 오류이다. 성인 학습자들은 원어민 화자와는 다른 독특한 억양을 사용하는 경우가 많은데, 이와 관련된 오류는 학습자의 언어가 발달하더라도 변하지 않고 그대로 굳어지는 경우가 많다. 또한, 이민 사회 집단의 언어에서 나타나는 독특한 양상도 화석화된 오류에서 비롯된다. 처음에는 개인 수준에서의 오류였던 것이 언어집단 공동체 수준으로 확장되어 쓰이면 전체적인 이민자 방언으로 굳어져서 화석화로 나타나는 경우가 있다.

피진어(pidgin)라 불리는 언어도 화석화 현상과 관련이 있다. 피진어는 특정 집단의 사람들이 모국어와 외국어를 의도적으로 서로 혼합하여 사용함으로써 언어에 오류가 내포된 경우를 가리킨다. 이는 의사소통의 편리를 위해 간소화되고 단순화된 언어 형태를 사용하고자 하는 외국어 학습자의 의도를 담고 있다. 피진어는 한 언어의 어휘와 음운 형태는 그대로 유지하지만, 문법적인 성의 구분, 복잡한 동사 시제와 대명사 체계 등과 같은 형태론적인 것과 통사론적인 것은 단순화시키는 경향이 있다. 만약 피진어를 모국어로 습득하는 새로운 세대가 생기게 되어, 시간이 지난 후 피진어가 공동체 사회의 모국어가 되는 경우를 가리켜 '혼성어(creole)'라고 한다.

■ Some views on fossilization

Vigil and Oller(1976) develop what they call the feedback model of fossilization. This argues that whether or not a from fossilizes will depend on the reaction the speaker receives when using it. '... any forms,' they say, 'that elicit favorable feedback will tend to fossilize.' The listener reaction of I understand will, in other words, lead to fossilization, while the reaction I don't understand will lead to change/improvement. The principle is clear; a learner who is managing to have her needs met by an imperfect 'pidgin-like' form has no motive to improve.

Selinker and Lamendella (12978) bitterly attack this position. The main objection relates to L1 acquisition and the fact that L1 children do not fossilize the pidgin-like forms they develop in the process of acquisition, even though caretakers in general both understand what their children are saying, and indicate that understanding to the child.

from Johnson, 2013, p. 99

2.5. 환경적 요인의 영향

2.5.1. 상투적 문구와 조립식 문형

행동주의자들은 학습자를 둘러싼 주위 환경이 그들의 언어습득에 지대한 영향을 미친다고 생각한다. 예를 들어, 모국어를 습득하는 어린이들은 그들 주위의 성인 발화를 모방하고 이에 대한 보상과 강화를 받는 과정을 통해서 언어습득이 이루어진다는 것이다. 반면에, 인지주의 입장에서는 LAD/UG와 같은 생득적 요인에 의한 언어습득 과정을 중시한다. 인지주의자들은 LAD/UG에 의한 언어규칙의 발견과 내재화, 학습자 내면에서 이루어지는 이러한 언어습득 과정을 규명하고 설명하는데 많은 관심을 기울인다. 그럼에도 불구하고, 인지주의자들은 학습자들에게 제공되는 언어입력의 중요성, 학습자 내면에서 이루어지는 습득 과정을 촉진시키는 환경적 요인의 중요성을 간과하지 않는다. 모방과 강화 등과 같은 행동주의 학습 원리들이 모국어나 외국어 학습 과정의 모든 면을 설명하는데 충분하지는 않지만, 그렇다고 해서 이들 원리들이 전혀 아무런 역할을 하지 않는다는 것을 의미하지 않는다.

초기 학습자들은 종종 그들이 갖고 있는 현재의 언어 지식으로는 만들어 낼 수 없는 정확하면서도 복잡한 발화를 생성하는 경우가 종종 있다. 부정문의 습득을 예로 들면, 'I no can swim'과 같이 '부정어+동사'를 사용하는 부정문 발달의 초기 단계에 있는 학습자가 종종 'I don't know'와 같이 갑자기 자신의 현재 언어 발달 단계와는 맞지 않게 완벽한 목표어 형태를 발화하는 경우가 있다. 이러한 현상은 몇몇 학습자에게 국한되는 특이한 현상이 아니라, 모국어를 습득하고 있는 어린이 및 외국어 학습자 대부분의 언어습득 초기 단계에서 매우 흔하게 나타난다. 이는 학습자들이 이전에 자주 들었던 상투적인 표현을 모방이나 암기를 통해 학습자 자신의 언어 목록에 포함시켜 사용하기 때문에 가능한 일이다. 이렇듯 상투적인 표현(routine formula)은 학습자의 현재 언어체계에 아직 내재화되어 있지 않은 언어 기능을 표현 가능하게 해 주므로, 학습자의 학습 부담은 줄이면서 동시에 소통적 기능은 최대화시켜 주는 이점이 있다. 학습자는 적절한 시간과 장소에 맞는 상투적 표현을 사용하여 의사소통의 효과를 극대화시킨다.

Ellis(1994)는 모국어 습득과 외국어 학습의 초창기에 대부분의 학습자는 세 단계로 구분되는 유사한 발달적 패턴을 거쳐 간다는 점을 지적하였다. 발달적 패턴의 첫 번째 단계는 침묵의 단계(silent period)로서 학습자들은 처음 발화를 만들어내기에 앞서 상당히 오랜 기간동안 듣기만을 수행한다. 그러나 성인 외국어 학습자들은 침묵의 단계를 거치지 않는 경우도 많아 침묵의 단계는 임의적(optional)이라고 볼 수 있다. 이 단계에서의 침묵은 학습자가 발화를 준비할 수 있는 기회를 제공한다는 점에서 의미가 있다. 두 번째 단계는 상투어(formulaic speech)

사용 단계이다. 소수의 이견이 있기는 하나 상투어의 사용은 후에 학습자가 스스로 언어규칙을 만들어내고, 또 이를 통해 창의적인 발화(creative utterance)를 생성하는데 기여한다는 점에서 중요한 단계로 여겨진다. 세 번째 단계는 구조·의미적 간소화(structural and semantic simplification) 단계이다. 이때는 상투어에 비해 목표어의 규준에는 더 벗어날지라도 좀 더 창의적인 발화를 사용한다는 점에서 의미가 있다. 문법적 기능어(grammatical function word)나 내용어(content word) 등을 생략한 채 한 두 단어로 이루어진 발화를 생성한다.

상투적 표현을 지칭하는 용어 및 그 개념은 학자에 따라 조금씩 다르다. Lyons(1968)는 상투어를 '분석할 수 없는 전체(unanalysable wholes)'로서 소통적 효과를 극대화하기 위해서 사용되는 표현이라고 하였다. Nattinger와 DeCarrico(1992)는 원어민의 발화에서도 상투적 표현이 보여 진다고 하면서 상투적 표현을 '어휘구(lexical phrase)'에 견주어 설명하였다. 한편, Littlewood(2001)는 '고정된 어구'와 '조립식 문형'에 상응하는 용어로 각각 '상투적 문구(routine formula)'와 '조립식 문형(prefabricated pattern)'이라는 용어를 사용하였다.

Littlewood가 말하는 '상투적 문구'란 학습자가 자신의 기저 언어규칙을 활용하여 창의적으로 발화를 하는 것이 아니라, 특정 발화를 분석되지 않은 하나의 덩어리(chunk)로 암기하여 소통적 상황에 맞게 적절하게 사용하는 표현을 의미한다. Huang과 Hatch(1976)는 학습을 시작한 지 몇 주 밖에 되지 않아서 'wash hand', 'this kite'와 같은 두 단어 발화를 하는 중국인 아동 Paul의 발화에서 다음과 같은 '상투적 문구'의 증거를 찾아냈다.

- Don't do that.
- It's time to eat and drink.
- Get out of here.

이런 발화는 학습자의 현재 언어 발달 단계와는 수준이 전혀 다른 복잡한 유형의 발화임을 알 수 있다. 이는 아동이 상투적인 문구를 일상생활에서 자주 들음으로써 그 발화의 전체적인 의미와 소통적인 기능만을 이해한 채 하나의 단위로써 암기하여 사용하기 때문에 가능한 것이라 할 수 있다. 또한, 아동은 'Don't eat'나 'It's time to wash'와 같은 발화를 생성하였는데, 이때 아동은 상투적 문구의 내부 언어적 구조나 개별 요소의 의미는 파악하지 못하고 있는 상태이다. 따라서 상투적 문구는 분석되지 않은 하나의 덩어리로 암기되어 사용되고 있다는 것을 보여준다.

한편, '조립식 문형(prefabricated pattern)'은 발화의 대부분이 암기된 덩어리라는 점에서는 상투적 문구와 유사하지만, 하나 이상의 개방된 틈(slot)을 포함하여 그 틈에 대체 항목을 메꾸는 어느 정도의 창의력(creativity)이 추가된 표현이라는 점에서는 차이가 있다. Hakuta(1974a,

1974b)의 연구에서 일본인 아동 Uguisu는 학습을 시작한 지 3달 만에 문장의 마지막 틈에 여러 가지 어휘 항목을 대체 사용하는 'I know how to-' 구문을 사용하였다.

> I know how to *do it.*
> I know how to *read it this.*

그러나 'Tell me how to do it'이나 'I know when to do it'와 같은 표현은 발화하지 않는다는 점으로 미루어 'I know how to-' 구문 자체가 모든 경우에 창의적으로 사용되는 것이 아니라는 점을 보여준다.

그렇다면 상투적 표현은 목표어 문법의 습득을 어느 정도로 촉진하고 혹은 방해하는 것일까? Krashen과 Scarcella(1978)는 학습자가 상투어 사용을 통해서는 목표어의 규칙을 찾아낼 수 없기 때문에 상투적 표현과 규칙에 의한 창의적 발화는 근본적으로 서로 다른 것이라고 주장하였다. 또한, Bohn(1986)도 상투적 표현은 단기 기억을 통한 발화 전략에 불과하므로 궁극적으로 언어습득에는 기여하지 못한다고 주장하였다. 반면에, Hakuta(1974a, 1974b)는 앞서 언급한 Uguisu 발화의 예를 들어, Uguisu는 점차 'I know how do you write this'와 같은 문장을 발화하게 되는데, 이는 표면적으로는 목표어의 기준에서 더 벗어난 듯 보이지만, 학습자의 관점에서 볼 때 창의적 발화를 사용하기 때문에 언어습득에 도움이 된다고 주장하였다. 왜냐하면, Uguisu는 'I know how to-'구문을 하나의 암기된 단위로 사용한 것이 아니라 규칙을 적용하여 분석이 가능한 단위로서 문장을 창의적으로 구성했기 때문이다.

또한, Fillmore(1976)도 학습의 초기 단계에서 상투적 표현은 학습자의 의사소통 욕구를 충족시키기 위해 반드시 필요하며, 상투적 문구와 조립식 문형은 점차 창의적인 표현으로 발달해 간다고 주장하였다. Fillmore는 그 증거로서 Nora 라는 스페인 어린이의 발달 과정을 예로 들었다.

① How do you do dese?
(처음에는 불변의 상투적 문구를 사용)
② How do you do dese in English?
(상투적 문구에 다른 구성 요소 첨가)
③ How do you like to be a cookie cutter?
(상투적 문구가 쪼개져서 'How do you + 동사...?'처럼 조립식 문형으로 사용됨)
④ How did you...?
(시제를 나타낼 수 있도록 조립식 문형 'How do you...?'가 분석되어 사용됨)

위의 예에서 보이는 것처럼 발달 순서의 아래쪽으로 내려올수록 'How do you...?' 라는 발화는 모방에 의해서가 아니라 규칙을 적용하여 창의적으로 발화되고 있음을 알 수 있다.

이렇듯 상투적 문구와 조립식 문형이 목표어의 문법 습득에 미치는 영향에 관해서는 이견이 존재한다. 하지만 상투적 표현은 초기 학습자의 부족한 언어적 능력을 보충하면서 동시에 의사소통 기능을 수행하는 방편을 제공한다는 점에서는 분명 이점을 가지고 있다. 즉, 상투적 표현이 대부분의 언어 학습자들에 의해 학습전략(learning strategy)으로 사용되고 있다는 점에 대해서는 연구자들의 견해가 일치한다. 더 나아가 상투적 표현이 다른 구성 요소와 함께 결합될 수 있는 분리된 구성 요소로 이루어진다는 것을 학습자가 깨닫게 되면, 차후의 창의적인 발화를 위해 도움이 된다는 점에서 많은 학자들이 동의하고 있다.

2.5.2. 연결주의(Connectionism)

Chomsky의 언어습득 과정을 간단히 정의하면 규칙형성(rule-formation) 과정이다. 즉, 언어 습득의 가장 중요한 과정은 언어입력 내에 존재하는 규칙을 발견하고 이를 내재화하는 과정이라 할 수 있다. 그런데 이러한 규칙형성에 근거하고 있는 언어습득 과정의 기본 전제는 하나의 규칙이 적용되고, 그 다음에 다른 규칙이 순차적(serially)으로 적용되는 과정이라는 점이다. 하지만 많은 학자들은 '평형분배처리(PDP: Parallel Distribution Processing)' 모델을 제시하면서, 각각의 언어규칙이 순차적으로 적용되는 점에 대해서 수정 보완적인 입장을 제시하였다. 평형분배처리 이론에 의하면, 수많은 언어적 항목은 뇌 속의 신경세포들과 상호 연결되어 있는데, 이러한 연결이 순차적(serially)으로 연결되어 있지 않다는 점이다.

언어적 항목과 신경세포들이 순차적인 연결보다는 병렬적이고 동시적으로 연결되어 있어서, 언어적 항목에 대한 언어규칙의 적용은 여러 단계의 신경단위들이 동시적인 상호작용을 통해서 일어나는 결과로 보았다. 다양한 악기를 사용하여 일종의 심포니를 연주하는 오케스트라처럼, 언어적 항목에 대해서 음운, 인지, 의미, 통사, 어휘, 사회·언어적 등의 규칙들이 순차적으로 적용되는 것이 아니라 여러 규칙들이 동시에 적용되는 결과로 보았다. 이와 같이 뇌의 신경이 언어적 항목들과 다양하게 연결되어 있는데, 이러한 연결이 실제적 언어사용 경험에 의해서 강화 또는 약화된다고 보는 입장이 '연결주의(connectionism)' 이다.

연결주의에 의하면, 인간의 뇌신경은 언어적 항목과 다양한 연결을 이루고 있는데, 이러한 연결은 실제 언어학습 경험에 의해서 그 연결이 강화되기도 하고, 때로는 약화되기도 한다. 예를 들어, 영어를 모국어로 습득하는 어린이들은 동사 *go*의 과거형을 다음과 같은 순서로 습득한다.

■ go의 과거형 습득 순서

went → goed → went

위의 예에서 어린이들이 첫 단계에서 사용하는 *went*는 *go*의 과거형이라는 사실을 알고 사용한 경우는 아니어서, *went*의 사용은 규칙 적용의 산물이 아니다. 단지 언어사용 맥락에서 과거 의미(-에 갔다)로 *went*를 너무 자주 듣고 사용되기 때문에 과거 의미와 *went*가 연결되어 강화된 경우라 할 수 있다. 이후 어린이들은 과거형을 만드는 규칙을 발견하여 과거형을 만드는 어미 *-ed*를 붙여서 *goed*를 *go*의 과거 형태로 연결시킨다. 하지만 어린이들은 이후 이 사용법이 틀렸다는 것을 인식하고 다시 *went*를 사용함으로써 *go*의 과거형을 *went*로 인식하게 된다.

2.6. 간섭 오류와 발달적 오류

언어학습의 실제 경험에 의하면, 학습자들이 유발하는 오류들을 대조분석에서 주장하는 바와 같이 실제로 예측하기는 어렵다. 이는 외국어를 학습하는데 모국어의 간섭이 모든 오류의 원인이 아니라는 것을 의미해 준다. 이러한 점은 언어학습에 대한 행동주의적 접근 방식의 근간이라 할 수 있는 습관형성이 갖는 역할에 대해서 의문을 제기하도록 해준다. Dulay와 Burt(1974)는 외국어 학습에서 간섭과 습관형성이 갖는 역할을 검증하기 위해서 스페인어를 모국어를 사용하면서 영어를 학습하고 있는 5세에서 8세 사이의 어린이 145명을 대상으로 영어와 스페인어 간에 서로 다른 6개의 언어 항목에 대해서 어린이들이 어떻게 사용하는지에 대해서 연구를 진행하였다. 특히, Dulay와 Burt는 어린이들이 생성하였던 오류들의 유형과 이들 오류들의 생성 비율에 대해서 관심을 갖고 있었다.

① 간섭 오류(interference error): 스페인어가 갖는 문법적 구조의 영향을 받아서 오류가 생성됨. 예) They have hunger.

② 발달적 오류(developmental error): 영어를 모국어로 습득하는 어린이들이 생성하는 오류의 유형과 비슷함. 예) They hungry.

Dulay와 Burt의 분석에 의하면, 어린이들이 생성한 오류의 3% 만이 모국어의 간섭에 의한 오류로 분류되었으며, 반면에 어린이들이 생성한 오류의 85%가 발달적 오류로 분류되었다. 그리고 12%의 오류는 어느 쪽에 포함시킬지 결정하기가 어려운 것으로 분류되었다. 이런 연구 결과는 언어학습은 습관형성에 의해서 이루어지는 것이 아니라 창의적 언어구성에 의해서 이루어진다는 것을 강력하게 암시해 준다. 또한, 이러한 연구 결과는 외국어 또는 제2언어로서 영어학습의 경우에서도 그대로 적용된다. 그러므로 낮은 비율의 간섭 오류와 높은 비율의 발달적 오류는 다음을 증거한다.

① 습관형성은 모국어 습득 과정을 설명하는데 부적절한 것과 같이 외국어 학습 과정을 설명하는데도 부적절하다.
② 모국어 습득 과정과 마찬가지로 어린이들은 외국어 또는 제2언어로서 영어를 창의적인 언어구성 방식을 통해서 습득하게 된다.

Dulay와 Burt의 연구에서는 모국어의 전이에 의한 오류의 비율이 매우 낮게 나왔지만, 일반적으로 다른 연구에서는 오류의 30%에서 50% 정도가 모국어의 전이에 의해서 생성된 것으로 나타난다. 그러나 여기서 중요한 점은 전이가 꼭 행동주의 이론의 전유물로 여겨질 필요가 없다는 것이며, 전이 역시 창의적 언어구성의 한 부분으로 이해될 필요가 있다는 것이다. 즉, 모국어의 규칙을 외국어 학습에 적용하여 활용하려는 노력은 외국어라는 언어체계를 이해하려는 학습자의 적극적인 학습전략의 일환이라는 점이다.

본 장에서 외국어 학습이 단순한 습관형성 과정이 아닌 학습자의 창의적인 규칙형성 과정임을 살펴보았으며, 언어습득 과정을 설명하기 위해서 습관형성을 강조하는 행동주의 접근 방식보다는 언어의 규칙 발견과 형성을 강조하는 인지주의 접근 방식이 더 설득력이 있다는 것을 살펴 보았다. 또한, 인지주의에서는 생득적 요인들이 언어습득에 지대한 영향을 미치고 있음이 분명해 보이지만, 상투적 문구와 조립식 문형, 그리고 연결주의가 갖는 특징을 살펴보았을 때, 학습자를 둘러싼 언어적 환경 또한 학습자들의 언어학습 과정에 적지 않은 영향을 미치고 있음을 알 수 있었다. 그리고 행동주의에서는 학습자가 생성한 오류에 대해서 부정적으로 접근하였지만, 인지주의에서는 학습자가 생성한 오류체계 역시 언어규칙에 기반하여 언어를 습득하고자 하는 학습자의 노력을 엿볼 수 있다는 점에서 오류에 대한 인식이 긍정적으로 변화되었음을 살펴볼 수 있었다.

단원 확인 문제

1. 인지주의에 대한 진술문 중 잘못 기술하고 있는 것은?

① 학습자 오류를 설명하는데 과잉일반화라는 개념이 중요하다.
② 모국어 지식의 전이 역시 효과적인 언어학습에 도움이 되는 전략이라고 생각한다.
③ 언어학습의 생득성, 선천성, 생물학적인 프로그래밍 등의 개념을 중시한다.
④ 학습자를 둘러싼 외적인 요인이 언어학습에 중대한 영향을 미친다고 생각한다.
⑤ 인간 언어 사용의 창의성을 설명하는데 매우 유용한 입장이다.

2. "다중 결정적 시기"에 대해서 틀리게 설명하고 있는 것은?

① 뇌의 유연성이 떨어지면 언어를 학습하는데 어려움을 겪는다는 점을 전제로 한다.
② 성공적인 언어학습을 위해서는 일정 연령 이전에 언어습득이 이루어져야 한다.
③ 뇌의 유연성이 일시에 사라지는 것이 아니라 언어능력에 따라 조금씩 누적적으로 사라진다.
④ 각각의 언어적 항목에 따라 원어민과 같은 수준에 도달하는데 필요한 연령이 서로 다르다.
⑤ 반구편중현상 이후 학습자의 전반적인 언어능력이 일시에 사라지는 현상을 설명하기 위한 개념이다.

3. 언어습득장치에 대한 설명 중 틀린 것은 어느 것인가?

① 문장이 비문법적인지 문법적인지를 구별할 수 있는 능력이다.
② 생득적이어서 외부의 언어입력은 최소한의 역할만을 인정한다.
③ 언어습득장치의 주 기능은 규칙형성이다.
④ 인간 언어사용의 창의적인 면을 설명하는데 매우 유용하다.
⑤ 언어습득장치의 구조를 과학적으로 파악함으로써 언어습득의 과정에 대한 검증이 용이하다.

4. 다음 중 인지주의 언어학습 원리를 가장 가깝게 설명하고 있는 것은?

① 모국어와 목표어 간의 차이점을 찾는데 관심이 많다.
② 인간의 기억 활동은 매우 역동적으로 일어난다.
③ 학습자를 둘러싼 학습 환경을 중시한다.
④ 반복/연습을 통한 습관형성이 언어학습의 성공을 결정짓는다.
⑤ 피드백을 자주 제공하여 처음부터 올바른 문장을 발화하도록 유도한다.

5. 인지주의자들이 언어학습과 관련하여 주장하는 개념이 아닌 것은 어느 것인가?

① LAD ② lateralization ③ critical period
④ biological timetable ⑤ plasticity of brain ⑥ scaffolding

6. 연령과 관련하여 성인의 외국어 학습에서의 실패를 설명할 때 자주 인용되는 용어이다. 즉, 언어 습득에 보다 용이한 특별한 시기가 다르고 보는데, 다른 연령 시기보다 언어를 더 잘 배울 수 있는 연령의 특정 시기를 ___________ (이)라고 한다.

① 반구편중현상 ② 민감한 시기 ③ 결정적 시기
④ 망각 ⑤ 침묵의 시기

7. 오류분석의 주창자들이 학습자들이 생성한 오류에 대해서 잘못 설명하고 있는 것은 어느 것인가?

① 학습자들이 보여주는 오류는 시간이 가면 감소할 것이라고 생각한다.
② 학습자의 오류는 목표어에 대한 가설검증이 잘못되어 발생한 것이라고 생각한다.
③ 학습자들이 보여주는 오류의 근원은 언어 간 간섭을 포함하여 다양한 경로를 통해 발생한다고 생각한다.
④ 학습자의 오류는 잘못된 것이기 때문에 즉각적으로 수정되어야 한다고 생각한다.
⑤ 오류는 외국어의 새로운 규칙을 이해하고 형성하는 창의적인 과정 중에 발생한다.

8. 어린이들이 언어를 배워가는 과정 중에 사용하는 routine formula에 대한 설명으로 틀린 것은?

① 소통적 기능을 최대화시켜 주는 기능을 한다.
② 현 학습자의 언어체계에 아직 구조화되지 않은 언어 기능을 표현하도록 해 준다.
③ 다른 표현들을 대체하여 사용하기 때문에 창의적 발화를 만들어내는데 공헌을 한다.
④ 자주 들은 어구를 하나의 단위로 암기하여 사용한다.

9. Which one is not correct about overgeneralization?

① It relates with developmental errors.
② It results from negative effect of intralingual transfer.
③ *Goed*, *sheeps* will be examples.
④ It implies that learners are using language rules that they learned before.
⑤ To reduce this kind of errors, the more practice, imitation, and repetition are needed.

10. "A watched pot never boils." Which one is related with this concept?

① Mature cognition is important to learn a second language successfully.
② A superior intellectual ability can facilitate a highly complex activity
③ High level of consciousness awareness of what learners are doing can facilitate the second language learning.
④ Balanced use of implicit and explicit learning is important for successful second language learning.
⑤ Learners who is too consciously aware of what they are doing can cause the difficulty in learning the second language.

11. Which one is correct in explaining about the arguments of 'poverty of input'?

① Input provided from outside plays the key role in language learning.
② Input provided from outside should be sufficient for learner's communicative need.
③ It focus on the key role of innate language learning mechanism such as LAD and UG in the process of language learning.
④ It implies that well-formed and well-articulated utterances should be provided to learners to help them learn the language successfully
⑤ It puts more emphasis on environmental factors rather than on genetic factors.

3장

구성주의와 외국어 습득

3장
구성주의와 외국어 습득

단원 핵심 용어				
· 사회·문화 이론	· 스캐폴딩	· 잠재적 발달영역	· 공공 발화	· 사적 발화
· 내적 발화	· 활동 이론	· 심리적 단계	· 사회적 단계	· 내재화
· 인간 내 단계	· 인간 간 단계	· 고등정신능력	· 자기 통제	· 인지적 독립
· 상호작용	· 수정된 상호작용	· 참여 메타포	· 화석화	· 객관주의
· 완전한 구성원	· 효과적인 학습자	· 의미교섭	· 상호 협력적 상호작용	

3.1. 객관주의와 구성주의

객관주의(objectivism) 학습관은 학습자 외부에 존재하는 교과 내용의 의미를 학습자들이 잘 받아들일 수 있는 구조로 정리하여 학습자에게 전달하는 것에 초점을 맞춘다. 하지만, 구성주의(constructivism) 학습관은 학습자 개개인이 자신의 경험에 근거하여 교과 내용에 숨겨진 의미를 스스로 찾고 구성해 나가는데 초점을 맞추고 있다(Wilson, 1996). 구성주의는 현재 우리나라 교육 현장에서 수업의 새로운 패러다임(paradigm)으로 등장하고 있으며, 과거 교사 위주의 교수(teaching)에서 학습자 중심의 학습(learning)으로 전환, 그리고 학습자의 자발적인 참여를 유도하는 학습 환경으로의 변화를 강조하고 있다.

1) 객관주의(Objectivism)

객관주의에서는 학습자가 학습해야 할 교과 내용(또는 실체)은 학습자 외부에 객관적으로 존재하고 있다고 생각한다. 이들 교과 내용 속에 숨겨진 지식의 의미 또한 학습자의 경험과는 별도로 학습자 외부에 객관적으로 존재하기 때문에, 교과 내용에 대한 이해는 학습자 개인의 선험 지식 또는 경험에 의해 달라지지 않는다. 객관주의에서 이루어지는 학습은 교과 내용의 속성과 구조, 각 교과 내용 간의 관계를 파악하는데 맞추어져 있다. 학습 과정에서 교사의 주 역할은 학습자가 꼭 알아야 할 교과 내용을 선택하고, 그 선택된 교과 내용의 구조를 학습자들이 잘 파악할 수 있도록 잘 조직하여 전달하는데 있다. 객관주의 관점에서, 지식은 학습 과정에서 생성되는 것이 아니라, 이미 학습자 외부에 객관적으로 존재하는 것이기 때문에 결과적으로 학습자가 이를 잘 파악하고 이해하였는가를 평가하면 충분하다.

2) 구성주의(Constructivism)

객관주의 입장에서 지식이란 학습자 외부에 객관적으로 존재한다고 보았다면, 구성주의 입장에서 바라본 지식은 학습자의 경험 세계에 의해 영향을 받아서 매우 다양하게 구성된다는 점에서 차이가 있다. Duffy와 Bednar(1991)는 교과 내용(실체) 속에 내재된 의미는 학습자의 경험에 따라 다르게 이해될 수밖에 없다는 점을 강조하면서, 구성주의에서 학습은 개인적이면서 개별적인 경험의 세계를 구축하는 것을 의미한다고 주장하였다. 따라서 교사의 역할은 학습자들로 하여금 개인적인 경험을 통해 교과 내용에 대해 어떻게 이해할 것인가를 보여주는 것이다. 그렇지만 이런 방법은 교사에 의해 미리 결정될 수 없고, 단지 학습 과정 중에서 학습자의 필요에 맞게 개발되고 사용되어야 한다는 것이다. 구성주의에서는 교사에 의해 일방적으로 제공되는 어떤 교과 내용의 구조나 의미를 맹목적으로 받아들이고 암기하는 방식은 학습에 아무런 효과가 없다고 주장한다.

구성주의에서 바라보는 교수·학습은 학습 환경을 설계하는데 많은 시사점을 준다. 학습자들로 하여금 특정 사물이나 정보에 대해 다양한 관점과 시각을 접하도록 하는 점, 그 해석이 개인의 경험과 문제 상황에 따라 다양해질 수 있다는 점, 학습자의 능동적인 참여를 유발하는 학습 환경을 만들 수 있다는 점을 들 수 있다. 나일주와 정인성(1996)는 〈표 3-1〉에서 객관주의와 구성주의 교수설계의 원리를 다음과 같이 상호 비교하여 제시하였다.

〈표 3-1〉 객관주의와 구성주의 교수설계 원리 비교(나일주, 정인성, 1996)

	객 관 주 의	구 성 주 의
1. 교수의 목적	· 객관적으로 존재하는 실체에 대한 법칙의 파악	· 세상에 대한 스스로의 해석을 어떻게 하는가를 보여 주는 것
2. 교수의 내용	· 객관적인 법칙이라고 밝혀진 체계화된 지식	· 현실 세계와 동일한 복잡한 문제 상황 속에서 지식제공
3. 내용의 조직	· 학습자가 지식을 잘 파악할 수 있는 방식으로 조직	· 복합적인 현실과 다양한 관점이 포함되는 환경으로 설계
4. 주요 교수전략	· 반복연습 · 피드백의 제공 · 외적 흥미요소 강조	· 다양한 문제 상황 속에서의 지식 활용 기회 제공 · 스스로의 의미구성 기회 제공 · 학습자의 능동적인 참여 조장
5. 교수의 평가	· 교수 후 목적달성 여부의 객관적 평가	· 학습 과정에서 지식을 이용하여 문제를 해결하는 수행여부 파악
6. 설계의 핵심	· 교수목표 및 과제의 구체적 분석 · 목표달성을 위한 교수전략의 고안	· 현실상황의 복합성을 나타내는 환경 구성 · 발생학적 지식생성의 환경 구성

3) 구성주의가 추구하는 수업 패러다임

Jonassen(1991)이 제안한 구성주의적 수업 패러다임에 의하면, 학습자는 자신의 경험에 의존하여 지식을 구성하기 때문에, 학습자 개개인의 경험이 서로 다르듯이, 구성된 지식의 의미도 각 학습자마다 다르다. 따라서 교사의 역할은 학습자가 사회적 맥락 안에서 실제 생활과 같은 맥락에서 상호작용에 참여하도록 하면서, 동시에 세상에 대한 스스로의 이해를 어떻게 구성할 수 있는지에 대한 구체적인 방법을 보여 주는데 있다.

구성주의 수업 패러다임에서 추구하는 교수·학습의 원리는 다음과 같다.

첫째, 지식은 주입식으로 학습자에게 제공되는 것이 아니다. 학습자 스스로의 경험에 의해서 교과 내용의 의미를 찾고 구성해 나갈 수 있도록 의미 있는 학습 과제를 제공해야 하며, 또한 학습자들이 적극적으로 학습 과정에 참여하도록 해야 한다. Savery와 Duffy(1995)는 학습자들이 학습 목적을 명확히 이해하고 있을 때, 그리고 학습 내용이 학습자의 흥미와 필요에 부합할 때, 학습자들은 학습 과제를 수행하기 위해서 적극적으로 참여한다고 하였다. 교사는 기존의 조직된 지식을 전달하는 지식의 전수자가 아닌 '인도자,' '안내자,' 그리고 '학습자와 동등한 학습자'의 역할을 담당하게 된다.

둘째, 학습자에게 주어지는 학습 활동은 현실 세계와 유사 또는 동일한 상황 속에서 활용되고 해석될 수 있는 사건, 사물, 개념 등과 밀접한 관련이 있어야 한다. 이는 교사가 이미 조직한 지식 또는 그 의미를 학습자들이 수동적으로 받아 들이기 보다는, 적절한 맥락이 담긴 교수 환경 속에서 능동적으로 학습 활동에 참여하여 그 의미를 스스로 찾고 구성하도록 하는 것이 중요하다.

셋째, 지식은 동료와의 상호작용을 촉진하는 협동학습 환경 속에서 제공되어야 한다. 협동학습은 실제 상황에서 과제가 수행되는 과정과 비슷하다. 따라서 각 개인이 가지고 있는 관점이나 시각은 협동학습을 통해 다른 사람의 시각과 관점을 접할 수 있어서, 궁극적으로 자신의 시각과 관점을 넓히고 보다 깊은 사고의 학습을 할 수 있다. 그리고 협동학습은 활발한 상호 의사소통이 가능하도록 만들기 때문에 자신의 의견을 자유롭게 제시하고 상대방으로부터 피드백을 받을 수 있다.

넷째, 교사 이외의 다른 전문가와 상호작용이 이루어지도록 한다. 교실이라는 물리적인 학습 환경의 벽을 넘어 이루어지는 실제 전문가와 상호작용을 통해 그들의 의견을 접할 수 있다면, 가장 신뢰할 수 있는 최신의 정보를 습득할 수 있어서 과제에 대해 보다 관심이 높아진다.

다섯째, 학습자들로 하여금 자신의 지식습득 과정을 반추(reflection)해 볼 수 있는 기회를 제공한다. 자신의 학습 과정에 대한 반추는 학습자 자신이 다른 사람과 어떤 상호작용을 하였고, 자신의 학습 경험을 통해 어떤 의미를 구성하였으며, 그리고 다른 학습자와 어떻게 협력하였는가를 알 수 있도록 해 준다.

한편, Honebein(1996)은 구성주의적 학습 환경을 설계하는데 필요한 다음 7가지 원리를 제시하였다.

① 학습자들로 하여금 주제, 세부 주제, 학습 방법, 그리고 문제해결 전략 등을 직접 결정하게 하여, 학습자 스스로 지식을 구성해 나가는 과정을 경험하게 한다.
② 습득된 지식들이 실제로 사용될 수 있는 현실적이고 적절한 상황을 제공한다.
③ 학습 과정에서 학습자가 학습의 주체자가 되며, 교사는 안내자와 조언자 역할을 한다.
④ 학습자들이 다양한 시각과 관점을 접하도록 함으로써 다양한 대안을 가지고 주어진 문제점을 해결하도록 한다.
⑤ 교사와 학습자, 학습자와 학습자, 그리고 학습자와 교실 밖의 전문가들과 상호작용을 통한 사회적 경험 속에서 학습이 이루어지도록 한다.
⑥ 다양한 학습매체를 사용하도록 한다.
⑦ 학습자 자신의 학습 과정을 스스로 관찰하고 인식하게 한다.

3.2. Vygotsky의 사회·문화 이론과 외국어 습득

3.2.1. 사회·문화 이론의 원리

Vygotsky(1986)의 사회·문화 이론(Socio-cultural theory)은 본래 인간의 언어학습 과정을 설명하기 위한 이론이 아니다. 사회·문화 이론은 어린이가 태어나서 성장하면서 그 사회의 완전한 구성원으로 발전해 나가는 과정을 설명하기 위한 이론이다. 사회 · 문화 이론에 의하면, 어린이가 그 사회의 완전한 구성원으로 성장하기 위해서는 고등정신 능력을 갖추어야 한다. 아동은 계속적인 지적 발달 과정을 통해서 고등정신 능력을 발전시켜 나가면서 아동이 속한 그 사회의 완전한 구성원으로 성장해 나가는데, 사회 · 문화 이론은 이 과정을 설명하는 이론이라 할 수 있다.

Vygotsky는 아동의 지적 발달은 두 단계의 계속적인 순환과정을 통해서 이루어진다고 하였다. 첫 번째 단계는 사회적 단계(social plane) 또는 인간 간 단계(interpersonal plane)로서 아동(학습자)과 아동을 둘러싼 세상, 또는 성인(교사) 간의 상호작용을 통해 학습이 이루어지는 단계이다. 이 단계에서 아동은 자신을 둘러싼 사회의 제도, 관습, 가치, 법률, 문화, 음식, 의복, 교육 등의 다양한 사회 · 문화적인 요소들을 받아들이는 단계이다. 다음 단계는 심리적 단계(psychological plane) 또는 인간 내 단계(intrapersonal plane)로서 학습자 내부에서 정신작용이 일어나는 단계이다. 이 단계는 학습자 내부에서 이미 정립된 지식과 사회적 단계를 통해서 새롭게 받아들이는 외부 지식이 상호작용하여 새로운 지식체계를 구축해 나가는 단계이다. 아동은 새로운 지식의 내재화를 통해서 기존 지식과는 질적으로 다른 지식체계를 구축하며, 이후 아동은 다시 사회적 단계를 통해서 사회 · 문화적인 지식들을 새롭게 받아들이고, 그리고 심리적 단계를 통해서 새롭게 받아들인 지식들을 다시 내재화하는 순환적인 과정을 거친다. Vygotsky의 입장에서, 학습은 벽돌쌓기처럼 새로운 지식이 차곡차곡 쌓이는 것이 아니라, 기존 지식과 새로운 지식이 상호 매개 과정을 통해서 기존 지식과는 질적으로 다른 새로운 지식체계로 재편성되는 과정이라 할 수 있다.

그런데 Vygotsky 이론에서 언어가 주목받는 이유는 인간의 고등정신 능력을 발전시켜 나가는 과정에서 언어가 바로 학습을 유도하는 매개 역할을 담당한다고 믿기 때문이다. 즉, 인간은 언어를 통해서 자신의 고등정신 능력을 발전시키게 된다. Vygotsky에 의하면, 언어는 의사소통의 도구이고, 문제해결을 위한 도구이며, 상호작용 및 인지 발달의 도구로 사용되며, 무엇보다도 사회적 단계에서 심리적 단계로 전이되면서 새로운 지식을 내재화시키는 매개(도구) 역할을 수행한다. 이를 그림으로 나타내면 다음 〈그림 3-1〉과 같다. 다음 그림에서 보듯이, 사회적 단계에서 심리적 단계로 전이되면서 새로운 지식이 내재화되는데, 이때 '언어'가 중요한 매개 역할을 담당한다.

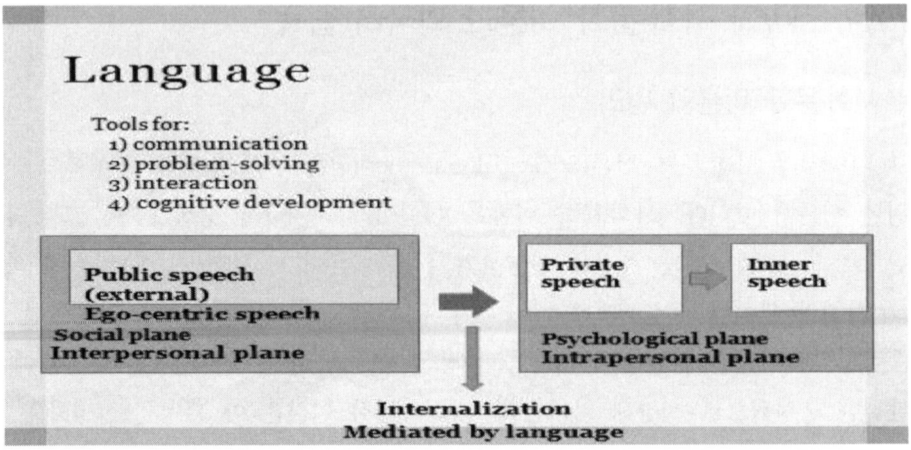

〈그림 3-1〉 Vygotsky가 바라보는 언어의 역할

Vygotsky에 의하면, 인간이 수행하는 정신 능력에는 기억(memory), 주의(attention), 이성적 사고(rational thought), 의지(volition), 개념 정립(formation of concepts) 등이 있다. 그런데 이들 정신 능력은 본질적으로 생물학적 단계(biological plane)에서 자연스럽게 나타나는 부산물이 아니라, 사회적 활동을 통한 후천적 경험을 통해서 나타난다. 즉, 인간의 고등정신 능력을 발달시키는 과정에서 사회적 요인이 생물학적 요인보다 더 우선된다는 것을 의미한다. 따라서 이러한 고등정신 능력이 발전하고 발휘되기 위해서 학습자들은 사회적 활동에 참여해야 한다. 사회적 단계에서 학습자들은 자신을 둘러싼 외부 환경(교사, 동료, 사회적 관습 등)과 상호작용하면서 새로운 지식을 받아들이게 되는데, 이 단계에서 학습자의 정신 능력은 사회·문화적 요인에 의해서 지배를 받는다. 또한, 이 단계는 학습자가 자기 통제(self-regulation)와 인지적 독립(cognitive independence)을 성립해 나가는 첫 단계가 되기도 한다. 사회적 단계에서 심리적 단계로 전이되는 과정을 내재화(internalization)라 하는데, 이 내재화 과정을 도식으로 나타내면 다음 〈그림 3-2〉와 같다.

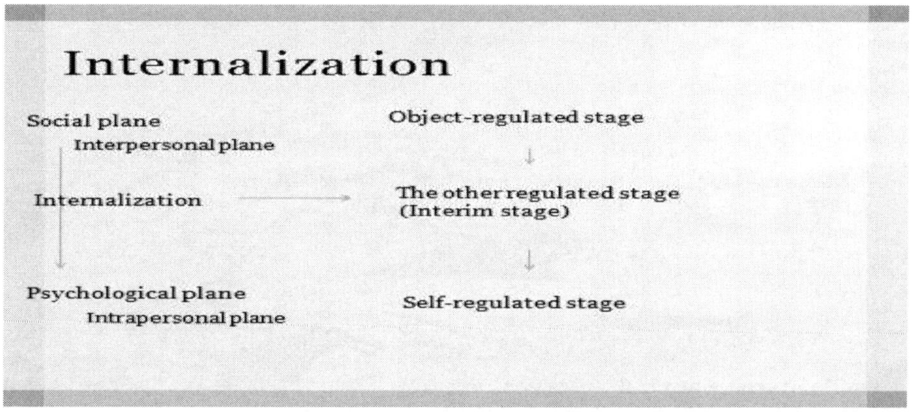

〈그림 3-2〉 Vygotsky의 내재화 과정

Vygotsky는 인간의 고등정신 능력은 외부 환경에 의해서 지배받는 사회적 단계보다는 자신에 의해서 지배를 받는 심리적 단계에서 구현된다고 주장하였다. 사회적 단계에서 심리적 단계로 전이되는 내재화 과정은 학습자의 고등정신 능력이 구현되기 위한 전제조건이면서 기초과정이 된다. 심리적 단계에서는 학습자들이 이전 사회적 단계에서 사회적 활동을 통해서 받아들인 사회적 관습 등을 포함한 새로운 지식을 내재화하면서 기존 지식과는 질적으로 다른 새로운 지식체계를 구축한다. 이렇게 질적으로 다르게 재편성된 지식체계는 새로운 지식을 받아들이기 위한 외부 세계와의 상호작용을 위해서 다시 사용된다. 즉, 사회적 단계(또는 인간 간 단계)에서 심리적 단계(또는 인간 내 단계)로 내재화되고, 질적으로 다르게 재편성된 지식체계는 다시 외부 세계와 상호작용하기 위해 사회적 단계로 전환되는 계속적인 순환과정을 거친다. 이러한 순환과정을 통해서 인간의 고등정신 능력은 지속적으로 발전해 나간다. 학습자가 고등정신 능력을 발전시켜 나가는 이러한 순환과정을 도식으로 나타내면 다음 〈그림 3-3〉과 같다.

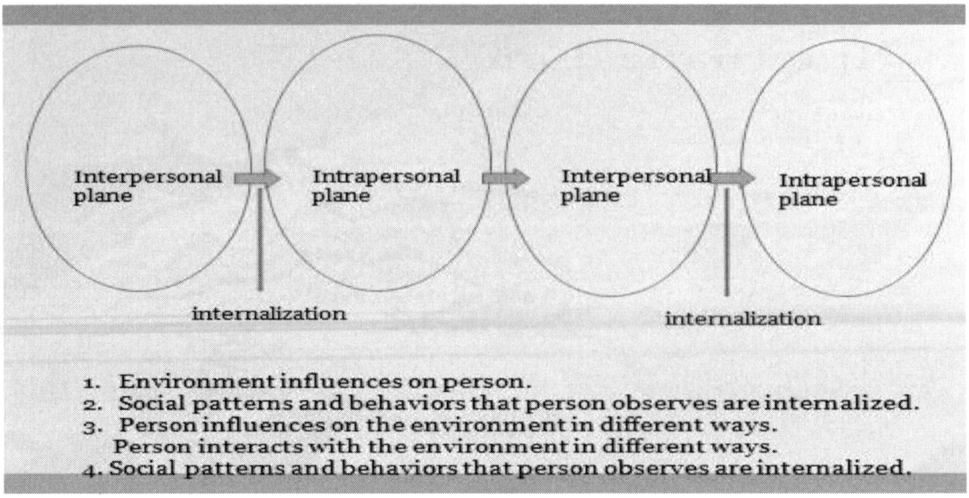

〈그림 3-3〉 Vygotsky의 고등정신 능력 발달 과정

위 〈그림 3-3〉의 과정을 좀 더 자세하게 언급하면 다음과 같다.

첫째, 학습자는 사회적 단계에서 사회적 활동에 참여하면서 자신을 둘러싼 사회적 관습, 법규, 행위, 사회적 가치, 새로운 지식을 받아들이게 된다. 이때 학습자를 둘러싼 외부 환경은 학습자에게 영향을 미치게 되고, 학습자는 외부 환경적 요인에 의해서 지배를 받는다.

둘째, 학습자는 사회적 활동을 통해서 관찰한 사회적 관습 및 행위, 그리고 새로운 지식을 내재화시킨다. 새로운 지식은 기존의 내재화된 지식체계와 만나서 질적으로 다른 새로운 지식체계로 바뀌게 된다.

셋째, 학습자는 질적으로 새롭게 바뀐 지식체계를 가지고서 이전과는 다른 방식으로 자신을 둘러싼 외부 환경과 다시 사회적 활동에 참여하게 되고, 사회적 관습 및 행위, 그리고 새로운 지식을 받아들인다.

넷째, 학습자는 사회적 활동을 통해서 새롭게 관찰한 사회적 관습 및 행위, 그리고 새로운 지식을 내재화시킨다. 새로운 지식은 기존의 지식체계와 만나서 다시 질적으로 다른 새로운 지식체계로 바뀌게 된다.

다섯째, 학습자는 질적으로 새롭게 바뀐 지식체계를 가지고서 자신을 둘러싼 외부 환경과 다른 방식으로 사회적 활동에 참여하게 된다(학습자는 이러한 순환과정을 거치면서 고등정신 능력을 발전시키게 된다.).

■ Lev Vygotsky(1896-1934)

· 구 소련의 사회심리학자
· 아동은 독자적인 개인이 아닌 공동체 내에서 주위의 부모 및 교사와 같은 성인으로부터 도움을 받으면서 사회의 완전한 구성원으로 발전해 나간다고 주장 함.
· 근접발달영역 및 스캐폴딩 개념을 주장 함.
· 막시즘 심리학(Marxist psychology)에 대한 그의 비판 및 구 소련의 정치적인 상황 때문에 그의 주장은 그의 사후에도 널리 알려지지 않았음(1936-1956).
· 그의 사후에 그의 저서인 사회·문화 이론(The Socio-cultural theory)이 미국 하바드 대학교 교수에 의해 영어로 번역되면서 많은 학자들의 주목을 받기 시작 함.

3.2.2. 공공 발화, 사적 발화, 내적 발화, 활동 이론

Vygotsky는 아동이 자신의 고등정신 능력을 발전시켜 나가는 과정에서 언어는 매우 중요한 역할을 한다고 주장하였다. 앞서 제시한 〈그림 3-1〉에서 보았듯이, 사회적 단계에서는 공공 발화(public speech)가 사용되며, 심리적 단계에서는 사적 발화(private speech)와 내적 발화(inner speech)가 사용된다.

1) 공공 발화(Public Speech)

사회적 단계에서 아동은 자신을 타인처럼 간주하여 스스로에게 발화를 하는 경우가 많다. 예를 들어, John이라는 이름을 가진 아동이 "John likes apples."라는 발화를 했다면, 이는 타인의 존재를 인식하고 발화를 하는 것이 아니라 자신을 타인처럼 간주하여 John인 자신에게 발화를 하는 것이다. Piaget는 어린이가 생성해 내는 이런 발화는 인지능력이 낮은 아동이 단지 미숙한 자아를 표출하는 '자기중심적 발화(ego-centric speech)'라고 주장하였다. 하지만 Vygotsky는 아동의 인지 발달 과정 중에서 아동이 외부 환경에 존재하고 있는 타인의 존재를 인식하고, 이들 타인과 상호작용하기 위한 수단으로서 언어가 사용되는 점을 중시하였다. 이런 맥락에서, Vygotsky는 Piaget가 제시한 '자기중심적 발화' 대신에 '공공 발화(public speech)'라는 용어의 사용을 제안하였다. 따라서 공공 발화는 아동이 외부 세계에 존재하는 타인의 존재를 인지하고, 이들과 상호작용하기 위한 수단이 되며, 상호작용을 통해서 사회적 관습 및 행위, 사고 체계, 가치 체계, 사회적 태도, 그리고 새로운 지식 등을 받아들여서 이들을 학습자 내부에 내재화시키기 위한 매개 역할을 한다.

2) 사적 발화(Private Speech)와 내적 발화(Inner Speech)

Vygotsky에 의하면, 사적 발화와 내적 발화는 심리적 단계 또는 인간 내 단계에서 나타난다. 이들 발화의 공통적 특징은 아동을 제외한 다른 사람들은 이들 언어를 듣지 못한다는 점이다. 우리 성인들도 사적 발화와 내적 발화를 많이 생성하지만, 아동은 인지적 노력이 요구되는 과업에 직면하여 이를 해결하고자 할 때 이들 발화를 더 많이 생성하는 특징을 갖고 있다. 이는 언어가 인간의 고등정신 능력을 제어하고, 또한 인간의 정신이 주변 환경과 역동적으로 상호작용하고 있다는 점을 함축하고 있다.

Vygotsky가 바라본 사적 발화는 단지 인지능력이 부족한 어린이들이 내면적으로 발화하는 것이 아니라, 학습자 자신의 기억, 주의 집중, 내면화, 그리고 학습에 대한 통제력을 증진시키는 역할을 한다. 사적 발화의 주요 특징은 외부인이 이들 발화 자체를 들을 수 없다는 것인데, 그렇다고 해서 학습자의 사고 과정이 중단되어 있는 상태는 아니다. 사적 발화의 특성상, 외면적으로는 침묵하는 것으로 보일 수 있으나, 내면적으로는 학습자들이 부단히 발화에 대해서 연습을 수행하는 매우 역동적인 상태로 이해될 필요가 있다. 이러한 맥락에서 Lantolf(2000)는 사적 발화는 초인지적 기능, 리허설(rehearsal) 기능, 그리고 내재화 과정과 같은 3가지 기능을 수행한다고 하였다. 한편, Ohta(2000)와 Saville-Troike(1984)는 언어 규칙을 내재화시키는 과정에서 학습자들이 비록 외적으로 발화를 하지 않는 침묵의 시기임에도 불구하고, 올바른 외국어 문장을 발화하기 위해서 광범위한 사적 발화의 빈도가 증가한다는 사실을 발견하였다.

Vygotsky는 아동의 고등정신 능력 발달을 위해서 사적 발화는 다시 내적 발화(inner speech)로 전환되고, 이 과정을 통해서 학습자의 사고 과정은 더욱 정교해 지고 명확해 진다고 하였다. 아동은 자신의 내면세계와 대화를 하면서 사회적 단계에서 받아들인 사회적 관습 및 행위, 그리고 새로운 지식들을 내재화시키거나, 또는 주어진 과업의 문제를 해결하기 위한 방법을 찾기 위한 매개체로 내적 발화를 사용하게 된다. 예를 들어서, 자신의 능력보다 위에 있는 과업에 직면하였을 때, 이를 해결하기 위한 방법으로 다음과 같은 발화를 내면의 자신에게 할 수 있다. “What is the best way?”, “Where to go?”, “What do I need to do?”, “What do I want to find?”. 내면의 자신과 대화를 하면서 자신의 사고 과정과 행위를 스스로 규제하게(self-regulated) 된다. 따라서 일단 문제해결이 되면 내적 발화는 사라지게 된다. 비록 외부자가 학습자의 사적 발화를 들을 수 없다고 해서 학습자의 내적 인지 활동이 중단된 상태로 보기 어렵다. 오히려 학습자가 지속적으로 인지 활동을 활발히 진행하는 과정으로 인식되어야 한다.

3) 활동 이론(Activity Theory)

Vygotsky 이론의 핵심은 학습자 개인을 둘러싼 외부 환경(사회·문화적 요인)과 개인 간의 상호작용을 통해서 개인의 질적인 변화에 초점을 맞추고 있다. Leont'ev(1979)가 제안한 활동 이론은 활동 체계(activity system) 단계, 구체적 행동(action) 단계, 조작(operation) 단계 등 세 가지 단계로 구성된다. 활동 체계에서 조작 단계로 갈수록 인간의 행위는 더 구체적이고 세부적으로 분석된다. 예를 들어, 외국어 학습이 이루어지는 교실에서 교수자의 기본 교수 방향을 학습자의 의사소통능력 향상에 최우선 순위를 둔다면, 이는 활동 체계 단계에서 분석이 가능하다. 학습자의 의사소통능력을 향상시키기 위해서 과제 중심 언어학습법(task-based language learning)이 사용된다면, 이는 구체적 행동 단계에서 분석이 가능하다. 그리고 외국어 학습이 이루어지는 환경적 요인들(시설 등)을 포함하여 학습자의 의사소통능력의 정확한 정의 및 평가 방법 등의 시행 등은 조작 단계에서 분석이 가능하다. 하지만 이들 세 단계는 학습자 주위의 다른 요소들이 어떻게 구성되어 있고, 이들 요소 간에 상호작용이 어떻게 이루어지고 있는가에 대한 설명은 다소 미흡하다는 지적을 받아 왔다.

이에 대한 약점을 보완하기 위해서 Engestrom(1999)은 활동 이론을 다음 〈그림 3-4〉와 같이 시각적으로 제시 하였다(김태영, 2004, 재인용).

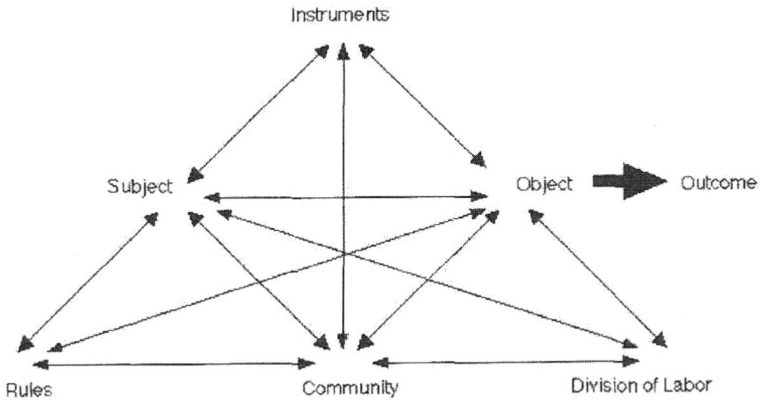

〈그림 3-4〉 Engestrom의 활동 이론 모델

위 모형에서 주체(subject), 도구(instrument), 대상(object)은 Leont'ev 이론 중 개인과 사회 간의 상호작용을 설명하기 위해서 이미 사용된 개념이고, 규칙(rule), 공동체(community), 노력

분담(division of labor)은 Engestrom의 이론에서 새롭게 추가된 개념이다. 외국어 학습이 이루어지는 교실 환경의 경우를 살펴본다면, 주체는 학습자가 될 것이며, 도구는 학습자료, 교재, 동료 및 교사의 도움 등이 될 것이며, 대상은 교과 내용의 이해가 될 수 있다. 규칙은 수업 현장에서 적용되고 있는 여러 규칙들, 예를 들어 교재를 모두 지참해야 한다든지, 수업 시간에는 오른손을 들어 발표 신청을 해야 한다든지, 다른 학생이 발표할 때는 조용히 경청해야 한다든지 등이 될 수 있다. 공동체는 작게는 수업이 이루어지는 교실 내에서 다른 학생들과의 교우관계, 특정 학급 및 학년, 학교 등이 될 수 있고, 넓게는 학교를 둘러싸고 있는 사회 공동체를 지칭할 수 있다. 그리고 노력 분담은 성공적인 외국어 학습을 위해서 학습자 개개인이 수행해야 할 역할과 책임을 지칭한다. 따라서 과거에는 교실이란 다양한 능력과 배경을 지닌 학습자들이 단순히 섞여 있는 공간의 개념으로 인식하였으나, 이제는 그 이외에도 상호작용을 위한 장소로 인식되고 있다. 예를 들어, 만약 교실이 상호작용을 위한 최적의 상황으로 만들어질 수 있다면, 학습자 스스로 발화를 생성하여 외국어를 보다 효율적으로 습득할 수 있는 곳으로 인식될 수 있다.

앞서 언급한 바와 같이, Vygotsky 이론의 핵심은 개인을 둘러싼 외부 환경(사회·문화적 요인)과 개인 간의 상호작용을 통해서 개인의 질적인 변화에 초점을 맞추고 있다. 따라서 Vygotsky는 학습이 이루어지는 과정 중 개인이 갖는 학습에 대한 동기(motive)를 매우 중요시하였으며, 동기가 궁극적으로는 학습 과정 및 그 효과에 결정적인 영향을 미친다고 하였다. 학습자가 갖는 학습에 대한 동기는 개인의 과거 배경, 그리고 학습자를 둘러싼 사회적 배경과 결부되어 다양한 형태로 나타나며, 이는 학습자 개개인이 수행하는 학습에 대한 태도를 결정하게 된다. 이러한 점에서 Vygotsky는 "효과적인 학습자(effective learners)"와 "비효과적인 학습자(ineffective learners)"를 구분하는 기준으로 동기를 사용하였다.

Vygotsky에 의하면, 동기는 외국어 학습에 대해서 어떤 가치를 부여하는가에 따라서 결정되는 것이지, 언어학습이 이루어지는 교실에서 학습자가 경험하는 긍정적/부정적 경험에 의해서는 영향을 받지 않는다고 하였다. 무엇보다도 외국어 학습에 대한 동기가 강한 학습자는 교실에서 경험하는 부정적 경험에 의해서도 영향을 받지 않는다고 하였다. 따라서 학습자는 무엇보다도 학습에 대한 높은 동기를 갖게 될 때 긍정적인 학습의 결과를 기대할 수 있다.

3.2.3. 근접발달영역(ZPD)

Vygotsky((1986)는 성인 또는 또래 동료들 간의 상호작용을 통해서 학습자의 현재 발달 수준을 넘어서 잠재적 인지 발달 단계에 도달할 수 있는 '근접발달영역(ZPD: Zone of Proximal Development)' 개념을 다음과 같은 도식을 통해서 제시하였다.

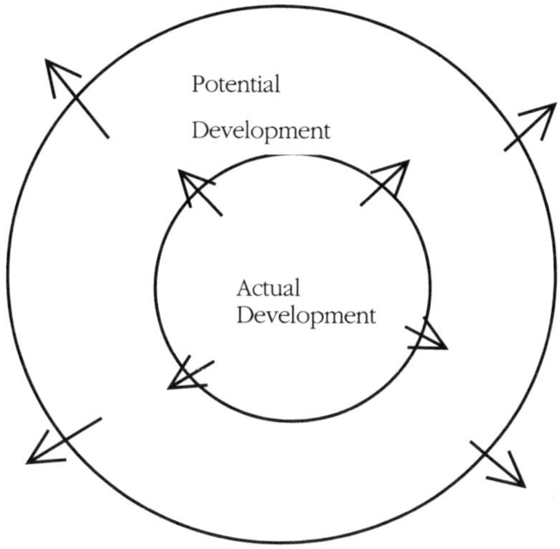

〈그림 3-5〉 Vygotsky의 근접발달영역

근접발달영역은 어린이의 현재 인지능력과 잠재적인 인지 발달 수준 간의 격차를 의미한다. 이 개념은 '스캐폴딩(scaffolding)'이라는 개념과 매우 밀접하게 관련되어 있다. 어린이의 잠재적인 인지 발달 단계는 현재 인지 발달 수준에서는 인지적 성숙 이외에는 스스로 도달할 수 없다. 하지만 상호작용 과정 중에서 어린이들이 성인이나 또래 친구들로부터 적절한 스캐폴딩을 받을 수 있다면 잠재적 인지 발달 수준에 도달할 수 있다고 본다. 이렇게 도달할 수 있는 영역을 '근접발달영역'이라 한다. 즉, 학습자 스스로 터득하기 어려운 개념들이 학습자의 현재 수준으로부터 근접발달영역 안에 있을 때, 학습자들은 성인 또는 또래 친구들과의 상호작용을 통해 스캐폴딩을 받을 수 있다. 그러한 상황에서 학습자들은 현재의 인지 발달 단계를 뛰어넘어 잠재적 발달 영역까지 발전해 나갈 수 있다. 학습자의 현재 인지 발달 수준으로부터 가까이 있는 개념일수록 상호작용을 통해서 보다 쉽게 학습될 수 있음을 의미한다. 따라서 근접발달영역은 학습자의 실제 발달 수준과 잠재적 발달 수준 간의 차이가 되는데, 이러한 차이는 성인 또는 또래 친구들과의 상호작용 과정 중에서 받을 수 있는 스캐폴딩을 통해서 극복될 수 있다고 보았다.

■ Mediation and the ZPD

A key to sociocultural perspectives on SLA is the mediating role of language as a means to regulate and control communicative activity. How do individuals use language to mediate? Children learning their L1 use language "to reshape biological perception into cultural perception and concepts" in three stages that move from object-regulation to other-regulation and finally to self-regulation. In L2 learning, similar stages are manifested as L2 learners, through collaborative activity, create new ways of meaning.

A key to Vygotsky's research findings is his description of a **Zone of Proximal Development** (ZPD), loosely defined as the metaphorical distance between a learner's existing developmental stage and his or her potential development. The ZPD is "the domain of knowledge or skill where the learner is not yet capable of independent functioning, but can achieve the desired outcome given relevant scaffolded help". Two important components of the ZPD interact to propel an L2 toward further development: (1) Scaffolding is the process of simplifying tasks for learners, of guiding learners in appropriate directions, of marking critical features of language (e.g., form-focused activity), and structuring a task for successful as opposed to failure. (2) This process is a "two-way street," accomplished s a collaborative effort between teacher and learner, one that neither could accomplish on their own.

from Brown, 2014, pp. 295-196.

3.2.4. 사회·문화 이론에서 바라보는 외국어 습득

인지주의에서 바라보는 외국어 습득은 외부에서 주어지는 언어입력을 대상으로 언어 규칙을 발견하고 형성해 나가는 가설검증 과정에 초점을 맞추고 있어서 매우 개인적인 과정으로 이해된다. 하지만 Vygotsky 이론은 학습자와 학습자 자신을 둘러싼 사회적 환경과의 상호작용을 통해서 영향을 주고받는 가운데 학습자는 그 사회의 완전한 구성원이 되는데 갖추어야 할 고등정신 능력을 발전시켜 나가는 것을 매우 중요하게 다룬다. 이때 언어는 기능적인 매개 역할을 담당하기 때문에 매우 중요하게 다루어진다. 따라서 Vygotsky 이론은 학습자를 둘러싼 사회적 맥락이 외국어 습득의 성공 여부를 결정짓는 매우 중요한 요인이라 생각하며, 또한 사회적 맥락에 따라 다양한 표현들이 적절하게 사용되는 사회 · 언어학적인 능력의 배양을 중요하게 생각한다.

Vygotsky 이론에서 바라보는 외국어 습득의 궁극적인 목표는 학습자들이 목표언어 공동체 사회의 완전한 구성원으로서 완벽하게 의사소통할 수 있는 정도의 언어능력을 배양하는데 있다. 목표어 공동체 사회의 구성원이 되기 위한 과정에서 학습자들은 사회적 맥락에서 자신보다 언어능력이 위에 있는 동료 및 성인(교사)과 상호작용을 하면서 스캐폴딩을 받게 되고, 그런 가운데 근접발달영역(ZPD: Zone of Proximal Development)을 만들게 되면서, 학습자의 현재 언어 발달 단계를 초월하여 잠재 발달 영역까지 발달하게 된다.

3.3. 구성주의에 근거한 외국어 습득의 원리

3.3.1. 상호작용적 접근

Vygotsky의 이론은 Swain(2000)의 상호 협력적 상호작용(collaborative interaction)으로 더 구체화 되었다. 상호 협력적 상호작용은 사회적 맥락에서 이루어지는 상호작용을 의미하며 다음과 같은 이점이 있다.

첫째, 학습자의 언어사용 기회가 많아지기 때문에 목표언어의 출력이 증대된다.

둘째, 실제 언어사용을 통해서 학습자는 자신이 설정한 언어 규칙에 대한 가설이 맞는지를 확인하고 수정할 수 있다.

셋째, 자신의 발화를 통해서 자신의 언어 발달 단계를 파악할 수 있다.

넷째, 발화(언어)를 통해서 자신의 사고 과정을 보다 더 명확하게 할 수 있다.

상호 협력적 상호작용은 학습자들이 언어를 사용하여 생성해 낼 수 있는 것(언어적 표현)과 생성해 낼 수 없는 것 간의 차이점을 인식하게 만든다. 그리고 이러한 차이점의 인식은 학습자로 하여금 스캐폴딩을 받기 위한 근접발달영역을 생성하게 되며, 무엇보다도 학습자 자신이 생성할 수 없는 언어적 항목에 대해 스캐폴딩을 받기 위해 더 많은 주의력을 집중하게 만든다. 결국 상호 협력적 상호작용은 학습자들이 지식을 습득하기 위한 도구가 된다. 상호작용적 언어학습은 학습자-학습자, 학습자-교사 간의 상호작용을 통해서 자신의 현재 언어 발달 정도를 점검하고 확인할 뿐만 아니라, 궁극적으로는 상대방으로부터 도움(스케폴딩)을 받아 자신의 잠재적 발달 영역까지 언어능력을 발달시킬 수 있는 이점을 제공한다.

3.3.2. 상호작용 가설(Interaction Hypothesis)

Vygotsky에 의하면, 지식은 문화의 한 형태로 존재하는 사회적 산물이기 때문에 사회 구성원과의 사회적 상호작용을 통해서 구성된다. 학습자는 실제 세계에서 요구되는 여러 문제를 해결하기 위해서, 학습자 스스로 성찰하고 판단하는 가운데 학습 목표를 설정하게 되며, 이러한 과정은 학습자 주도의 학습을 이끌어낼 수 있다. 만약 학습자가 어떤 문제에 봉착하게 되면, 그는 능동적으로 문제 해결을 위한 특정 질문을 갖고 동료 친구나 교사 또는 전문가에게 접근할 수 있다. 이러한 상호작용을 통해 그 질문에 대한 답변을 얻음으로써 학습자는 더 깊은 이해를 갖게 되며 이를 바탕으로 새로운 정보를 더 요구하게 된다.

한편, Savery와 Duffy(1995)는 학습자가 고립된 학습 환경보다는 협동적이고 상호작용이 가능한 학습 환경에 처할 때 다른 사람의 다양한 관점과 시각을 접할 수 있다고 하였다. 그리고 이러한 과정은 사회적 협상과 공유 과정이 가능하여 자신 및 상대방의 관점을 비교할 수 있어서 문제를 해결하는데 매우 유익하다고 보았다. 따라서 사회적 상호작용 중에 이루어지는 사회 구성원 간의 협력은 학습에 있어서 매우 중요한 요인이 되며, 그 정도에 따라 개인적 범주의 의미로 재구성되는 내재화 과정을 결정한다. 즉, 학습자 간의 협력 및 협동을 통해서 학습의 효율성이 증대된다고 볼 수 있다. 이러한 측면에서 상호작용 가설(interaction hypothesis)은 학습자를 둘러싼 외부적인 환경에 대해 체계적으로 접근하여 성공적인 외국어 습득 과정을 규명하려는 노력의 예라 할 수 있다.

Saville-Troike(1984)는 언어를 배운다는 것은 의사소통 활동을 통해 언어의 의미를 배워 나가는 것이라고 하면서, 언어학습은 학습자에게 주어지는 언어자료의 외형적인 형태보다는 대화자 간의 상호작용을 통해서 더 효과적으로 수행될 수 있다고 하였다. 그는 언어학습이란 개인의 인지적 활동에 국한되는 것이 아니라, 다른 구성원과의 상호작용까지 포함하는 사회적인 과정이라고 하면서 사회적 상호작용을 통한 의사소통능력의 배양을 강조하였다.

따라서 상호작용은 모국어 습득뿐만 아니라 성공적인 외국어 습득을 위한 결정적인 요인이 된다. Krashen(1982a, 1982b)은 성공적인 외국어 습득을 위해서 학습자에게 이해 가능한 언어입력(comprehensible input)을 충분히 제공해 주어야 한다고 주장하였다. 그러나 Hatch(1983)와 Long(1985)과 같은 상호작용론자들은 학습자에게 주어진 언어입력 만으로는 외국어를 성공적으로 습득하는데 불충분하기 때문에 사회적 맥락 안에서 이루어지는 다른 구성원과의 상호작용을 강조하였다. 이 경우 학습자들은 언어에 대한 이해력(comprehension)을 높일 수 있으며, 이는 궁극적으로 성공적인 외국어 습득이나 발달에 직접적인 영향을 미친다고 주장하였다. 이때 의미교섭(negotiation of meaning)을 위해서 사용되는 언어적 조절 방법에는 확인점검(confirmation checks), 설명요구(clarification request), 이해점검(comprehension checks) 등이 포함된다. Long(1985)은 사회적 맥락에서 이루어지는 상호작용이 갖는 특징이 학습자의 외국어 습득에 미치는 효과를 보다 체계적으로 연구하고자 하였으며, 상호작용 가설을 제안하기 위한 3가지의 기본 전제를 다음과 같이 제시하였다.

· 전제 1: 상호작용을 통해서 이루어지는 (a)언어입력의 조정(linguistic adjustments)은 주어지는 (b)언어입력에 대한 이해력(comprehension)을 높인다.
· 전제 2: (b)이해 가능한 언어입력은 (c)언어습득을 촉진시킨다.
· 전제 3: 결국 상호작용을 통해서 이루어지는 (a)언어입력의 조정은 (c)언어습득을 촉진시킨다.

상호작용 가설의 핵심 내용은 언어사용의 가장 큰 목적은 의사소통을 위한 것이고, 언어는 주로 사회적 맥락 안에서 사용되기 때문에, 사회적 맥락 안에서 이루어지는 상호작용을 통해 외국어를 보다 더 잘 배울 수 있다는 점이다. 상호작용을 통해서 학습자들은 언어의 문법적인 면보다는 의미 전달이라는 언어의 기능적인 면에 관심을 더 많이 기울이게 된다. 학습자와 학습자 간에, 그리고 교사와 학습자 간에 이루어지는 '의미교섭(negotiation of meaning)'은 결국 이해력 증진에 도움을 주어 의사소통능력 증진에 도움이 된다. 따라서 상호작용론자들은 학습자와 그들 동료 학습자, 학습자와 교사, 그리고 학습자와 다른 외부 사람과의 상호작용이라는 역동적인 성격을 매우 중요하게 생각하여 이를 규명하는데 관심을 기울였다.

한편, Wells(1981)는 상호작용을 '상호 협력적 활동(collaborative activity)'이라고 하면서, 효율적인 상호작용을 위해서는 화자(speaker)가 전달하고자 하는 의미, 전달된 의미를 제대로 이해하는 청자(listener), 그리고 이러한 상호작용이 일어나는 상황(situation)에 대한 관계를 잘 이해하는 것이 필요하다고 하였다. 언어적 상호작용은 언어의 형태보다는 언어의 기능적인 면에 초점을 맞추어 전달되는 의미를 중시한다. 따라서 언어의 실질적 의미 전달을 위한 의사소통 활동에 초점을 맞출 때 언어는 보다 효율적으로 습득될 수 있다.

3.3.3. 수정된 상호작용 가설(Modified Interaction Hypothesis)

기존의 상호작용 가설은 상호작용을 통해서 나타날 수 있는 다양한 유형의 언어입력 특징과 상호작용이 일어나는 학습 환경 간의 연관성에 초점을 두면서 언어습득 과정을 규명하고자 노력하였다. 하지만 Long(1996)이 수정 제시한 '수정된 상호작용 가설(modified interaction hypothesis)'은 이들 두 요인 이외에 학습자의 내적 언어처리 요인을 추가하여, 이 요인이 궁극적으로 언어습득 과정에 어떤 영향을 미치는지를 규명하고자 하였다. 즉, Long은 외국어 습득 과정에서 언어입력과 상호작용의 중요성을 동시에 인정하면서도 학습자 자신에게 주어지는 언어입력을 이해 가능한 언어입력(comprehensible input)이 되도록 학습자가 기울이는 내적 노력들을 추가하여 설명하려 하였다. 예를 들어, 선택적 주의 집중(selective attention), 인식하기(noticing), 의식 상승(consciousness-raising) 등의 학습자 내면에서 이루어지는 요인들은 학습자의 이해(comprehension)를 높이는데 도움이 되며, 이는 결국 성공적인 외국어 습득으로 이어진다고 생각하였다.

원어민은 외국어 학습자와 상호작용을 하는 동안 자신이 하는 말(외국인 말: foreigner talk)을 학습자가 이해 가능하도록 신중하게 말을 하거나, 말하는 속도를 느리게 하거나, 또는 학습자가 이해하였는지를 확인하는 등의 방법을 사용하면서 의미교섭(negotiation of meaning)을 위해 다양한 조정 과정을 거친다. 이러한 수정되고 단순화된 언어적 자료는 학습자 측면에서 선택적 주의 집중, 인식하기, 의식 상승 등이 용이하게 일어나도록 만들어서 이해 가능한 언어입력으로 전환될 수 있도록 해 준다. 이는 학습자가 전혀 이해할 수 없는 원어민의 언어입력은 외국어 습득에 전혀 도움이 되지 않을 수 있다는 생각에 기초하고 있다.

하지만 Fillmore(1991)는 모든 종류의 상호작용이 항상 외국어 습득에 도움이 되는 것은 아니라고 주장하였다. ESL(English as a Second Language) 맥락과 같이, 영어가 주요 의사소통 도구로 사용되는 사회적 맥락에서는 그 언어를 배우기 위해서 그 언어를 모국어로 사용하는 원어민과 사회적 상호작용에 참여할 기회가 많다. 이러한 상황에서는 원어민과의 상호작용이 외국어 습득에 도움이 된다. 하지만, EFL(English as a Foreign Language) 맥락과 같이, 영어가 주요 의사소통 도구가 아닌 단순히 외국어로 학습되는 상황에서는 원어민과의 상호작용이 용이하지 않기 때문에 외국어 습득에는 도움이 되지 않는다고 하였다. 따라서 Fillmore는 상호작용이 외국어 습득에 미치는 영향을 검증하기 위해서 다음 2가지 요인을 고려할 필요가 있다고 했는데, 첫째는 외국인과 잘 어울리고 그들과 사회적 상호작용을 이끌어갈 만한 개인의 사회적 성격을 꼽았고, 둘째는 학습자 주위에 얼마나 많은 원어민이 있어서 그들과의 상호작용이 용이한가를 꼽았다. Fillmore는 원어민이 많을 때 그리고 언어가 자연스럽게 사용되는 사회적 맥락일 때 상호작용의 효과는 극대화된다고 하였다. 그러나 EFL 맥락과 같이, 학습자 주위에 원어민이 적은 경우에는 개인의 사회적 성향이 성공적인 외국어 습득을 예측하는데 그다지 큰 영향을 미치지 못한다고 하였다. 따라서 상호작용을 통해 성공적으로 외국어를 습득하기 위해서는 학습자 주위에 접촉 가능한 원어민의 수가 매우 중요한 요인이 되기 때문에 원어민과의 접촉이 쉽지 않은 EFL 맥락에서는 원어민을 대신할 수 있는 다른 요인들을 찾아야 한다.

■ Perspectives on human learning

Behavioral	Cognitive	Social-Constructivist
· Conditioning · Rewards · Stimulus-response · Reinforcement · Emphasis: physical	· Language-cognition · Meaningful learning · Subsumption · Systematic forgetting · Emphasis: mental	· Learner autonomy · Whole-person · Empowerment · Social interaction · Language as mediation · Emphasis: socioaffective

from Brown, 2014, p. 92

3.3.4. 사회·문화 이론에서 바라본 화석화

목표어가 완벽한 규칙체계로 발전하지 못하고 중간언어로 굳어진 상태를 화석화(fossilization)라 한다. 만약 화석화 현상이 진행된다면, 당장 언어적 오류가 보이지 않더라도 어느 때든지 학습자가 오류를 생성할 가능성은 항상 존재한다. 그렇다면, Vygotsky의 사회·문화 이론에서는 화석화에 대해서 어떤 견해를 취하고 있는가?

사회·문화 이론에서 화석화는 학습자가 오랫동안 외국어를 학습해 왔음에도 불구하고, 원어민과 같은 정도의 언어적 형태를 사용할 수 없는 상태를 화석화로 정의하였다. 앞서 언급한 바와 같이, Vygotsky가 바라본 외국어 학습은 목표어 공동체의 한 구성원으로서 어려움 없이 완벽하게 의사소통할 수 있는 정도의 언어능력 습득을 목표로 한다. 이를 위해서 학습자는 목표어 공동체 사회 내에서 그 사회의 구성원들과 상호작용하는 것을 매우 중요시한다. 따라서 특정 학습자의 언어 발달 정도가 화석화인지, 아닌지를 구분하기 위해서는 목표어 공동체 사회에 얼마나 오랫동안 거주하였으며, 목표언어를 어떻게 습득해 왔는가를 고려할 필요가 있다.

사회·문화 이론에서 학습자들이 고등정신 능력을 배양하기 위해서는 사회적 단계(social plane: other-regulated stage)에서 심리적 단계(psychological plane: self-regulated stage)로 전이가 이루어져야 한다고 하였는데, 이러한 전이 단계가 지체될 때 화석화 현상이 나타난다고 생각하였다. 만약 상호작용 단계에서 충분한 정도의 상호작용이 이루어지지 않았다면, 이 또한 화석화가 일어나는 원인이라고 생각하였다. 이를 좀 더 구체적으로 표현하면, 언어 학습자가 상호작용 중에 주어지는 언어입력 또는 상호작용적 실마리(clues)에 무관심하게 될 때 화석화 현상이 나타난다. 학습자들은 상호작용 과정 중에서 도움이 필요한지, 또는 어떤 도움이 필요한지를 보여주는 여러 유형의 실마리들을 나타내는데, 상호작용 중에 이러한 표시에 무관심하게 되면 언어능력을 발전시키기 위한 스캐폴딩을 받지 못해 결국 화석화에 이르게 된다는 것이다.

따라서 Vygotsky는 이러한 화석화 현상을 극복하기 위해서 학습자들은 상호작용 과정 중에서 정확하게 발화할 수 있는 기회를 더 많이 갖을 필요가 있으며, 자신의 현재 언어 발달 단계에서 언어로 표현할 수 있는 것과 표현할 수 없는 것 간의 차이점을 보완할 수 있는 외부 도움(scaffolding)을 받을 필요가 있다고 하였다. 즉, 정확한 언어적 표현을 생성하기 위해서 외부로 부터 어떤 스캐폴딩을 받아야 하는데, 이러한 점이 용이하지 않을 때 화석화 현상이 나타나게 된다.

3.4. Vygotsky의 사회·문화 이론과 Schumann의 문화이식 이론 비교

Vygotsky의 사회 · 문화 이론은 학습자가 배우고자 하는 목표어와 자국어 문화 사이에 존재하는 문화적 차이의 이해를 강조하는 Schumann(1978b)의 문화이식(acculturation) 이론과 비슷한 점이 있다. 하지만 Vygotsky 이론은 단순히 목표어 문화와 학습자의 자국 문화 간에 존재하는 차이를 이해하는데 그치지 않는다. 오히려 학습자가 사회적 상황에서 상호작용 등의 적극적인 참여(participation)를 통해서 공동체 사회의 완전한 구성원이 될 수 있는 정도의 새로운 자아 정체성을 재구성하는 것을 목표로 두고 있다는 점에서 기존의 문화이식 이론과는 차이가 있다. Vygotsky의 사회 · 문화 이론과 Schumann의 문화이식 이론 간의 차이점을 정리하여 표로 제시해 보면 다음과 같다.

〈표 3-3〉 사회 · 문화 이론과 문화이식 이론 간의 차이 비교

사회 · 문화 이론	문화이식 이론
1. 목표 문화에 완전 동화될 수 있는 능력 2. 구 자아를 상실하고 새로운 자아를 재구성함 3. 언어능력은 특정 언어 공동체 사회의 완전한 구성원이 될 수 있는 정도의 언어능력 습득 4. 특정 언어 공동체 사회 내의 규범에 따라 구성원으로서 행동하고 의사소통을 할 수 있는 능력 5. 목표 문화 내에서 적극적 의미의 참여자가 됨 6. 의사소통 상에서 화자-청자 간에 존재하는 힘의 불평등, 권위 등을 인식함 7. 자국 문화 경계를 넘어서 목표 문화의 완전한 구성원이 됨	1. 목표 문화를 이해하고 포용할 수 있는 능력을 중시함 2. 목표언어의 문화를 이해하는 것은 목표언어를 성공적으로 배우기 위한 조건이 됨 3. 사회적 맥락에 적절한 언어를 사용하는 것이 중시됨 4. 자국 문화와 목표 문화 간의 차이를 인식하는 것이 중요함 5. 목표 문화를 어느 정도로 이식할 수 있는가에 따라 성공적인 외국어 학습을 결정하게 됨 6. 자국 문화와 목표 문화 간에 존재하는 차이점은 왜 학습자가 성공적으로 외국어를 학습하지 못하는가를 설명하게 됨

한편, 인지주의에서 바라보는 '습득(acquisition)'과 Vygotsky 이론에서 바라보는 '참여(participation)'라는 메타포(metaphor) 간의 차이를 정리하여 표로 제시해 보면 다음과 같다. 앞서 언급한 바와 같이, 인지주의에서 바라보는 언어습득의 과정은 지극히 개인적인 과정인

반면에, 사회·문화 이론에서 바라보는 참여 과정은 사회적 맥락에서의 상호작용적인 과정을 중시하고 있다는 점을 알 수 있다.

〈표 3-4〉 습득과 참여의 Metaphor 비교

Acquisition Metaphor	Participation Metaphor
1. 제2의 자아 확립 2. 언어습득은 언어의 규칙과 어휘를 습득해 나가는 과정임 3. 언어습득 과정은 결국 학습자의 인지 발달로 귀결됨 4. 정보처리 모형으로 설명 가능	1. 원 자아의 정체성을 버리고 새로운 자아의 정체성 확립 2. 언어습득은 목표어 공동체 사회의 완전한 구성원이 되어 의사소통에 문제가 없을 정도의 언어능력 습득

3.5. Piaget와 Vygotsky 간의 비교

Piaget(1952)는 인간의 인지는 생후 16년 동안 지속적으로 발달하고 그 이후에는 발달 속도가 둔화된다고 주장하면서, 어린이의 인지적 성장에 따른 지적 능력의 발달을 감각 운동 단계(sensorimotor stage: 0-2세), 전 조작 단계(preoperational stage: 2-7세), 조작 단계(operational stage: 7-16세) 등의 3단계로 분류하였다. 그리고 Piaget는 생득적인 생물학적 시간표에 따라 아동이 스스로 세계를 이해하고 인지능력을 발달시켜 나가는 과정을 중시하였다. Piaget는 자연적이고 생물학적인 발달 과정에 따른 보편적인 인지능력 발달을 강조하기 때문에, 아동을 둘러싼 사회·문화적인 요인들의 영향은 극히 제한적이라고 생각하였다. 하지만 Piaget 역시 아동과 아동을 둘러싼 물리적인 세계와의 상호작용을 전혀 배제하지는 않았으며, 아동과 물리적인 세계와의 상호작용의 결과에 의해서도 아동의 인지 발달이 이루어진다고 생각하였다. 이때 아동은 독립적인 발견자가 되며, 아동의 인지 발달 정도는 아동의 학습 능력을 결정한다고 보았다.

한편, Vygotsky는 인간에 대한 이해에 있어서 사회·문화적 측면을 강조하였다. 즉, 아동은 타인과의 상호작용 속에서 사회·문화적인 요소로부터 영향을 받으면서 성장하는 사회적 존재로 인식하였다. Vygotsky는 아동을 둘러싼 사회·문화적인 환경을 중시하였으며, 이들 환경적 요인은 아동의 사고 유형을 결정한다고 보았다. Piaget가 생물학적인 시간표에 의한 아동의 인지능력 발달 측면을 강조하였다면, Vygotsky는 다른 아동 또는 성인과의 상호작용을 통해서 아동의 인지능력 발달이 결정된다고 생각하였다. 따라서 다른 아동과 성인은 아동이 지적으로 발달하는데 필요한 스캐폴딩을 제공해 주는 동시에 안내자 역할을 담당한다. Vygotsky는 아동은 태어날 때부터 주의력, 감각, 기억 등의 기본적인 정신능력을 가지고 태어나지만, 이러한 능력들은 문화, 언어, 사회적 상호작용에 의해서 더욱 정교한 고등정신 능력으로 발전한다고 주장하였다. 특히, Vygotsky는 공공 발화(public speech), 사적 발화(private speech), 그리고 내적 발화(inner speech) 등의 역할에 대해서 언급하면서, 이들 언어가 아동의 인지능력 발전에 지대한 영향을 미친다고 주장하였다.

언어가 아동의 인지 발달에 영향을 미친다는 Vygotsky의 주장은 인지능력이 오히려 아동의 언어 발달에 영향을 미친다고 주장한 Piaget의 주장과는 대조를 이룬다. 그리고 아동의 고등정신 능력의 발달은 사회적으로 더 많은 지식과 경험을 가지고 있는 교사나 성인과의 상호작용을 통해서 가능하다고 보았다. 따라서 아동의 능력 밖에 있는 과제는 아동이 스스로 수행할 수 없지만, 성인(교사)이나 동료들의 도움을 받는다면 과제를 성공적으로 수행할 수 있게 된다. Vygotsky는 이러한 영역을 근접발달영역이라고 하였다. 아동이 실패하지 않도록 초기에는 아동에게 충분한 스케폴딩(도움)을 제공하지만, 결국 아동이 독립적으로 과제를 수행할 수 있는 능력이 갖추어지면 스케폴딩을 제거하게 된다.

또한, Vygotsky는 자기 중심적 발화는 아동의 자기중심 사고를 나타낼 뿐만 아니라 문제해결을 위한 아동의 사고 도구가 된다고 주장하였다. 반면에, Piaget는 아동의 전 조작기 단계(preoperational stage) 동안에 나타나는 자기 중심적 발화는 단지 아동의 자기중심적 사고를 보여주는 것이지만, 성장과 동시에 이러한 발화는 감소한다고 주장하였다. 자기중심적 발화에 대한 Piaget와 Vygotsky 간의 차이를 정리해 보면 다음 〈표 3-7〉과 같다.

〈표 3-7〉 자기 중심적 발화에 대한 Piaget와 Vygotsky 비교

Piaget	Vygotsky
1. 자기중심적 사고를 반영함	1. 자기중심적이지만, 문제해결을 위한 사고의 도구로 사용됨
2. 타인을 고려하지 않고 자기 중심적임	2. 현재 자신의 발달 단계를 넘어선 과업에 직면 하였을 때 나타남
3. 점차 성숙하면서 감소	3. 다른 사람으로부터 도움을 청할 때 나타남. 이를 통해서 ZPD를 만들어 냄
	4. 내재화 시작을 의미함
	5. 인간 간 세계에서 인간 내 세계로의 전환을 의미함
	6. 내재화 과정이 끝날 때, 인간의 고등정신 능력의 기능을 기대할 수 있음

사적 발화(private speech)와 관련하여, Piaget는 인지능력이 낮은 어린이가 사회적 맥락과는 무관하게 자신에게 말하는 발화라고 하였지만, Vygotsky는 아동이 자신의 행동과 사고를 조절하고 자기 자신과 의사소통하는데 사용하는 언어로 인식하였다. Vygotsky는 아동의 사적 발화는 혼자 말로 시작하여 나중에는 다른 사람이 들을 수 없는 내적 발화(inner speech)로 발전해 나간다고 하였다. 아동의 사적 발화는 문제해결을 돕고, 아동의 행동을 조절하는 역할을 한다. 사적 발화에 대한 Piaget와 Vygotsky 간의 차이를 표로 정리해 보면 다음과 같다.

〈표 3-8〉 사적 발화에 대한 Piaget와 Vygotsky 비교

	Piaget	Vygotsky
1. 정의	인지능력이 낮을 때 나타남	자신과의 의사소통 도구로 사용됨
2. 발달과정	성숙하면서 감소함	내재화 과정 중에서 내적 발화로 전환됨
3. Public speech와의 관계	인지능력이 낮은 어린이들이 사용함	능력 있는 동료, 선생님과 상호작용하면서 더 발달 됨
4. 사회적 맥락과의 관계	사회적 맥락은 무의미함	학습자들은 사회적 유형, 행위, 관습, 사고 등을 내재화하는 과정을 거치기 때문에 사회적 맥락은 매우 중요함. 그런 후, 고등정신능력의 기능을 가져올 수 있는 내적 발화를 발달시킴.

지금까지 살펴본 Piaget와 Vygotsky의 인지능력 발달 과정을 대조하여 정리해 보면 다음 표와 같다.

〈표 3-9〉 인지 발달 과정에 대한 Piaget와 Vygotsky 비교

	Piaget	Vygotsky
1. 인지 구조	· 생물학적 시간표 · 두뇌, 인지 · 사고가 언어에 영향을 미침	· 사회, 문화, 역사적 환경 · 주의력, 사고, 기억력 · 언어가 사고에 영향을 미침
2. 사회적 맥락의 역할	· 사회적 맥락은 무의미함 · 성숙	사회 · 문화적 맥락이 아동의 사고 유형을 결정함
3. 언어와 인지 간의 관계	인지 발달을 통해서 언어 발달이 이루어진다고 주장함	언어 발달을 통해서 인지 발달이 이루어진다고 주장함
4. 어린이에 대한 시각	성숙과 함께 인지능력이 발달하여 독립적 학습자가 됨.	사회적 맥락에서 상호작용을 통해서 고등정신 능력을 발전시켜 나감
5. 학습의 의미	인지발달 정도가 학습 능력을 결정함	학습이 인지발달을 가져옴
6. 협동학습	같은 인지능력 발달 정도를 갖고 있는 아동과 상호작용	뛰어난 동료, 또는 교사와 상호작용

Vygotsky는 아동의 인지 발달이 단지 아동의 내부에서 일어나는 정적인 존재의 학습자에 초점을 맞추기보다는, 아동과 아동 자신을 둘러싼 외부 환경 간의 역동적인 상호작용에 초점을 맞추고 있다. 아동은 외부 환경과의 상호작용을 통해 복합적인 과정을 거치면서 그 사회의 완전한 구성원이 되며, 이에 필요한 고등정신 능력을 갖추게 된다. 이러한 사회적 과정을 통해서 획득하는 자율성 및 자기 통제 등과 같은 능력들은 생물학적으로 파생되고 획득되기 보다는, 상호작용과 같은 후천적 경험을 통해서 개발된다. 외국어 습득과 관련하여 Vygotsky 이론이 갖는 함축성을 정리해 보면 다음과 같다.

① 교수(instruction)를 통해서 학습이 일어나고 학문적 발전이 나타난다. 이는 생물학적인 발전보다 더 중요하다.
② 학교 환경에서 일어나는 학습은 아동의 인지능력 발달에 매우 중요한 역할을 한다.
③ 아동의 현재 인지 발달 단계보다 위에 해당되는 과제를 아동에게 제공될 때, 아동은 자신보다 뛰어난 동료 또는 교사와의 상호작용을 통해서 자신의 인지 발달을 더 촉진시킬

수 있다.

④ 뛰어난 동료와 교사는 상호작용을 통해서 아동에게 도움을 제공하게 되는데, 이는 아동의 인지 발달을 위한 '근접발달영역'을 만들어낸다. 이때 제공되는 스캐폴딩은 학습자 수준에 적절해야 한다.

⑤ 아동이 독립적으로 과제를 수행할 수 있게 되면, 교사는 더 이상 스캐폴딩을 제공하지 않는다.

⑥ 사회적 맥락 안에서 다른 뛰어난 아동과 상호작용하도록 권장한다. 사회적 맥락은 아동에게 그 사회의 구성원으로 성장하는데 필요한 제도, 관습, 법률, 문화 등의 정보를 제공하기 때문에 매우 중요하다.

⑦ 문제해결 과정 중에 내적 발화(inner speech)를 사용하도록 권장한다. 내적 발화는 아동이 직면한 문제를 해결하는 사고의 도구가 된다.

Vygotsky가 바라보는 학습자는 수동적인 존재이기보다는 학습자 자신을 둘러싼 외부 환경, 특히 사회·문화적 맥락 안에서 자신의 변화뿐만 아니라 외부 환경까지 변화시킬 수 있는 주체적인 존재로 이해된다. 따라서 구성주의에서 바라본 외국어 습득의 성공 여부는 단순히 교사 요인, 학습자 요인, 교육 과정에 국한하여 생각하기 보다는, 교실 현장에서 이루어지는 역동적인 상호작용에 초점을 맞출 필요가 있다. 학습자-학습자 간의 상호작용, 학습자-교사 간의 상호작용, 상호 협력을 통해서 수행되는 과업, 과업을 통해 이루어지는 발화 기회의 극대화, 학습자의 현재 발달 정도를 초월하여 잠재 발달 영역까지 이루어지는 발달과 성장, 사적 발화의 증대 등은 학습자의 자율성 및 학습에 대한 책임 증대 그리고 학습자가 학습의 주체가 되고 있다는 점을 함축해 주고 있다.

단원 확인 문제

1. 구성주의에서 지식이 인식의 주체에 따라 주관적으로 형성된다면 개개인이 형성된 지식은 상황에 따라 그리고 개인에 따라 다를 수밖에 없다. 따라서 개인이 형성한 지식이 특정 상황에 타당한지 그리고 다른 사회 구성원들에 의해 그럴듯한 해석으로 받아들여질 수 있는지 그 여부를 검토할 필요가 있다. 이를 위해 사용될 수 있는 가장 좋은 방법은 무엇인가?

① 현실 세계와 동일한 맥락의 학습 과제를 부여한다.
② 즉각적인 피드백과 반복연습을 강조한다.
③ 학습자의 선험경험과 독특한 가치관을 강조하고 중시한다.
④ 학습자가 잘 이해할 수 있도록 학습과제를 잘 조직하여 제공한다.
⑤ 다양한 시각을 접할 수 있도록 다른 사람과 상호작용하도록 한다.

2. 다음 나열된 개념 중 서로 관련이 적은 것은 어느 것인가?

① social interaction　② nurture　③ community
④ whole person　⑤ empowerment　⑥ systematic forgetting

3. 다음 중 구성주의 학습관에 대해 틀리게 설명하고 있는 것은 어느 것인가?

① Community 개념의 사회적 맥락이 강조된다.
② 전달할 교과 내용을 잘 조직하여 학습자에게 전달하는 교사의 주된 역할이 강조된다.
③ 개별학습보다는 협동학습이 중시된다.
④ 사물이나 사건에 내재된 의미는 다양한 관점과 각도에서 해석될 수 있다고 생각한다.
⑤ 구성원 간의 상호작용을 통한 의미교섭 과정이 강조된다.

4. The Zone of Proximal Development 개념에 대해서 틀리게 기술하고 있는 것은?

① 사회적 맥락 안에서 이루어지는 상호작용 개념을 중시한다.
② 주위에서 동료나 교수자로부터 도움과 피드백을 받는 것을 중시한다.
③ 생물학적 시간표에 의한 언어 습득 순서의 보편성(유사성) 개념을 설명하는데 매우 효과적이다.
④ 사회적 맥락, 상호작용을 통해서 제공되는 scaffolding 개념과 연관이 있다.
⑤ 실제 발달 영역과 잠재적 발달 영역이 개입되어 상호작용 중 받는 scaffolding 개념을 강조한다.

5. 다음 중 객관주의에 대해 <u>틀리게</u> 설명하고 있는 것은 어느 것인가?

① 학습 계열에서 학습자들이 학습할 다음 단계는 이미 정해져 있다.
② 학습 내용을 가능한 단순화 및 체계화하여 학습 요소를 규명한다.
③ 구조화된 학습 상황에서 학습 내용을 학습자에게 전달하는 것을 교수의 목표로 삼는다.
④ 새로운 관점과 정보가 주 관심이기 때문에 학습내용은 미리 정해지지 않는다.
⑤ 학습 및 교수 방법에 대한 주요 책임은 교사에게 있다.

6. 다음 중 상호작용 가설과 전혀 관련이 <u>없는</u> 것은?

① 의미절충 ② 사회적 맥락 ③ 이해 가능한 입력
④ 과제중심 교수법 ⑤ 동화와 조절

7. 다음 중 구성주의에 대해서 올바르게 설명하고 있는 것은 어느 것인가?

① 학습 계열에서 학습자들이 학습할 다음 단계는 이미 정해져 있다.
② 학습 내용을 가능한 단순화 및 체계화하여 학습 요소를 규명한다.
③ 구조화된 학습 상황에서 학습 내용을 학습자에게 전이하는 것을 교수의 목표로 삼는다.
④ 학습자가 갖는 경험 세계가 다르기 때문에 실체에 대한 이해의 시각이 다양할 수 있다는 점을 인정한다.
⑤ 학습자의 경험과 참여는 교수자의 역할만큼 그다지 중요하지 않다.

8. "Zone of proximal development" 이론에서 함축하고 있는 바와 거리가 <u>먼 것</u>은?

① social interaction
② assistance from competent peers and adults
③ biological timetable
④ cooperative learning
⑤ construction of meaning

9. ______________ is an area of potential development, where the learner can achieve that potential only with assistance. This is that a learner cannot do yet alone, but could do with the assistance of more competent peers or adults.

① Zone of Proximal Development ② Universal Grammar
③ Language Acquisition Device ④ Monitor Hypothesis
⑤ Acculturation

4장

어린이의
언어 발달 과정과
내적교수요목

4장

어린이의 언어 발달 과정과 내적교수요목

단원 핵심 용어				
· 내적교수요목	· 외적교수요목	· 생물학적인 시간표	· 보모의 말	· 형태소 습득 순서
· 작동원리	· 단순화	· 추축문법	· 잉여성 축약	· 정교한 단순화
· 발달적 패턴	· 습득 순서	· 정확성 순서	· 종적 연구	· 횡적 연구
· 추축어	· 개방어	· 과잉일반화	· 심층구조	· 표층구조

인지주의에 근거한 어린이의 언어 발달은 생물학적인 요인들, 예를 들어 LAD와 UG 등에 의한 규칙형성에 기반을 두고 있다. 하지만 단순히 생물학적인 시간표(biological timetable)에 근거한 어린이의 언어 발달 단계의 설명은 한계에 부딪히게 된다. 실제로 어린이들은 자신의 효율적인 언어습득을 위해서 여러 전략을 사용하고 있다는 점은 부인할 수 없다. 또한, 보모의 말(caretaker speech)의 예에서 보듯이 성인들은 어린이의 언어 발달 수준에 맞추어 언어를 단순화시켜서 언어입력을 그들에게 제공하게 되는데, 이러한 외적 요인들 역시 어린이의 언어 발달 단계를 설명하는데 같이 고려될 필요가 있다.

4.1. 어린이의 언어습득 원리

4.1.1. 작동원리(Operating Principles)

어린이들은 언어 규칙을 발견하면서 그 규칙을 활용하게 되는데, 어떤 경우에는 그 규칙을 적용해서는 안 되는 영역까지 과잉일반화시켜서 오류를 발생하는 경우도 있다(예: goed, mouses).

하지만 이러한 증거는 어린이들이 생성해 내는 언어체계가 단순히 오류체계로 이해되기보다는 어린이들이 언어를 습득해 나가는 과정 중에서 나름대로 언어 규칙체계를 적용하고 있다는 점, 그리고 이러한 증거들은 어린이의 현재 언어 발달 단계를 이해하는데 중요한 단서가 되고 있다는 것을 암시해 준다.

Slobin(1973)은 어린이들의 언어습득 순서와 그들이 보여준 오류의 다양한 유형을 연구한 후에, 어린이들은 그들이 접하는 언어 자료들을 처리하고 언어체계를 이해하는데 몇 개의 '작동원리(operating principles)'가 있다는 것을 발견하였다. 다음과 같은 원리들이 작동원리에 속한다.

① 예외적으로 적용되는 규칙을 피한다.
어린이들은 하나의 규칙을 사용하여 여러 경우에 적용하고 싶어 한다. 규칙동사의 과거형을 만들기 위해서 'v+ed' 규칙이 적용된다면, 어린이들은 이 규칙을 모든 동사에 적용하고 싶어 한다. 이 원리는 어린이들이 과잉일반화 오류를 생성하는 이유를 설명해 준다.

② 단어의 음운적 형태는 체계적으로 수정될 수 있다.
언어학습 초기에서 *no, not, donot, don't* 등의 부정 불변화사의 사용이 체계적으로 변화되는 과정을 보게 된다.

③ 단어와 형태소의 어순에 집중한다.
학습 초기 어린이들은 어순에 관심을 가지면서 형태적 정보가 수동형 형태로 표현되는 것을 꺼려 한다. 이는 어린이들이 왜 능동태 문장에 비해서 수동태 문장을 사용하는데 더 많은 어려움을 겪는지를 설명해 준다. 일반적으로 어린이들은 문장 중에 처음에 위치하는 명사를 주어(subject)로, 그리고 동사 뒤에 위치하는 명사를 목적어(object)로 인식하는 경향이 강하다.

④ 언어적 단위의 방해와 재조합을 피한다.
"Where is he?"와 같은 의문문에서는 주어와 동사가 도치되어 나타난다. 하지만 "Do you know where he is?" 등과 같은 간접 의문문에서는 주어와 동사가 서로 도치되어 나타나지 않는다. 이 원리는 어린이들이 종속절의 어순에 대해 어려움을 겪는 이유에 대해서 설명해 준다.

⑤ 문법적 표지(grammatical marker)의 사용은 전달하려는 의미와 직접적으로 관련시킨다.
의문문이라는 의미를 표현하기 위해서 사용되는 의문문의 형식은 주어와 동사를 도치시킴으로써 의문문 형식을 취한다.

⑥ 단어의 어미에 집중한다.
일반적으로 한 단어 뒤에 위치하는 종속 형태소(bound morpheme)가 자유 형태소(free

morpheme)보다 먼저 습득된다. 하지만 관사나 전치사 등과 같은 자유 형태소가 오히려 먼저 습득되는 경우도 있다.

일반적으로 어린이들은 언어체계를 접하게 되면, 먼저 일관되게 적용할 수 있는 언어 규칙이 무엇인지를 발견하고, 의미를 분명하게 전달할 수 있는 문법적 형식을 찾는다. 그리고 명확한 의미 전달이라는 소통적 유의성을 위해서 그 기능면에서 분명하게 구별되어야 할 언어적 항목이 무엇인지를 발견하고자 한다. 사실, 이러한 작동원리들은 어린이의 모국어 습득을 설명하기 위해서 고안되었지만, 이들 원리들은 외국어 습득 과정에도 그대로 적용될 수 있다. 학습자들은 외국어를 습득하면서 언어 규칙을 과잉일반화(overgeneralization) 하여 적용시킬 수 있고, 또한 언어적 항목과 그 의미 간에 일치가 되지 않을 때 어려움을 겪을 수 있다. 그리고 의미 전달을 위한 정상적인 의사소통을 하는데 꼭 필요한 요소가 아닌 다른 언어적 항목에 대해서는 그다지 많은 관심을 보이지 않고 생략하여 사용하는 경우도 많다.

■ Thinking about L1 acquisition

Ponder the following questions:

1. What does the child do that makes L1 acquisition so quick and successful?
2. How do the adults who talk to the child behave? What assistance do they give to the acquisition process?
3. What are the important aspects of the acquisition environment?

In the course of this chapter you may get some answers to these questions. Now would be good time for you to ponder how you would answer them.

from Johnson, 2013, p. 80

4.1.2. 단순화(Simplification)

전이(transfer)와 과잉일반화(overgeneralization)는 일종의 학습전략으로서 외국어 습득을 효과적으로 수행하기 위해 선행 지식을 이용한다는 공통점을 지니고 있다. 또한, 전이와 과잉일반화는 학습 과정을 단순화(simplification)시키는 공통점도 지닌다. 즉, 전이와 과잉일반화를 통해 학습자는 이미 알고 있는 범주와 규칙 속에 새로운 언어적 항목을 적용함으로써 혼란스럽게 느끼던 새로운 항목을 일목요연하게 만든다. 따라서 새로 정립된 범주와 규칙은 창의적인 발화를 생성하는데 이용이 되므로 경제적이고 생산적이다. 이처럼 규칙의 단순화 과정은 학습자들이 언어에 대한 규칙을 발달시키고 내재화하는 것을 돕기 때문에 '정교한 단순화(elaborative simplification)'로 불린다.

그러나 정교한 단순화와 구분되는 다른 유형의 단순화가 있다. 앞서 어린이의 언어 발달 단계의 하나로 살펴본 전보문식(telegraphic) 발화가 그 예이다. 이 단계의 특징은 굴절과 기능어가 생략된다. 이는 분명 단순화이기는 하지만 새로운 규칙을 창조하는 과정을 통해서 나타나기 보다는 언어능력의 부족에서 기인하는 것으로 보여 진다. 따라서 이 경우의 단순화는 생산적이거나 창의적이지 않기 때문에 정교한 단순화와는 구분되며, 이러한 유형의 단순화는 '잉여성 축약(redundancy reduction)'이라고 불린다. 왜냐하면, 의도된 메시지를 전달하는데 있어 의미 전달에 꼭 필요하지 않은 잉여적인 항목을 없애기 때문이다. 예를 들어, 'daddy want chair'의 경우 동사의 굴절과 관사를 생략하여 단순화시켜도 전달하고자 하는 의미의 소통에는 문제가 없다.

4.1.3. 문법 체계의 발달

생득론에 근거한 언어습득 이론이 언어습득 과정을 설명하는데 끼친 가장 큰 공헌은 어린이의 언어습득 체계가 발달해 나가는 과정을 보다 구체적이고 체계적으로 보여 주었다는데 있다. 어린이의 언어체계는 성인의 기준으로 볼 때 오류가 있기 마련이다. 그러나 이러한 어린이의 언어체계는 언어 규칙에 근거를 두고 있고, 목표어의 완벽한 규칙체계를 향해서 계속해서 발달해 나가는 특징이 있다. 따라서 어린이는 어느 단계에서든지 그들이 받아들인 언어입력을 토대로 끊임없이 가설을 세우고 발화를 하면서 이 가설을 시험하게 된다. 어린이들이 세운 가설은 계속 검증되고, 수정되며, 재형성되고, 그리고 때로는 폐기되는 매우 체계적인 과정을 거친다.

1) 추축문법에 의한 발화

생후 1년이 되면 어린이들은 단어 하나로 의미를 전달하는 '1어 = 1문(one word utterance)' 단계를 거친다. 이때 단일어 발화는 구문 형성 이전의 단계이지만, 첫 언어적 발화를 위한 구문 형성의 준비 과정으로 이해된다. 이 단계에서 어린이들이 사용하는 언어 목록은 그들이 일상생활 속에서 쉽게 접할 수 있는 단어를 중심으로 이루어지며, 그들이 실제로 발화하는 목록보다 이해하고 있는 목록이 더 많다는 것이 지배적인 견해이다. 그리고 생후 2년이 지나면 '2어 발화 단계(two-word utterance)'를 거친다. 이때 어린이들이 사용하는 초기 문법을 '추축문법(pivot grammar)'이라고 하는데, 단순히 두 낱말이 제멋대로 결합되어 생성되는 것이 아니라, 두 개의 서로 다른 유형의 단어가 매우 체계적으로 배열되어 사용된다는 것을 발견할 수 있다. 추축문법의 예를 들면 다음과 같다.

- allgone sticky(어린이가 자신의 손을 씻은 후에)
- allgone outside(어린이가 문을 닫은 후에)
- more page(책을 더 읽어 줄 것을 성인에게 요구할 때)
- sweater chair(스웨터가 있는 곳을 가리키면서)

어린이가 사용한 추축문법에서 왼쪽에 위치한 낱말은 오른쪽에 위치한 낱말과는 다른 유형의 단어이다. 보통 오른쪽에 위치한 낱말을 '개방어(open word)'라고 하며 주로 서술적인 역할을 담당한다. 그리고 왼쪽에 위치한 낱말은 내용어(content word)에 속하는 낱말의 축을 이루고 있다고 해서 '추축어(pivot word)'라고 한다. 따라서 이 단계에서 어린이들이 갖고 있는 추축문법의 규칙은 다음과 같이 기술된다.

- 문장 = 추축어(pivot word) + 개방어(open word)
- 문장 = 개방어(open word) + 추축어(pivot word)

추축어와 개방어의 위치는 아무런 일관성없이 왼쪽 또는 오른쪽에 나타나는 것이 아니라, 어린이가 전달하고자 하는 의미가 어떤 단어에 초점을 맞추고 있는가에 따라, 추축어의 위치가 왼쪽 또는 오른쪽에 나타나게 된다.

예를 들면,

- *my* daddy,
- *my* car,
- *my* drink

위의 경우는 '추축어 + 개방어' 순서로서 어린이의 언어 사용에서 *my*(나의 것)에 초점이 맞추어져 있음을 알 수 있다. 반면에,

- shoe *gone*
- car *gone*
- milk *gone*

위의 경우에는 '개방어 + 추축어' 순서로서 어린이는 *gone*(없어짐)에 초점을 맞추어 말하고 있음을 알 수 있다.

추축문법 단계에서 어린이들이 사용하는 문법 체계는 성인의 기준으로 볼 때 부정확한 언어 체계로 이해될 수밖에 없다. 그러나 어린이의 구문 구성은 잘못된 낱말의 배열이라기 보다는

그들 나름의 문법 체계를 갖고 있는 것으로 이해되어야 한다(정양수, 2023). 이때 의미를 전달하기 위해 발화가 생성된 상황은 발화의 의미를 이해하는데 중요한 역할을 담당한다. 왜냐하면, 같은 두 단어가 서로 결합되어 사용되었다 하더라도 상황에 따라 서로 다른 의미를 전달할 수 있기 때문이다. 예를 들어, 첫째 상황은 어린이가 어머니의 양말을 들어 올리면서, 그리고 두 번째 상황은 어머니가 어린이에게 옷을 입히고 있을 때, 이렇게 서로 다른 두 상황에서 어린이가 "mommy sock"이라고 발음하였다고 가정해 보자. 첫 번째 상황에서 두 단어 간의 관계는 소유(*이 양말은 어머니의 것이다*)를 의미하는 반면에, 두 번째 상황에서는 주체자(agent)와 목적어(object) 관계를 나타내 준다(*어머니가 나에게 양말을 신겨주고 있다*). 이 단계에서도 어린이들은 전에 들어보지 못한 문장들을 생성하고 있기 때문에 언어를 창의적으로 사용하고 있다고 말할 수 있다. 따라서 어린이들이 이 단계에서 생성해 내는 문장들은 주위의 성인 말을 부정확하게 모방한 결과로 보기는 어렵다. 사실, 성인들은 "allgone sticky"와 같이 두 단어가 결합된 이러한 표현을 사용하지 않기 때문에, 이들 두 단어의 결합은 어린이 자신이 창의적으로 고안한 것이라 할 수 있다.

두 단어를 결합하여 사용하는 어린이의 문법 체계를 규명하려는 노력은 추축어와 개방어 위치에 놓이는 단어들의 유형을 파악하는데 집중되었다. 그러나 단어의 유형만을 파악하고자 했던 과거의 이러한 노력은 어린이들이 생성해 내는 추축문법의 모든 것을 설명해 주지는 못한다. 따라서 추축문법을 설명하기 위한 보다 효과적인 방법으로 각각의 발화가 전달하고자 하는 의미가 무엇인지를 파악하는데 초점이 맞추어졌다.

2) 굴절과 기능어의 발달

생후 3년이 지나면 어린이들은 '전보문식 발화(telegraphic utterance)'를 하게 된다. 전치사, 관사, 조동사 등은 생략되어 있고 주로 내용어를 중심으로 발화가 구성되어 있다. 예를 들면 다음과 같다.

· Andrew want that.
· Cat stand up table.

그러나 이 단계에서 어린이들은 굴절(want 또는 stand 뒤에 오는 -s)과 기능어(a 또는 the 등의 관사)의 사용에 대해서는 어느 정도 숙달되어 있다.

또한, 동사의 굴절 규칙을 습득해 나가는 과정은 어린이들이 그들의 언어학습 과정에 대해 매우 적극적으로 기여하고 있다는 매우 흥미로운 증거를 제공해 준다. 어린이들이 규칙동사의 과거형 굴절 규칙을 터득하기 전에(예: She walked.), 그들은 "went" "came" 등과 같은 보편적인 동사의 불규칙 과거형을 상당히 많이 생성하게 된다. 이 단계에서 어린이들은 생성 규칙에 따라 동사의 기본형에서 불규칙 과거형을 생성한 것이 아니라, 단순히 개별적인 단어로 인식하여 불규칙 과거형을 생성한다. 그런 후, 어린이들은 "Where it goed?" "It comed off."와 같이 올바른 동사 형태를 사용하지 않고 비정상적인 형태의 발화를 생성하여 마치 어린이들의 언어 규칙체계가 퇴보한 것처럼 보이게 된다. 그러나 심층적인 면에서 이들 형태들은 어린이들의 언어 규칙체계가 퇴보한 것이 아니라 한층 더 발달하고 있음을 보여주는 증거로 여겨진다. 왜냐하면, 어린이들은 동사 기본형에 *-ed*를 붙여서 과거형을 만드는 규칙을 터득하게 되었을 때, 이 규칙을 활용하여 "walk → walked" "climb → climbed" 등과 같은 과거형 형태를 생성하기 때문이다. 따라서 같은 맥락에서, 어린이들은 "come → comed" "go → goed" 등과 같은 동사 형태를 생성한 것이다. 후에 어린이들은 "go"와 "come"은 이들 규칙 과거형에서 예외적인 규칙이 적용된다는 것을 알게 된다.

4.2. 내적교수요목(Internal Syllabus)의 이해

모국어 및 외국어를 습득하는 학습자들은 일정한 언어 발달 순서를 보여주는데, 이때 미리 정해진 체계적인 습득 순서를 지칭하기 위해서 Krashen(1977)은 '자연 순서(natural order)'라는 용어를 사용하였다. 이렇듯 언어습득 과정에서 보여지는 일반적인 규칙성을 설명하기 위해 Ellis(1994)는 '발달적 패턴(developmental patterns)'이라는 용어를 사용하였는데, 이는 '습득 순서(acquisition order)'와 '발달 단계(developmental sequence)'의 두 가지 개념을 포괄적으로 지칭한다. 먼저, 습득 순서란 복수형 '-s'나 3인칭 단수 어미 '-s' 중 어떤 것이 먼저 습득되는가와 같이 서로 다른 문법적 언어 자질이 습득되는 순서를 말한다. 그리고 발달 단계란 특정 문법구조를 습득하면서 학습자가 거치는 습득 단계 또는 습득 과정을 지칭한다. 예를 들어, 부정문을 완전하게 습득하기 전까지 학습자가 거쳐 가는 불완전한 경로와 같은 것을 지칭한다.

그러나 학습자의 오류체계가 완벽한 언어체계로 나가기 위한 중간 단계에 위치하고 있다는 사실이 밝혀지면서, 학습자의 언어는 '중간언어'(interlanguage)'로 그리고 학습자의 오류는 '발달적 오류'(developmental error)'라는 이름으로 그 지위가 격상되었다. 그 결과, 학습자의 언어 발달 단계에서 일정한 순서가 존재한다는 사실은 많은 학자들의 관심을 끌게 되었다.

학습자가 문법구조를 습득할 때 거쳐 가는 이러한 예측 가능한 순서를 학습자의 '내적교수요목'(internal syllabus)'이라 한다. 일반적으로 교수요목(syllabus)이란 학습 내용을 어떤 순서대로 배워갈 것인가를 보여주는 일종의 시간표라 할 수 있다. 그런데 내적교수요목은 이런 시간표가 교사나 교재의 순서에 의해 결정되는 것이 아니라 생득적으로 이미 결정되어 있음을 의미한다. 앞서 인지주의에서는 언어습득의 단계가 생득적으로 결정되어 있다는 점을 나타내기 위해서 생물학적인 시간표(biological timetable)라는 개념을 제시하였다. 따라서 많은 학자들은 내적교수요목의 존재를 입증할 수 있는 여러 연구를 진행하였다.

4.2.1. 형태소 습득 순서에 관한 연구

형태소 습득 순서(morpheme acquisition order)에 관한 연구는 영어를 모국어로 배우는 어린이를 대상으로 한 연구로부터 시작되었다. Brown(1973)은 종적(longitudinal) 연구 방법을 통해 3명의 어린이들이 자신들의 모국어를 습득하면서 14개의 형태소를 어떤 순서에 따라 습득하는지를 조사하였다. 연구 결과에 의하면, 14개의 형태소가 유사한 자연적인 순서에 따라 습득됨을 보여주었다. 이러한 연구에서 대두되는 한 가지 문제점은 어느 시점을 어린이들이 해당 형태소를 완벽하게 습득한 시점으로 결정할 것인지 그 기준이 명확하지 않다는 것이다. Brown은 성인 수준의 문법이 요구되는 상황(obligatory context)에서 어린이들이 특정 형태소를 90% 이상 올바르게 사용한 시점을 형태소를 완벽하게 습득한 기준으로 사용하였다. 이 기준을 적용시켜 볼 때, Brown은 3명의 어린이들이 매우 유사한 순서에 따라 14개의 형태소들을 습득하였다는 것을 발견하였다. 3명의 어린이들이 평균적으로 보여준 형태소들의 습득순서는 다음과 같다.

① 현재 진행형 -ing (예: She is running.)
② 전치사 on
③ 전치사 in
④ 복수 -s (예: three books)
⑤ 불규칙 과거형 (예: She went.)
⑥ 소유격 's (예: daddy's hat)
⑦ 축약되지 않은 copula (예: yes, he is)
⑧ 관사 a, the
⑨ 규칙 과거형 -ed (예: She walked.)
⑩ 규칙 3인칭 단수 -s (예: She runs.)
⑪ 불규칙 3인칭 단수 (예: She has-)
⑫ 축약되지 않은 조동사 be (예: She was coming.)
⑬ 축약된 copula (예: She's tired.)
⑭ 축약된 조동사 be (예: She's coming.)

Brown은 이들 어린이들의 부모들이 생성하는 발화에서 위 형태소들이 나타나는 빈도(frequency)를 계산하였다. 그 결과, 이들 빈도의 순서는 습득의 순서와 별다른 상관관계가 없었기 때문에, 어린이들이 보여준 습득순서의 유사성은 환경적 요인이 미치는 영향으로는 설명할 수가 없었다. 이는 어린이들이 창의적으로 언어를 습득해 나가는 증거가 된다.

제2언어로서의 영어 형태소 습득에 관한 연구는 Dulay와 Burt(1973)로부터 시작되었다. 이들은 스페인어를 사용하는 어린이 151명을 영어 접촉의 양과 학습 환경에 따라 세 집단으로 나눈 뒤 BSM(Bilingual Syntax Measure) 방법을 통해 8개 형태소의 습득 순서를 횡적 연구 방법으로 조사하였다. BSM은 학습자의 구어언어 자료를 이끌어 내기 위해 일련의 그림과 질문을 이용하는 시험의 유형으로 '이중언어 통사 측정'이라고 알려진 표준 평가 방식이다. Dulay와 Burt가 형태소 습득 순서를 알아내기 위해 사용한 횡적 방법은 어느 특정 시점에서 여러 학습자의 자료를 뽑아내 각 형태소의 평균 정확도 순서(average accuracy order)를 정하고, 이러한 정확도 순서를 형태소 습득 순서로 간주(accuracy order=acquisition order)하는 방법이다. 예를 들어, 불규칙 과거가 규칙 과거보다 여러 학습자에 의해 더 정확하게 사용이 된다면, 불규칙 과거를 규칙 과거보다 더 먼저 습득되는 형태소로 본 것이다. 연구 결과에 의하면, 세 집단 모두 형태소 습득 순서가 유사하여 스페인 영어 학습자의 형태소 습득 역시 자연적 순서를 따르고 있는 것으로 밝혀졌다.

Dulay와 Burt(1974)는 자신들의 연구 결과를 뒷받침하기 위하여 스페인어를 사용하는 어린이 60명과 중국어를 사용하는 어린이 55명을 대상으로 유사한 연구를 1974년에 다시 실시하였다. 연구 대상 형태소는 1973년에 조사했던 8개의 형태소에 3개를 추가하여 모두 11개의 형태소를 대상으로 이루어졌다. 연구 결과에 의하면, 두 집단의 정확도 순서는 유사했는데 이를 통해 형태소 습득 순서가 학습자의 모국어에 의해 달라지지 않는다는 결론을 도출하였다. 즉, 모국어의 간섭은 형태소 습득 순서에 영향을 미치지 않는 요인이며, 동시에 형태소 습득 순서는 자연적이고 보편적으로(universal) 나타난다는 사실을 발견하였다.

Bailey, Madden과 Krashen(1974)은 성인도 어린이와 같은 형태소 습득 순서를 보이는지를 알아보기 위해 성인 73명을 모국어가 스페인어인 집단과 스페인어가 아닌 두 집단으로 나누어 조사하였다. 연구 결과에 의하면, 스페인 어린이를 대상으로 한 연구와 유사한 습득 순서를 보여 줌으로써, 학습자의 나이는 형태소 습득 순서에 유의미한 영향을 미치지 않는다는 점이 발견되었다. 또한, 모국어가 다른 두 집단 간에 유사한 습득 순서를 찾아내어 모국어 역시 습득 순서에는 유의미한 영향을 미치지 않는다는 Dulay와 Burt(1974)의 연구 결과를 뒷받침하였다.

한편, Larsen-Freeman(1975)은 자료 추출 방법이 습득 순서에 영향을 미칠 수 있다고 생각하면서, 아랍어, 일본어, 페르시아어, 스페인어가 모국어인 성인 ESL 학습자 24명을 대상으로 형태소 습득 순서를 연구하였다. 그녀는 Dulay와 Burt(1974)가 사용한 BSM과는 달리 5가지

시험(독해, 작문, 청취, 모방, 말하기)을 통해 형태소 관련 언어 자료를 수집하였다. 연구 결과에 의하면, 말하기 시험을 제외하고는 Dulay와 Burt(1974), Bailey 외 2인(1974)의 연구 결과와 상호 연관성이 있는 어떤 일반적인 순서를 찾을 수 없었다고 보고하였다. 반면에 BSM을 사용한 말하기 과업을 통해 자료를 추출한 경우에만 Dualy와 Burt(1974)의 습득 순서와 비슷한 순서가 나타났다. 이러한 연구 결과에 대해, Krashen(1981)은 시험 중 학습자들이 감시장치(monitor)를 사용할 수 있는 조건인지 아닌지에 따라 형태소 습득 순서의 유사 여부가 결정된다고 주장하였다. 의미가 아닌 형식에 초점을 두는 과업의 경우(예: 쓰기, 독해, 모방 등), 학습자들은 감시장치를 사용하기 때문에 의식적인 문법 지식이 작용하게 되고, 이는 보편적인 습득 순서에 부정적인 영향을 준 것으로 이해된다.

그러나 의미 전달에 초점이 맞추어진 의사소통 상황이라 하더라도 여러 연구에서 밝혀진 형태소 습득 순서는 유사할 뿐 동일하지는 않으며, 또한 형태소의 순서를 결정하는데 양적인 차이를 고려하지 않았다는 점이 문제로 지적되었다. 예를 들어, 특정 형태소보다 정확도 순서에서 1% 낮은 형태소와 30% 낮은 형태소가 단지 한 단계 차이라는 동일한 간격으로 순위가 매겨지기도 한다는 것이다. 이러한 문제점을 보완하기 위해 Krashen(1985)은 자신이 연구한 9개 형태소의 습득 순서를 다음과 같이 그룹화하는 방법을 제안하였다.

Group 1 : present progressive *-ing*
plural *-s*
copula 'to be'
Group 2 : auxiliary 'to be'
articles *the* and *a*
Group 3 : irregular past forms
Group 4 : regular past *-ed*
third-person-singular *-s*
possessive *-s*

여기서는 각각의 형태소에 대한 습득 순서를 하나씩 보여주는 것이 아니라 비교적 같은 시기에 습득되는 형태소를 같은 그룹으로 묶어 각 그룹별로 특정한 발달 단계를 구성하도록 하였다. 여기서 Group 1의 형태소는 Group 2의 형태소보다, Group 3의 형태소는 Group 4의 형태소보다 먼저 습득된다는 것이다.

이상의 여러 연구를 통해 영어 형태소가 예측 가능한 자연적 순서에 따라 습득된다는 사실이 명확해졌다. 또한, 형태소 습득 순서는 학습자의 모국어, 나이에 상관없이 유사하다는 것도 여러 연구에서 증명되었다. 그러나 의미 전달이 아닌 언어 형식에 초점을 두는 과업인 경우에는 보편적인 습득 순서를 찾을 수 없었다. 형태소의 보편적인 습득 순서는 학습자의 언어 지식이 아닌 의미 전달과 같은 기저의 언어능력이 작용하는 경우에만 유효하다는 사실을 함축한다.

그러나 비교적 분명해 보이는 형태소의 자연적 습득 순서에도 몇 가지 해결되지 않은 논쟁점이 남아 있다.

첫째, 대부분의 형태소 습득 연구에서는 횡적 방법을 통해 정확도 순서를 매기고 그것을 그대로 습득 순서로 간주하였는데, 어느 한 시점에서 관찰된 정보를 가지고 전반적인 언어 발달 단계를 예측하는 것이 타당한 것인지에 대한 문제점이 제기된다. 즉, 종적인 의미가 내포될 수밖에 없는 습득 순서를 조사하기 위해 사용된 횡적 방법의 타당성에 의문이 제기될 수 밖에 없다는 점을 의미한다. Rosansky(1976)는 종적 방법과 횡적 방법에 따라 행해진 연구 결과 사이에 상관관계가 낮다고 지적하면서, 습득 과정 중 한 단면만을 포착하여 연구하는 횡적 연구가 습득 과정의 전체를 대변할 수 없다고 지적했다.

둘째, 대부분의 연구에서 자료 추출 도구로 쓰인 BSM 자체에 대한 신빙성 여부도 문제시된다. Porter(1977)는 BSM을 통해 추출한 모국어 형태소 습득 순서와 자연 발화에서 추출한 습득 순서 사이에 상당한 차이가 있다는 것을 지적하면서, BSM을 통해 도출된 형태소 습득 순서는 그 신뢰성에 문제가 있을 수 있다고 반박하였다.

셋째, 형태소의 습득 순서가 학습자의 모국어와 무관하다는 주장에도 반박의 여지가 있다. 일본인 어린이를 대상으로 한 Hakuta(1974a)의 연구 결과는 Dulay와 Burt(1974)에서 밝혀진 형태소 습득 순서와 다르게 나타났는데, 그 이유는 모국어인 일본어가 간섭으로 작용했기 때문이라는 점이다. Larsen-Freeman(1975) 또한 형태소 습득 순서는 모국어의 영향을 받을 수 있다고 주장하면서, 형태소의 습득 순서가 모국어와 전적으로 무관하다고 보기 보다는 부분적으로는 모국어에 의해 간섭 영향을 받는 것으로 생각하였다.

위와 같은 여러 가지 문제점에도 불구하고 형태소 습득에 관한 연구는 자연적인 발달 순서가 언어습득 과정에 실재함을 입증한 획기적인 연구라고 할 수 있다. 단, 학습자의 모국어나 개인적 요인 등이 변수로 작용할 수 있다는 점과 학습자들이 의미가 아닌 형식에 초점을 맞추게 되면 그 순서가 달라진다는 점은 염두에 둘 필요가 있다.

■ Is there a "Natural Sequence" in adult second language learner?

Bailey, C. J., Madden, C., & Krashen, S. (1974). Is there a "natural sequence" in adult second language learning? *Language Learning, 24*(2), 235-243.

The Bilingual Syntax Measure (Burt, Dulay, and Hernandez, 1973) was administered to 73 adult learners of English as a second language in order to investigate accuracy of usage for eight English functors. It was found that there is a highly consistent order of relative difficulty in the use of the functors across different language backgrounds, indicating that learners are experiencing intra-language difficulties. Also, the adult results agreed with those obtained by Dulay and Burt (1973) for 5 to 8 year old children learning English as a second language, indicating that children and adults use common strategies and process linguistic data in fundamentally similar ways.

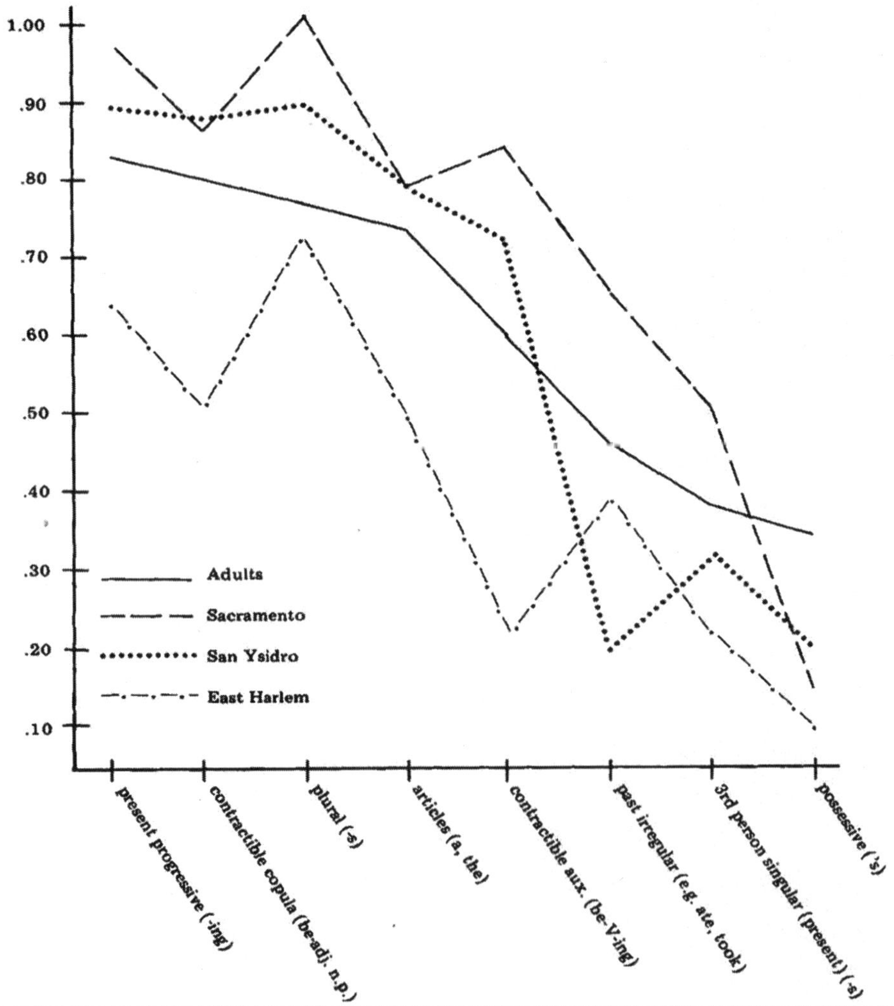

<Comparison of child and adult relative accuracies for 8 functors>

4.2.2. 문장 변형(transformation) 능력의 발달

전보문식 발화 단계를 거쳐 5-6세가 되면 어린이들은 모국어의 음 조직과 구문 조직을 통달하게 된다. 이 단계에서 모국어를 자유스럽게 그리고 자유자재로 문법적인 문장을 구사하고 이해할 수 있는 단계가 된다. 어휘 및 언어 경험이 많아짐에 따라 그 수가 점차 증가하게 되며, 기본 문형에서 보다 복잡한 문형으로 문장을 변환시킬 수 있는 능력이 발전하게 된다.

4.2.2.1. 부정문의 발달 단계

Klima와 Bellgui(1966)를 중심으로 영어를 모국어로 사용하는 어린이들의 부정문 발달 단계를 알아보기 위해서 세 명의 어린이를 대상으로 영어 부정문 습득 과정을 조사하였다. 이들 어린이들은 문두 부정("No the sun shining."), 문장 내 부정("The sun don't shining."), 이후 완전한 부정문 습득("The sun isn't shining.") 등의 세 단계를 거치는 것으로 나타났다. 따라서 영어 모국어 화자라 하더라도 부정문의 발달 과정에서 그들이 보여주는 오류는 보편적인 과정임을 알 수 있다.

제2언어로서 영어 부정문의 발달 단계를 다룬 연구는 각기 다른 모국어 배경을 가진 여러 연령대의 학습자를 대상으로 이루어졌다(Adams, 1978; Cancino, Rosansky & Schumann, 1978; Ravem, 1974; Wode, 1976). 이 중 Ravem, Wode, 그리고 Adams는 모국어가 각각 노르웨이어, 독일어, 스페인어인 아동을 대상으로 연구를 진행하였다. 부정문의 보편적인 발달 단계를 제시하면 다음과 같다.

1) Stage 1

부정문을 만들기 위해 주로 *no*나 *not*와 같은 부정어를 동사 앞에 위치시킨다.

I *no* can see him.
I *not* see him.

그런데 스페인어를 모국어로 사용하는 아동은 스페인어 부정문과 유사하게 주로 *no*를 부정어로 사용하는 반면, 노르웨이 아동은 *not*를 부정문에 사용하고 있음이 발견되었다. 이를 통해 부정문의 습득에 있어서 모국어의 영향을 배제할 수 없음을 알 수 있다. 특히, 모국어가 스페인어인 영어 학습자는 'no+동사' 구조를 부정문 발달의 마지막 단계까지 사용하기도 했는데, 이를 통해 모국어의 전이가 오류를 화석화(fossilization)시키는 중요한 원인임을 알 수 있다. 독일인 영어 학습자를 대상으로 부정문의 발달 단계를 연구한 Wode(1976)는 독일어 부정문을 만들 때처럼 동사 뒤에 부정어를 첨가하는 오류("I see not him.")를 발견하였다.

2) Stage 2

이 단계에서는 'don't+동사' 구조를 사용하여 부정문을 만든다. 그러나 인칭이나 시제를 고려한 'doesn't'나 'didn't'는 나타나지 않으며, 또한 조동사 앞에서도 'don't'가 그대로 사용된다. 이를 통해 부정형이 'don't'가 'do+not'의 결합이 아닌 'not'의 변이형으로서 분석되지 않은 하나의 덩어리로 사용됨을 알 수 있다.

I *don't* can see him.
He *don't* see me.

3) Stage 3

이 단계에서는 부정어가 'be-동사'나 'can'과 같은 조동사 뒤에 위치하여 '조동사+부정어'의 구조가 사용된다. 그러나 이 단계에서도 'don't'는 여전히 분석되지 않은 형태로 굴절 없이 사용된다.

I *am not* swimming.
I *can't see* him.

4) Stage 4

마지막 단계에서는 'don't'가 인칭과 시제를 반영하여 굴절된 형태로 사용되고, 또한 분리된 형태('do not', 'does not', 'did not')로도 사용된다.

He *doesn't see* me.

그러나 이때에도 시제가 조동사와 본동사 양쪽에 표시되는 오류가 나타나기도 한다.

It *didn't* rained.
He *doesn't* knows it.

앞서 제시된 4단계의 언어 발달 단계에 의하면, 화자들은 일정한 순서를 거쳐서 부정문을 습득하고 있음을 알 수 있었다. 또한, 초기에 모국어 부정문의 영향을 강하게 받는 것으로 나타났으며, 모국어로서의 영어 부정문 발달 단계와도 유사한 보편성이 있다는 것을 찾을 수 있었다. 이처럼 부정문 습득에 있어 학습자는 목표어의 정확한 형태에 도달하기까지 일정한 발달 단계를 보여주는 여러 중간 형태(interim form)를 거쳐 간다. 그런데 이 중간 단계들은 전이적 구조(transitional structure)로 나타나기 때문에 발달 단계의 구분은 사실상 명확하지 않다. 또한, 학습자는 한 시점에서 여러 형태의 부정문을 동시에 발화하기 때문에 발달 단계를 구분하는 것은 발달 단계를 단순화시키는 문제점을 가지고 있다. 앞서 언급한 바와 같이, 발달 단계를 명확히 구분하는 것이 어렵고, 또한 모국어와 같은 개인적인 변인에 의해 발달 순서에 차이가 생길 수 있다 하더라도, 부정문 습득 역시 보편적인 순서를 보이면서 발달 단계를 거치는 것으로 보여진다.

4.2.2.2. 의문문의 발달 단계

Ellis(1985)에 소개된 wh-의문문과 yes/no 의문문에 공통으로 적용될 수 있는 의문문의 발달 단계를 제시하면 다음과 같다.

1) Stage 1

의문문 습득의 첫 번째 단계에서는 주어-동사의 도치 없이 평서문의 어순을 그대로 사용하되, 끝을 올리는 억양만을 통해 의문문을 표현한다. 종종 wh-의문문이 나타나기는 하지만 이 단계에서 wh- 의문문은 규칙 적용을 통해 형성되기 보다는 모방에 의한 하나의 덩어리(chunk)로 인식되어 발화된다.

I am colouring?
Sir plays football today?
I writing on this book?
What's this?

2) Stage 2

학습자 자신의 규칙을 적용하여 만들어낸 wh-의문문이 사용되기 시작한다. 여전히 주어와 동사의 도치는 일어나지 않으며 'do'의 사용도 나타나지 않는다.

What you are doing?
What 'tub' mean?
What the time?
Where you work?

3) Stage 3

이 단계에서는 yes/no 의문문과 wh-의문문에서 공통적으로 도치가 일어난다. 이 때 'be'-동사의 도치가 먼저 나타나고 'do'를 이용한 도치는 나중에 발견된다.

Are you a nurse?
Where is the girl?

Do you work in the television?
What is she's doing here?

4) Stage 4

의문문 발달의 마지막 단계로서 내포된 형태의 의문문(embedded question)이 발화된다. 그러나 처음에는 일반적인 wh-의문문에서와 같이 주어와 동사를 도치시키는 오류를 범하기도 한다. 그러다가 점차로 일반적인 의문문의 어순과 삽입된 wh-의문문 간의 어순 차이를 알고 내포된 의문문에서도 올바른 어순을 사용하기 시작한다.

I tell you what did happen.
I don't know where do you live.
I don't know what he had.

이상에서 살펴본 바와 같이 학습자의 모국어와 개인적인 변인에 따라 발달 단계에서 약간의 차이는 존재하지만, 의문문의 발달 단계 역시 부정문의 발달과 마찬가지로 모국어 학습자와 외국어 학습자들 간에 유사한 습득 순서가 나타난다. 또한, 의문문의 발달 역시 발달 단계상의 경계선이 명확하지 않고, 단계와 단계가 오랜 기간 동안 중첩되어 나타나기도 하면서 점차적으로 발달하게 된다.

4.2.2.3. 늦게 발달되는 언어능력 영역

어린이들이 모국어를 습득해 나가면서 다른 언어적 항목에 비해서 상대적으로 늦게 습득하는 언어적 항목이 무엇인지에 대한 연구는 다소 심층적으로 이루어지지 못했다. 분명히 어린이들은 모국어 습득 초기에 모국어를 사용하는데 많은 제한이 있어 보이지만, 시간이 흐름에 따라 점차 복잡한 문장을 생성하고 이해할 수 있는 능력을 갖추게 된다. 예를 들어, 처음에는 1개의 절(clause)을 포함하는 문장을 생성하지만 점차 2개의 절 또는 그 이상의 절을 포함하는 복잡한 문장을 생성하고 이해할 수 있게 된다. 또한, 문장 중의 절이 동사의 목적어로 사용되는 경우는 분명 습득 순서상 늦게 발달하는 것으로 보인다(예: *I think it's the wrong way.*).

어린이들은 10세 이전에는 미묘한 문법적 차이를 가져오는 언어적 항목을 완전히 습득할 수 없는데, 아래에 제시된 각각 2개의 문장은 표층구조가 같지만 심층구조에서 그 의미하는 바가 달라진다.

· John is eager to please. (기쁨을 느끼는 주체는 다른 사람들)
· John is easy to please. (기쁨을 느끼는 주체는 John)

· John asked Bill to come. (오는 사람은 Bill)
· John promised Bill to come. (오는 사람은 John)

모국어 경우와 마찬가지로 영어를 외국어로 학습하는 경우에서도 학습자들은 위의 예에서 제시된 미묘한 문법적 차이를 다소 늦게 배운다.

한편, 사람들은 주제에 따라, 청중에 따라, 그리고 주위 상황에 따라 언어 사용을 달리하여 사용하게 하는데, 서로 다른 상황에 알맞은 문체를 선택하여 언어를 사용하는 능력도 매우 중요하다. 따라서 학습자들은 점차 다양한 사람과의 상호작용 기회를 가짐으로써 언어의 다양한 형태가 갖는 사회적 의미를 인식하게 되고, 사회적 상황에 따라 다소 다양한 방식으로 발화를 하는 사회적 관습에 대한 지식을 증대시키게 된다. 복잡한 문장을 생성하고 이해하는 능력과 사회적 맥락에 따라 적절한 언어를 구사할 수 있는 능력은 언어습득의 시기에서는 다소 늦게 발달된다.

■ What parents do and do not correct

Brown and Hamlon (1970: 47-49) study the L1 development of three pre-school children. As part of that study, they look at adult responses to child utterances. Here are four of their examples:

Child	Adult
(a) Draw a boot paper.	That's right. Draw a boot on the paper.
(b) There's the animal farmhouse.	No, that's a lighthouse.
(c) Mama isn't boy, he a girl.	That's right.
(d) And Walt Disney comes on Tuesday.	No, he does not.

Look first at the child utterances. Some of them contain mistakes (which might be called 'grammatical'), some not. Identify each. Then look at the adult responses. Some signal approval, some disapproval; again identify each.

Based on these four sentences, what can you say about what adults do and do not correct?

from Johnson, 2013, p. 82.

4.3. 내적교수요목과 외적교수요목

앞서 학습자들은 보편적인 순서에 따라 형태소, 부정문 및 의문문을 습득하고 있음을 살펴보았다. 이는 학습자들이 목표어의 정확한 형태에 도달하기까지 일정한 단계를 거치기 때문에 학습자 내면에 '내적교수요목(internal syllabus)'이 존재하고 있음을 보여준다. 그렇다면, 우리는 다음과 같은 질문을 해볼 수 있다. "만일 학습자들이 자신만의 내적교수요목을 가지고 있다면, 외국어 교사들은 '외적교수요목(external syllabus)'에 대해서 어떤 입장을 취할 수 있는가?" 이 질문에 대해서 다양한 답변이 가능하겠지만, 일반적으로 3가지 정도의 답변을 생각해 볼 수 있다.

첫째, 학습자들은 자신 고유의 내적교수요목을 가지고 있기 때문에 외적교수요목을 무시할 수 있다. 둘째, 학습자의 내적교수요목을 무시하고 학교나 교사에 의해서 만들어진 외적교수요목에 따라서 학습자에게 외국어를 가르친다. 즉, 기존의 형태소 습득 연구는 자연적인 언어학습 환경에서 이루어졌기 때문에 교실이라는 학습 환경과는 맞지 않기 때문에 교실 상황에 맞는 습득 순서를 다시 마련할 필요가 있다. 셋째, 지금까지 연구를 통해 내적교수요목에 대해서 알려진 사항을 가능한 많이 반영하여 외적교수요목을 만들어 시행하는 것이다. 즉, 형태소 습득 순서에 관한 연구 결과를 통해서 알게 된 정보를 교재에서 제시되는 문법적 항목의 제시 순서에 반영하는 것이다.

일반적으로 많은 언어학자들은 세 번째 입장을 지지하고 받아들인다. 여기에서 중요한 문제는 내적교수요목에 따라 외적교수요목을 작성하는 것이 얼마나 용이한 것인지를 검토하는 것이다. 그러나 현재 상태에서 우리가 내적교수요목에 대해서 알고 있는 정보는 극히 제한적이다. 한 예를 들어, 형태소 습득 순서에 관한 연구를 통해서 우리가 알게 된 정보는 언어의 극히 일부분만을 다루고 있어서 학습자의 내적교수요목에 대해서는 제한적인 정보를 제공해 줄 뿐이다. 따라서 지속적인 연구를 통해서 학습자의 내적교수요목에 대한 정보를 수집하고 축적해 나갈 필요가 있다. 또한 다른 한편으로는 내적교수요목에 관한 정보를 기초로 하여 외적교수요목을 작성 및 시행해 나간다면, 외국어 교수 및 학습에서 좀 더 나은 효과를 기대할 수 있을 것이다.

언어 발달 단계의 보편성을 설명하기 위해서 내적교수요목이라는 개념이 제시되었고, 실제 언어적 자료를 수집하여 내적교수요목 개념을 검증하기 위한 목적으로 형태소 습득 순서, 부정문 및 의문문 발달 단계를 파악하는 연구가 진행되었다. 이들 연구들의 공통점은 외국어 습득에서도 모국어 습득 때와 같은 체계적이고 보편적인 발달 단계가 나타나고 있다는 점이다.

단원 확인 문제

1. Internal syllabus에 대해서 잘못 기술하고 있는 것은?

① 학습자를 둘러싼 언어학습의 환경이 중요함을 암시한다.
② 언어 발달 경로에서 Biological time table 개념을 중시한다.
③ Krashen이 주장하였던 자연순서 가설 내용과 비슷하다.
④ 형태소 습득 순서에 관한 연구와 관련이 깊다.
⑤ 언어습득 순서의 보편성과 유사성을 보여주는 근거가 된다.

2. 가장 이상적인 언어입력의 특성에 대해서 잘못 설명하고 있는 것은?

① 어린이들이 받아들이는 언어입력과 유사해야 한다.
② 이해 가능해야 한다.
③ 정교화된 문법구조를 발전시키기 위해 문장 구조는 복잡해야 한다.
④ 즉각적인 소통적 필요성을 충족시켜야 한다.
⑤ 학습자의 구체적이고 즉각적인 관심사를 충족시켜야 한다.
⑥ 학습자의 현 수준에서 이해할 수 있는 것이어야 한다.

3. Caretaker speech에 대한 설명 중 틀린 것은 어느 것인가?

① LAD를 주창한 인지주의자들에게도 언어입력은 언어학습에 중요하다는 것을 암시해 준다.
② 행동주의와의 공통점은 언어입력이 언어학습을 위해 매우 중요하다는 점이다.
③ Caretaker speech의 역할은 어린이들이 언어의 규칙이나 의미를 파악하는데 도움을 준다.
④ Caretaker speech는 궁극적으로는 comprehensible input와 관련이 있다.
⑤ Caretaker speech의 특징 중의 하나는 문장 구조가 보다 단순하다는 것이다.
⑥ 학습자의 현 수준의 언어체계와는 무관하게 모방 및 암기가 쉽게 이루어지게 하기 때문에 언어를 쉽게 배울 수 있는 역할을 한다.

4. Which one is not correct about the research method of Morpheme acquisition order studies?

① Longitudinal method takes a long time.
② Cross-sectional method can be condected with many children/learners.
③ Longitudinal method can be conducted with a few learners.
④ Longitudinal method examine the accuracy order shown in many learners.
⑤ Cross-sectional method takes short time, thus it is commonly used.

5. Which one is not correct about redundancy reduction?

① It is related with using went, came instead of using goed, comed.
② It occurs due to learners' limited language knowledge.
③ It is related with the omit of inflection forms in the use words.
④ It means that learners are focusing on the meaning that learners are trying to deliver.

5장

학습자의 언어 숙달도 차이 규명

5장
학습자의 언어 숙달도 차이 규명

단원 핵심 용어				
· 자아존중	· 자아 효능감	· 촉진적 불안	· 저해적 불안	· 감정이입
· 장독립/장의존형	· 모험시도	· 성찰/충동형	· 다중 지능	· 적성
· 사회적 거리	· 학습전략	· 외향성/내향성	· 방어기제	· 언어자아
· 기질적 불안	· 상황적 불안	· 전체적 불안	· 인지전략	· 초인지전략

4장에서 소개된 내적교수요목의 핵심 내용은 학습자들이 보여주는 언어 발달 단계는 유사하다는 것이다. 하지만 학습자들은 개개인의 언어 숙달도에서 개인차를 보여주고 있다. 교실에서 외국어를 배우든지, 아니면 교실 밖의 자연적인 언어학습 환경에서 외국어를 배우든지 간에, 학습자들이 보여주는 언어 숙달도에서 개인차가 존재하는 것은 사실로 받아들여진다. 본 장에서는 학습자들이 같은 환경에서 언어를 학습하더라도 그들이 보여주는 언어 숙달도의 차이에 영향을 미치는 다양한 요인들에 대해서 논의하고자 한다.

5.1. 학습자 개개인의 언어 숙달도 차이

5.1.1. 보편적인 언어 발달 단계와 학습자 개개인의 언어 숙달도 차이

외국어를 습득하는 과정에서 학습자들은 유사한 언어 발달 단계를 보여 주지만, 학습자 간에는 언어 숙달도에서 많은 개인차가 존재한다. 어떤 학습자는 다른 학습자에 비해 더 높은 언어 숙달도에 도달할 수도 있고, 또는 언어능력이 더 빨리 발달하기도 한다. 이러한 차이를 설명하기 위해 학습자와 관련된 여러 요인들이 검토되었고, 또한 이들 요인과 언어 숙달도 간의 상관관계를 밝히기 위한 많은 연구가 진행되었다. 그러나 학습자 간의 개인차가 갖는 특징을 명확하게 설명하기 위해서는 다음 2가지 질문에 대해서 신중하게 고려할 필요가 있다.

① 학습자들은 외국어를 습득하면서 보편적인 언어 발달 경로를 보여준다. 따라서 보편적인 경로를 따라 언어를 습득해 나가는 과정 중에서 학습자들이 보여주는 개인차는 다른 학습자에 비해 단순히 얼마나 빨리 또는 얼마나 많이 학습하였는가를 의미하는가?

② 학습자들이 보여주는 개인차는 학습자들이 서로 다른 경로, 또는 다른 방식으로 언어를 습득하고 있다는 것을 의미하는가?

앞 장에서 내적교수요목과 관련된 사항들은 위 ①번 항목을 뒷받침해 주는 듯 보여진다. 즉, 언어 발달의 과정에는 전형적이고 보편적인 단계가 있는데, 학습자들이 보여주는 언어 발달의 변이성(variability)은 중요하게 여겨지지 않는다. 그러나 언어 발달의 보편적 순서와 관련된 증거들은 소수의 연구 결과에 근거를 두고 있으며, 또한 이들 연구들은 극히 제한된 언어 영역을 대상으로 이루어졌다는 사실을 기억할 필요가 있다. 학습자들이 특정 문법적 구조를 유사한 단계로 습득한다고 할지라도, 학습자들이 보여주는 언어 발달의 과정을 보다 광범위하고 심층적으로 살펴볼 필요가 있다. 이 경우, 학습자들 사이에는 여전히 언어 발달의 차이가 존재하고 있다는 것을 알 수 있다. 예를 들어, 어떤 학습자는 'X'와 'Y'라는 문법적 구조를 동시에 습득하였지만, 다른 학습자는 'X'라는 문법적 구조를 'Y'라는 문법적 구조의 습득 이전에 습득할 수 있다.

하지만 언어습득 과정에서 나타나는 학습자 개개인 간의 차이를 설명하기 위한 연구들은 대부분 이러한 개인차의 본질적인 특징을 다루지 못했다. 대부분의 연구들은 단순히 외국어 습득 과정에서 학습자들이 보여준 언어적 숙달도의 개인차에 대해서 언급을 하거나, 또는 학습자들이 보여준 다양한 숙달도와 동기, 지능, 인성 등과 같은 비언어적 요소들 간의 상관관계를 규명하는데 관심을 기울였다. 예를 들어, 어떤 연구자는 일련의 학습자들을 대상으로 다음과 같은 순서로 연구를 진행하였다.

① 지능 또는 동기 등과 같은 비언어적 요소를 측정하여 학습자들이 얼마나 높은 외국어 점수를 획득하였는가를 조사한다.

② 외국어 학습에서 학습자 개개인들이 보여주는 언어적 숙달도를 조사한다.

③ 위 ①의 평가에서 높은 점수를 받은 학습자가 ②의 평가에서도 역시 높은 점수를 획득하여 상호 상관관계가 있는지를 조사한다.

만약, 위 ③에서 긍정적인 상관관계가 있다는 것을 발견하였다면, 우리는 높은 수준의 동기 또는 지능은 외국어 습득의 성공을 예측하거나 또는 성공적인 외국어 습득과 매우 밀접한 상관관계가 있다고 주장하게 된다. 하지만 지능이 높은 학습자 또는 높은 수준의 동기를 가진 학습자가 외국어 습득에서 꼭 성공할 것이라는 것을 단정하지는 않는다. 단지 그렇게 될 가능성이 많다는 것을 의미할 뿐이다.

5.1.2. 언어 숙달도의 개인차를 규명하는데 따르는 어려움

학습자 개개인이 보여주는 언어 숙달도의 개인차에 대해 영향을 미치는 다양한 요인에 대한 체계적인 연구를 수행하기 위해서는 다음 사항들이 심층적으로 고려될 필요가 있다(정양수, 2023).

1) 우리는 외국어 습득에서 의미하는 언어 숙달도(proficiency)를 어떻게 정의할 것이며 측정할 것인가? 즉, 언어 숙달도가 정의되는 방식에 따라 이에 상응하는 언어 숙달도 측정 방식도 달라질 수밖에 없다.

   언어 숙달도를 의미하는 기준으로 영어 관련 교과목의 학점, 선다형 시험에서의 성적, 문법에 대한 지식, 듣기 및 읽기 능력, 문장의 모방, cloze 평가 점수, 구술시험 성적 등이 사용될 수 있다. 하지만 우리가 언어학습의 목적을 의사소통능력의 향상에 둔다면, 위에서 언급한 기준들 중의 몇 가지는 의사소통능력을 측정하는 평가의 타당성 측면에서 문제가 될 수 있다.

2) 외국어 학습에 영향을 미치는 것으로 보이는 비언어적 요소들을 어떻게 정확하게 측정할 수 있는가? 비언어적인 요소를 신뢰성있게 측정이 이루어질 때, 이들 요인이 외국어 습득 과정에 영향을 미치는 정도를 정확하게 설명할 수 있다.

   비언어적 요소의 측정 문제는 연구 방법상의 문제와 관련이 있다. 예를 들어, 자아존중(self-esteem)이나 감정이입(empathy)과 같은 학습자의 성격적 요인을 정확하고 신뢰성 있게 측정할 수 있는 방법은 존재하지 않는다. 또한, 학습자의 언어적 발달이 그가 노출된 언어 데이터에 의해 영향을 받는다고 한다면, 그가 받은 모든 언어 데이터를 완벽하게 기록하는 것 역시 불가능하다. 비언어적 요인의 측정 결과에 대해서 신뢰성을 담보할 수 없다면, 이들 비언어적 요소와 언어 숙달도 간의 관계를 조사하는 연구는 무의미해진다.

3) 다양한 측정 방법을 사용하여 학습자의 언어적 숙달도와 연관성을 갖는 비언어적 요인을

찾아냈다 하더라도, 그 속에 직접적인 인과관계(causal-effect relationship)가 포함되어 있는지를 확인할 수 있는가? 설사 두 요인 간에 직접적인 인과관계가 존재하고 있다는 것을 확인하였다 하더라도, 무엇이 원인이고 무엇이 결과인지를 확신하는 것은 쉽지 않다.

예를 들어, 외향성(extroversion)과 언어 숙달도 간에 상호 상관관계가 존재한다는 것을 발견하였다면, 학습자가 보여준 높은 언어적 숙달도의 원인은 그 학습자의 외향성 때문이라고 단정 지을 수 있는가? 사실, 단정짓기가 어렵다. 왜냐하면, 외향적 성향의 학습자는 더 많은 사회적 상호작용의 기회를 가질 수 있어서 언어적으로 더 높은 숙달도를 보여준 것으로 해석될 수도 있기 때문이다. 따라서, '외향성→성공적인 외국어 학습'으로 공식화되는 인과관계가 아니라, '외향성→더 많은 사회적 상호작용→성공적인 외국어 학습'이라는 공식이 성립될 수 있어서, 외향성이 성공적인 외국어 학습의 주된 원인으로 보기는 어렵다. 또한, 적극적인 수업 참여와 숙달도 간에 긍정적인 상관관계가 발견되었다고 할 때, 적극적인 수업 참여가 높은 숙달도의 원인이 될 수도 있지만, 역으로 높은 언어 숙달도가 적극적인 수업 참여의 원인이 될 수도 있다. 이러한 점 때문에, 측정된 두 요인 간에 긍정적인 상관관계가 존재하더라도 이를 인과관계로 단정짓기가 어렵다. 위 3)항에서 언급된 바와 같이, 높은 수준의 동기는 학습자들이 높은 숙달도에 도달하도록 도움을 줄 수 있으며, 또한 역으로 학습자들이 보여주는 높은 수준의 숙달도가 긍정적인 동기 형성에 도움을 줄 수 있다.

앞서 언급된 예를 포함하여 여러 요인 간에 존재하는 상관관계를 단지 단방향(one-way)으로 바라보는 것은 우리를 잘못된 방향으로 인도할 수 있다. 왜냐하면, 각각 요인들은 상호 영향을 미치고 영향을 받을 수 있기 때문이며, 또한 다른 제3의 요인이 영향을 미칠 수도 있기 때문이다.

5.2. 학습 동기

동기(motivation)란 어떤 목표를 달성하기 위하여 특정한 행동을 하도록 유도하는 내적 충동(inner drive)이나 욕구로 정의될 수 있어서, 동기는 외국어 습득에 있어서 결정적인 힘을 발휘한다. Girard(1977)는 외국어 학습자의 성공과 실패에 영향을 미치는 정도를 적성 33%, 지능 20%, 동기 33%, 기타 요인 14%에 달려 있다고 하면서 동기의 역할을 강조하였다. Brown(2014)도 외국어 습득에 있어서 학습자가 적절히 동기화되었을 때 외국어 습득이 성공적일 수 있다고 주장하였다. 하지만, 동기는 복잡한 심리적인 현상이며 많은 구성 요소로 이루어져 있다. 여기서는 외국어 습득과 관련하여 중요한 요인으로 여겨지는 의사소통적 필요(communicative need)와 목표어 공동체에 대한 태도라는 두 가지 요소에 초점을 맞추어 동기를 설명하고자 한다.

5.2.1 의사소통적 필요

언어학습의 가장 주된 동기는 아마도 의사소통의 필요성을 충족시키기 위한 수단이라는 점이다. 따라서 학습자는 목표어를 사용하여 의사소통해야 할 필요성을 인식하게 되면 목표어를 학습하고자 하는 동기가 생길 것이다. 언어학습과 관련하여, 의사소통적 필요(communication need)는 학습자가 속해 있는 사회적 공동체의 본질과 관련이 깊다. 학습자를 둘러싼 사회적 공동체의 3가지 양상에 대해 살펴보고자 한다.

첫째, 이중언어(bilingual) 혹은 다중언어(multilingual) 사회에서 학습자가 느끼는 의사소통적 필요성이다. 벨기에나 인도와 같은 다중언어 나라에서는 다양한 사회적 상황 때문에 한 가지 이상의 언어를 사용해야 할 필요성이 분명하게 나타난다. 그 결과, 제2외국어는 일상적인 생활을 영위하기 위한 필수적인 의사소통의 목록에 추가된다.

둘째, 언어적 소수민(minority)의 경우에도 의사소통적 필요에 의해 외국어 습득의 동기가 부여된다. 예를 들어, 유럽과 미국에 살고 있는 많은 언어적 소수민들은 더 넓은 사회, 즉 언어적 다수민(mainstream)과 접촉하고 의사소통을 하기 위해 외국어를 습득해야 할 필요성에 직면하게 된다.

셋째, SLL(Second Language Learning) 상황이 아닌 FLL(Foreign Language Learning) 상황에서는 외국어 습득에 대한 의사소통적 필요성이 어느 정도로 서로 다르게 나타나는가? 먼저 SLL과 FLL의 기준을 정의해 보면 다음과 같다. SLL 상황이란 학습자가 살고 있는 공동체 안에서 언어가 의사소통의 도구로 사용되는 경우이다. 반면에 FLL 상황은 외국어가 학습자가 살고 있는 공동체 안에서는 어떤 특정한 소통적 기능을 갖지 않고, 대신에 외국어가 외부 공동체와의 의사소통을 위한 도구로 사용되는 경우이다. 즉, 영국에서의 프랑스어 학습, 우리나라에서의 영어학습 등과 같은 상황이다. FLL 상황은 목표어가 내부적(internal) 의사소통이 아니라 외부적(external) 의사소통을 위해 사용되는 경우이며, 이 경우 학습자는 일상생활 속에서 의사소통적 필요성은 덜 느끼게 될 것 같다. 영국 학교에서 프랑스어를 배우는 학습자의 경우 역시, 이들은 프랑스어로 의사소통할 필요를 전혀 느끼지 못한다. 이는 프랑스 사람들과 접촉할 기회가 거의 없다고 믿기 때문이기도 하다. 그러나 반드시 FLL 상황이 SLL 상황에 비해 동기 유발이 불리한 것은 아니다. 우리나라와 같은 FLL 상황의 영어 학습자는 앞서 영국에서의 프랑스어 학습 경우와 정반대가 된다. 영어가 공동체 밖에서 의사소통의 중요한 수단뿐만 아니라 공동체 내에서의 영어학습에 대한 사회적 가치가 매우 높게 나타나기 때문에, 학습자들은 영어학습에 대해 동기가 높게 나타날 것이다.

이제 우리의 관심을 공동체 안으로 돌려볼 필요가 있는데, 같은 공동체 안에서 학습자 개인들 간에도 영어학습에 대한 동기 정도가 다양하게 나타남을 알 수 있다. 예를 들어, 언어적 소수민은 공동체의 주류 구성원과의 접촉을 위해 의사소통적 필요를 느껴 높은 동기 부여가 되겠지만, 일부 구성원들은 그렇지 않을 수도 있다. 공동체 사회의 주류 구성원들과 접촉하고자 하는 의사소통적 필요성을 느끼지 못하고 언어를 단지 생존적 필요를 충족시켜 주는 도구로 인식하는 학습자들은 대체적으로 생존적 필요만을 충족시킬 정도의 낮은 외국어 숙달도를 갖게 되는 경우가 많다. 같은 공동체 내에서도 학습자가 느끼는 의사소통적 필요가 다를 수 있다는 것은 Burstall 외(1974)의 연구에서도 입증이 되었다. 이 연구에 의하면, 노동자 계층 아동에 비해 중산층 가정의 어린이들이 외국어 학습에 더 성공적으로 나타났다. 이는 중산층 어린이일수록 공동체 밖의 외부 세계와의 의사소통적 필요성을 더 많이 느끼기 때문인 것으로 나타났다. 영국에서 어린이들로 하여금 외국어를 의사소통의 유용한 도구로 인식하도록 장려했던 것도 이러한 취지에서 이다.

5.2.2. 태도

언어학습에서 태도(attitude)는 학습자가 목표어, 목표어 공동체 사회, 국가, 문화 등에 대해 갖고 있는 정신적 자세를 뜻한다. 외국어 습득과 태도 간의 관계에 대한 일반적인 주장은 학습자가 학습하고 있는 외국어와 외국 문화에 대해 긍정적인 태도를 갖고 있는 경우에는 성공적인 외국어 학습이 이루어진다고 본다. 그러나 학습자가 목표어에 대해 부정적인 태도를 갖게 되면 학습자는 낮은 수준의 학습 동기를 갖게 되고, 따라서 외국어 학습이 성공적으로 이루어질 수 없다고 본다. 이에 대한 근거로 Littlewood(2001)는 다음의 2가지 관점에서 설명하였다.

첫째, 호의적인 태도를 지닌 학습자는 목표어 공동체와 더 많이 접촉하고자 하는 욕망을 갖게 될 것이고, 따라서 그의 외국어 학습 동기는 높아질 것이다. 이는 앞서 동기의 한 요소로 설명한 의사소통적 필요와 관련이 있다. 즉, 호의적인 태도는 의사소통적 필요성을 강화하는 역할을 하고, 이는 결국 높은 동기 부여 및 성공적인 언어학습으로 연결된다는 것이다. 만약 학습자가 원어민과 의사소통해야 할 강제성이 없는 상황에서, 학습자가 의사소통적 필요를 느끼는지 혹은 전혀 느끼지 않는지를 결정하는 것은 학습자의 외국어 학습에 대한 또는 목표어 공동체 사회에 대한 태도일 것이다.

둘째, 언어는 그 언어 사용자의 정체성 및 세계를 인지하는 방식과 밀접한 관련이 있다. 따라서 새로운 언어를 배운다는 것은 자신의 정체성 및 세계관을 일부 포기하고 목표어 집단의 문화적 정체성 및 세계관을 어느 정도 수용한다는 것을 의미한다. 이런 과정을 어떻게 받아들이느냐에 영향을 미치는 요인 중의 하나가 목표어 문화에 대한 태도이다. 따라서 이 태도가 부정적이라면 학습자는 목표어 학습에 대한 강한 심리적 장벽을 갖게 될 것이기 때문에 외국어 학습의 효과는 떨어질 수밖에 없다(Littlewood, 1987).

그러나 목표어 공동체에 대한 태도가 학습자의 언어 숙달도에 그리 큰 영향을 미치지 않는 상황들도 존재한다. 다음의 3가지 경우를 살펴보자.

첫째, 학습자들은 목표어 공동체에 대해 긍정적이거나 부정적인 태도를 가질 만큼 목표어 사회에 대한 충분한 경험이 없는 경우가 많다. 이런 경우, 학습자의 태도는 소통적 필요성에서 파생되는 동기와 비교해 볼 때, 외국어 학습의 개인차를 설명하는데 약한 요인이 될 것이다. 예를 들어, 우리나라 영어 학습자들은 주로 교실 상황에서 외국어를 경험하기 때문에 학습자가 가지게 되는 태도는 주로 교실이라는 학습 상황과 관련이 있을 가능성이 높다. 즉, 학습자는 외국어 교사나 교재로부터 목표어 공동체에 대한 이미지를 얻게 되는데, 이러한 간접적인 이미지가 목표어에 대한 태도에 영향을 미치게 된다.

둘째, 외국어 학습자의 태도와 관련하여 Burstall 외(1974)는 학습자의 초기 태도는 학습자의 최종적인 언어 숙달도에 그다지 큰 영향을 미치지 않는다고 주장하였다. 대신에 성공적인 외국어 학습자는 학습이 진행됨에 따라 호의적인 태도를 발전시키고, 또한 학습자의 입장에서 이런 태도는 더 많은 성공을 장려한다고 보았다. 반대로 학습의 실패는 그 이후의 실패를 불러올 부정적인 태도를 만들어낸다고 하였다.

셋째, 외국어 습득의 목표가 목표어 공동체와의 의사소통이 아니라 외국어를 배우는 다른 학습자들과의 의사소통을 위해 외국어를 학습하는 상황이 존재한다. 국제어(international language) 혹은 국제 공통어(lingua franca)로 쓰이고 있는 영어를 외국어로 습득하는 경우가 이에 속한다. 영어는 다중언어 국가나 혹은 상대방의 모국어를 사용하지 않는 서로 다른 나라 사람들끼리의 의사소통에서 흔히 쓰이고 있다. 영어를 이런 국제적인 의사소통의 수단으로 학습할 경우, 영어 사회에 대한 학습자의 태도는 그렇게 중요하지 않으리라는 것을 짐작할 수 있다.

5.2.3. 통합적 동기와 도구적 동기

동기나 태도가 목표어의 숙달도에 미치는 영향은 많은 학자들에 의해 연구되었다. 한편, Gardner와 Lambert(1972)는 외국어 학습의 동기를 크게 통합적 동기(integrative motivation)와 도구적 동기(instrumental motivation)로 분류하였다.

먼저 통합적 동기란 원어민의 문화에 동화되고 싶은 욕구에서 비롯된 동기로서 목표어 공동체 사회에 대한 관심과 긍정적 태도에서 출발한다. 여기에는 외국어에 대한 관심 및 호기심, 목표어를 사용하는 문화 집단에 대한 이해, 의사소통 욕구 등이 그 구성 요소가 된다. 반면, 도구적 동기는 실용적이고 기능적인 면이 강조되어 시험에서 좋은 성적을 받는 것, 좋은 직업을 얻는 것과 같이 개인의 목표를 달성하기 위해 외국어를 배우고자 하는 경우이다.

또한, 동기 이론에서 통합적 동기와 도구적 동기의 구별과 더불어 가장 일반적으로 알려진 것이 내적 동기(intrinsic motivation)와 외적 동기(extrinsic motivation)의 구분이다. 예를 들어, 내적 동기란 영어학습 그 자체를 제외하고는 어떠한 보상도 기대하지 않는 것을 말한다. 영어학습 그 자체에서 오는 기쁨 또는 자신의 호기심을 만족시키는 것과 같이 내적으로 보상받는 결과로 인해 나타나는 동기를 의미한다. 반면에, 외적 동기는 자기 자신보다는 금전적 보상 또는 외부 다른 사람의 인정 등과 같이 외부로부터 오는 보상을 기대하는 것과 관련이 있다.

■ Three views of motivation

Behavioral	Cognitive	Constructivist
· Anticipation of reward · Desire to receive positive reinforcement · External, individual force in control	· Driven by basic human needs: e.g., exploration, manipulation · Degree of effort expanded · Internal, individual force in control	· Social context · Community · Social status · Security of group · Internal, interactive force in control

from Brown, 2014, p. 160

그렇다면 외국어 학습에 효과적인 동기의 유형은 무엇일까? 외국어 학습 동기에 관한 초기 연구는 통합적 동기와 도구적 동기 중 어떤 동기가 외국어 학습에 더 효과적인지를 밝히고자 했는데, 서로 상반된 결과들이 도출되었다. 먼저, Gardner와 Lambert(1972)는 북미 지역에 살면서 프랑스어를 공부하는 영어 화자를 대상으로 한 연구에서, 통합적 동기를 가진 학습자가 도구적 동기를 가진 학습자보다 더욱 효과적으로 프랑스어를 습득한다고 주장하였다. 그러나 필리핀에 있는 영어 학습자를 대상으로 한 Gardner와 Lambert의 또 다른 연구에서는 상반된 결과가 도출되었다. 즉, 도구적 동기가 높을수록 보다 성공적으로 영어를 습득하고 있다는 것을 발견하였다. Lukmani(1972)도 인도의 영어 학습자를 대상으로 cloze 테스트를 실시한 결과, 도구적 동기를 가진 학습자들이 더 높은 점수를 획득하였다고 보고하였다.

한편, 외국어 성취도가 두 가지 유형의 동기 모두와 관련이 있다고 보는 견해가 있는가 하면(Burstall et *al.*, 1974), 반대로 그 어떤 동기 유형도 외국어 성취도와 유의미한 상관관계를 보이지 않는다는 견해도 있다(Chiara & Oller, 1978). 이러한 결과의 차이를 두고 여러 가지 해석이 제기되었다. 동기의 구분이 모호하여 동기 설정에 일관성이 없다는 점, 도구적 동기와 통합적 동기 두 가지만으로는 동기의 개념을 완전하게 다루지 못한다는 점, 또한 서로 다른 학습 환경의 영향을 고려하지 못했다는 점 등이 그것이다. 따라서 외국어 습득에서 중요한 것은 어떤 종류의 동기를 갖느냐가 아니라 동기가 있느냐 없느냐, 그리고 그 동기가 강한지 아니면 낮은지 일 것이다.

■ Demotivation and amotivation

· **Demotivation** : it refers to the loosing of interest that once was present. a demotivation learner can be referred to "someone who was once motivated but has lost his/her commitment/interest. Such lose may be the result of external forces (a boring teacher, a dull textbook, poor test results) or internal phenomena (such as exhaustion, increased interest in more attractive opinion, feelings of embarrassment over one's competence).

· **Amotivation** : it refers to the absence of motivation entirely, usually caused by an individual's feelings of incompetence and helplessness, and not by initial interest that decline. Amotivation is present when learners feel they lack the ability to perform a task, think the effort expended is not worthwhile, or feel overwhelmed by the perceived enormity of a task. Learners who are amotivated clearly present a greater challenge to teachers than those who are demotivated.

from Brown, 2014, pp. 163-164

5.3. 언어 사용 기회

자연적인 언어학습 상황에서 이루어진 의사소통적 활동이 언어습득을 촉진시킨다는 점은 앞서 언급되었다. 따라서 외국어가 실제 의사소통의 수단으로 사용되는 환경에 학습자가 노출될 수 있다면, 외국어 습득이 촉진되리라는 것은 분명하다. 앞서 살펴본 바와 같이, 대부분의 언어습득 상황에서 이루어지는 외국어 사용의 기회는 학습자들이 느끼는 의사소통적 필요와 무관하지 않다. 예를 들어, 이중언어 또는 다중언어 사회에서 다른 언어를 사용하는 집단과의 접근 용이성은 외국어를 통한 의사소통적 필요를 만들어 낼 것이고, 동시에 언어 사용을 통한 학습의 기회도 창출해 낼 것이다.

그러나 어떤 환경에서는 의사소통적 필요와 언어 사용의 기회가 서로 다른 별개의 요인이 될 수도 있다. 예를 들어, 캐나다에서 프랑스어를 배우는 영어 화자는 프랑스어를 강제적으로 배워야 하는 의사소통적 필요를 느끼지 못할 것이다. 그러나 이때 프랑스어 화자의 접근 용이성, 즉 외국어(프랑스어) 사용의 기회가 많이 있을 것으로 기대된다면, 이는 언어학습에 있어 큰 이점으로 작용할 것이다. 같은 취지에서 영국 남부에서 프랑스어를 배우는 학습자는 영국 북쪽의 학습자에 비해 프랑스어 학습의 이점을 가진다고 볼 수 있다. 영국 남쪽에서는 프랑스가 상대적으로 더 가까운 거리에 있기 때문이다.

학습자가 목표어를 사용하고 있는 나라를 방문한다거나, 혹은 그 곳에 사는 것만으로는 외국어 사용의 기회 더 나아가 성공적인 언어습득이 보장되지는 않는다. 따라서, 학습자 개인적인 차원에서 원어민과 상호작용의 기회를 늘리는 것은 매우 중요하기 때문에, 원어민과의 접촉에 있어서 학습자의 태도가 호의적일 필요가 있다. 또한, 학습자가 낯선 환경에서 자신감을 느낄 때 외국어 습득이 성공적으로 이루어질 것으로 생각된다.

5.4. 학습자 개개인의 학습능력

본 장에서 뜻하는 학습능력은 지능이나 언어적성과 같은 인지적인 측면을 가리키는 개념으로 한정시키지 않고, 유사한 학습 기회가 주어졌을 때 특정 학습자가 다른 학습자보다 학습 내용을 더 잘 이해하고 배울 수 있도록 영향을 미치는 모든 요인을 포괄하는 개념으로 사용된다.

5.4.1. 지능(Intelligence)

일반적으로 지적 능력이 뛰어나면 학업 성취도가 높은 것으로 인식되었다. 인간의 지적 능력을 수학적 수치로 나타낸 것이 '지능 지수(IQ: Intelligent Quotient)'이다. 따라서 높은 지능지수는 학업 성적과 인생의 성공에 지대한 영향을 미치는 주된 요인으로 인식되었다. 이런 맥락에서, 과거 인간의 지적 능력을 측정하기 위한 주된 대상은 언어 능력과 논리·수학적 능력에 국한되었다. 많은 학자들은 학습자의 지적 능력이 뛰어나면, 이는 많은 단어와 문장 그리고 문법 규칙들을 오랫동안 기억할 수 있기 때문에 외국어 습득에 효과적이라고 생각하였다.

그러나 외국어 습득은 암기 이상의 복잡한 요인들이 상호 결부되어 있기 때문에, 지능이 언어 학습의 성공을 위한 유일한 요인은 아닌 것으로 이해된다. 또한, 지능 역시 과거에 생각했던 것보다 더 복잡해지고 있다. 이런 맥락에서 Gardner(1983)는 지능에 대해서 보다 종합적으로 접근하였는데, 다음 7개 항목이 모여 구성되는 '다중지능(multiple intelligence)' 개념을 제시하였다.

① 언어 능력(linguistic ability)
② 논리 · 수학적 능력(logical-mathematical ability)
③ 공간 지능(spatial intelligence): 주변 환경에서 방향을 찾는 능력, 현실감의 심상을 형성하는 능력
④ 음악 지능(musical intelligence): 음조와 리듬을 감지하고 창조할 수 있는 능력.
⑤ 신체 · 동작 지능(bodily-kinesthetic intelligence): 훌륭한 운동 동작, 운동 묘기를 부릴 수 있는 능력, 제스쳐 등을 효과적으로 사용하여 의사소통할 수 있는 능력
⑥ 대인관계 지능(inter-personal intelligence): 남을 이해할 수 있는 능력, 상대방에게 동기를 부여하고 상호 접촉하는 능력
⑦ 인간 내부 지능(intra-personal intelligence): 자기 자신을 객관적으로 바라보고 평가할 수 있는 능력, 자기 인식을 감각케 하는 능력

전통적 의미의 지능은 위 ①항과 ②항에 근거하였는데, 그렇다면 이때 지능은 외국어 습득의 성공과는 그리 높은 상관관계가 없는 듯하다. 그 밖의 지능을 구성하는 다른 속성들이 오히려 외국어 습득의 성공에 많은 영향을 미치고 있다고 할 수 있다. 예를 들어, ③항의 공간 지능은 새로운 외국 문화 환경에 잘 적응하는 능력과 관련이 깊으며, ④항의 음악 지능은 언어의 음조형을 감지하고 생성하는 발음에 능숙해 질 수 있는 능력과 관련이 있다. 또한, ⑤항의 신체 · 동작 지능은 음조의 음운을 학습하는 것뿐만 아니라 비언어적 소통에도 능숙할 수 있는 능력과 관련된다. ⑥항의 대인관계 지능은 사회적 맥락에서 의사소통에 능숙할 수 있는 능력과 관련이 깊으며, 마지막으로 ⑦항의 인간 내부 지능은 외국어 학습에 있어서 정의적 요인과 관련된 여러 장애물을 쉽게 극복할 수 있는 능력과 관련 된다.

지능이 외국어 학습에 있어서 성공의 주된 요인은 아니지만, 대략 16%-20% 정도 작용을 하고 있다. 특히, 지능은 독해, 문법, 어휘 등의 학문적 언어 지식(CALF: Cognitive Academic Language Proficiency)에 대해서는 상관관계가 매우 높은 반면, 구술 표현(BICS: Basic Interpersonal Communication Skills)에서는 그 상관관계가 낮은 것으로 보여진다. 따라서 지능이 언어학습 능력에 미치는 영향을 과대평가할 수 없지만 그렇다고 과소평가할 수도 없다.

5.4.2. 언어적성

5.4.2.1. 언어적성의 정의 및 구성 요인

적성(aptitude)이란 특정한 일에 대한 개인의 적응 능력을 뜻한다. 이러한 적응 능력이 특정 과제를 수행하면서 나타나는 능력을 '소질'이라고 하며, 특정한 일에 대해 어느 정도의 소질을 갖고 있는가를 측정하는 검사를 '적성검사'라고 한다. 이러한 적성과 소질은 외국어 습득에서 지능이나 개인적인 노력으로는 규명할 수 없는 부분을 설명해 준다. 즉, 높은 지능을 갖고 있으면서도 그리고 외국어를 학습하는데 많은 시간과 노력을 기울였음에도 불구하고 외국어 습득에서 효과를 거두지 못한 경우가 많다. 하지만 지능이 낮으면서도 그리고 그렇게 많은 시간과 노력을 하지 않았음에도 불구하고 외국어를 잘 습득하는 경우는 그 학습자가 가지고 있는 적성과 소질로 밖에 설명할 다른 방안이 없다.

그리고 소질이란 같은 조건에서 특정 과제를 성취하는데 걸리는 시간으로도 해석된다. 만약 어떤 일을 성취하는데 걸리는 시간이 짧으면 짧을수록 그 학습자는 그 일에 대해 소질이 있다고 할 수 있다. 어떤 학습자는 단 1개의 외국어를 학습하는데도 어려움을 겪는 반면, 어떤 학습자는 선천적으로 몇 개의 언어를 자유스럽게 구사할 줄 아는데, 이 경우 해당 학습자는 언어적성과 소질을 갖고 태어난 것이다. 그렇다면 적성이 외국어 습득에 미치는 영향은 얼마나 될까? Jakobovits(1970)는 지능, 소질, 동기 등의 여러 요인들이 외국어 습득의 성공에 미치는 정도를 다음과 같이 소개하였는데 그 정도가 작지 않음을 알 수 있다.

① 동기 : 33%
② 지능 : 20%
③ 적성(소질) : 33%
④ 기타 14%

한편, Carroll(1953)은 다음 4가지 하위 요인이 언어적성을 구성하고 있다고 주장하였다.

① Phonetic coding ability: 음이나 말을 듣고 기억한 후 필요할 때 이들을 정확히 재현하는 능력을 의미한다.
② Grammatical sensitivity ability: 문법을 이해할 수 있는 능력. 이런 능력이 높으면 문법을 중시하는 수업을, 이런 능력이 낮으면 실용적 언어 사용을 중시하는 수업에서 높은 성취도를 보이는 경향이 있다.
③ Rote memorization ability: 문법 및 어휘를 이해하고 그것을 오래 기억할 수 있는 기계적 암기력을 뜻한다.

④ Inductive reasoning ability: 문법 항목, 언어 형태 등을 식별하여 이것들이 갖는 의미와 용법을 추리할 수 있는 언어학습 능력을 의미한다. 이 능력이 높으면 일일이 교과 내용을 지도하지 않더라도 귀납적으로 언어규칙을 추리하여 이해가 가능하다. 하지만 이 능력이 낮은 학습자에 대해서는 교사가 일일이 지도해야 한다.

앞에서 살펴본 동기와 태도가 주로 대인관계에서 의사소통을 위해 언어를 사용하는 능력과 관련이 깊다면, 지능과 언어적성은 독해나 문법처럼 교실 수업에서 강조되는 학문적 언어능력과 관련이 높다. 따라서 여러 연구에서 가장 규칙적으로 언어학습의 성공을 예측하기 위해서 사용된 두 변수, 즉 동기와 언어적성이 함께 고려된다면, 언어학습의 성공 여부를 예측하기 위한 설명력이 더 높아질 것이다. 한 예로, Gardner는 프랑스어를 배우는 학습자를 대상으로 한 실험에서 태도-동기 지수(Attitude-Motivation Index)와 MLAT(Modern Language Aptitude Test)의 결과는 각각 언어 숙달도 변인의 14%와 17% 만을 설명할 수 있지만, 동기와 언어적성의 점수가 결합하면 언어 숙달도의 27%에 대한 설명이 가능하다고 밝혔다.

5.4.2.2. 언어적성 검사의 변천 과정

언어적성 검사는 외국어 학습을 시작하지 않았으나 앞으로 외국어를 배울 학습자들을 대상으로 그들의 외국어에 대한 소질을 알아보기 위해서 사용된다. 이러한 목적으로 Carroll과 Sapon(1958)에 의한 MLAT(Modern Language Aptitude Test), Pimsleur(1966)에 의한 PLAB (Pimsleur Language Aptitude Battery) 라는 언어적성 검사가 개발되었다. 이들 적성검사에는 숫자 배우기, 소리 구분하기, 철자의 힌트와 문법 형태 찾아내기, 단어의 의미 기억하기 등과 같은 과업들이 포함되었다. 따라서 MLAT와 PLAB는 특히, 평화 봉사단 지원자를 위한 훈련 프로그램과 군대 회화 프로그램 등에서 참여하고자 하는 사람들의 외국어에 대한 소질을 파악하기 위해서 오랫동안 사용되었다.

하지만 이들 두 적성검사는 학습자 내부의 언어적성이라는 요인을 적절하게 측정하고 있는가에 대한 의구심과 함께 몇 가지 비판에 직면하게 되었다. 즉, 이들 두 검사는 표면적으로 언어적성을 측정하고 있다고는 하지만, 실제로는 학습자의 일반적인 지적 능력이나 학습 능력을 측정하고 있는 것과 거의 다를 바가 없다는 것이다. 왜냐하면, 이들 검사지의 측정 방식이 전통적인 교실의 맥락에서 단지 형태 중심적이고, 분석적인, 또는 맥락이 결여된(context-reduced) 활동에 기반한 지적 능력을 측정하는데 초점이 맞추어져 있다는 것이다. 따라서 실제 언어가 사용되는 상황, 그리고 이들 상황에서 언어를 적절하게 사용할 수 있는 다양한 전략의 사용 등에 대해서는 전혀 측정을 하지 않아서 진정한 의미의 적성검사로서 효과가 있는지에 대한 비판이 나타나기 시작하였다.

이러한 맥락에서 언어적성의 구성 요인을 새롭게 제시하고, 이러한 구성 요소에 근거한 새로운 언어적성 검사 개발에 많은 학자들이 관심을 보이기 시작하였다. Skehan(1988)은 이전 적성검사의 취약점을 지적하고, 언어적성은 언어입력 과정, 귀납적 언어학습 과정, 언어출력 전략, 유창성, 그리고 다양한 인지 전략의 사용 등과 관련이 있을 것이라고 주장하였다. 이후 Grigorenko, Sternberg와 Ehrman(2000)은 CANAL-F(Cognitive Ability for Novelty in Acquisition of Language-Foreign)라는 새로운 언어적성 검사를 개발하였다. 이 검사는 다양한 학습 맥락에서 언어가 학습되고 학습자가 참여하는 점들을 고려하고 있다는 점에서 이전의 언어적성 검사와 다르다고 볼 수 있다.

한편, Dornyei와 Skehan(2003)은 외국어 습득과 관련된 언어적성은 일종의 주의집중, 단기기억 등은 언어입력을 처리하는 과정, 음소 식별 능력은 음운 형태를 구분하는 과정, 그리고 학습자들이 문법적 형태를 파악하고 통합하는 과정과 관련이 있다고 주장하였다. 또한, 이들은 언어적성은 단순히 전통적, 명시적, 규칙 중심의 언어학습 맥락뿐만 아니라 자연적인 언어학습 맥락과도 밀접한 관련이 있다고 하면서, 언어적성 검사는 이러한 점들을 반영할 필요가 있다고 주장하였다. 또한, Robinson(2005)은 언어적성은 많은 요인들이 관련되어 있다고 하면서, 속도 조절, 단기 및 장기기억 능력, 기계적 기억, 언어사용 계획, 화용적 능력, 상호작용 지능, 감성지능, 자아 효능감 등이 포함된 복합체라고 하면서, 언어적성 검사 역시 이러한 복합적 능력을 측정할 수 있도록 개발되어야 한다고 주장하였다.

5.4.3. 장 독립형(FI)과 장 의존형(FD)

학습자 개개인의 언어 숙달도에 영향을 미치는 또 다른 인지적 요인은 학습경험을 범주화하는 학습자의 전략과 관련이 있다. 목표어를 학습한다는 것은 목표어 규칙에 대한 일반화 과정을 포함하므로, '장 독립형(FI: Field Independence)'이나 '장 의존형(FD: Field Dependence)'과 같은 학습자의 전략도 학습자의 언어 숙달도 차이를 설명할 수 있는 변수로 작용한다. 장 독립형과 장 의존형은 전체, 즉 장(field)에 의존하느냐 아니면 장(전체)으로부터 독립하느냐에 따라 학습자의 인지유형을 분류한 것이다. 여기서 의미하는 '장(field)'은 학습자를 둘러싼 주위 환경을 의미한다. 따라서 장 독립형은 전체에서 필요한 부분을 따로 독립해서 분석해 낼 수 있는 능력을 의미하기 때문에 분석력 및 논리적 사고력과 직결된다. 반면에, 장 의존형은 부분적인 것에 의존하지 않고 전체적인 맥락 안에서 의미를 찾기 때문에 종합적 사고력과 관련이 깊다. 그러나 Griffiths와 Sheen(1992)에 의하면, 인간은 장 독립, 장 의존 어느 하나만의 인지유형을 가지고 있지는 않으며, 오히려 학습 상황에 따라 장 의존형이 되기도 하고 장 독립형이 되기도 한다. 두 인지유형이 언어학습에 미치는 영향과 관련하여, Naiman 등(1978)은 장 독립형은 독립적이고 경제적이며, 자신감이 있어서 분석 및 교과 내용의 세부적인 이해 등이 필요한 교실 수업에 유리하다고 하였다. 그리고 장 의존형은 사회적이고 사교적이며 다른 사람의 생각과 느낌을 잘 이해할 수 있어서 교사가 없는 자연적인 언어학습 환경에 유리하다고 하였다. 이를 다시 Krashen(1977)의 말로 바꾸어 표현하면, 장 독립형은 인위적인 언어학습 환경에서 분석력을 요구하는 성인 학습자에게 유리하고, 장 의존형은 자연적인 언어학습 환경에서 상호작용을 통해 언어를 습득하는 어린이 학습자에게 유리하다.

5.4.4. 우뇌 우세형과 좌뇌 우세형

우리는 성장과 함께 두뇌가 담당하는 다양한 기능이 좌반구(left hemisphere) 혹은 우반구(right hemisphere)로 편중되는 '반구편중현상(lateralization)'이 일어남을 살펴 보았다. 이러한 현상에 따라 좌뇌 우위 학습자는 논리적, 분석적 사고를 잘하며 언어적 자료에 더 의존하는 반면에, 우뇌 우위 학습자는 총체적, 통합적 정보 처리에 능하며 시각·청각적인 면을 더 잘 감지하는 장점이 있다. 그렇다면 좌, 우뇌의 작용이 언어학습에 어떤 영향을 미치는가? Krashen, Seliger와 Hartnett(1974) 그리고 Stevick(1989)에 의하면, 좌측 뇌가 발달한 학습자는 연역적 수업과 말하기 및 쓰기를 좋아하고, 개별 단어의 기억, 언어의 세부 사항 정리, 추상적인 내용의 분류 및 재정리하는 능력이 탁월하게 발휘된다. 반면에 우측 뇌가 발달한 학습자는 귀납적 수업을 좋아하고 은유법, 정서적 반응 및 기교적 표현을 잘 다루며, 언어의 전체적인 면을 취급하는데 뛰어난 능력을 보여준다. 그러나 문제해결 학습에서는 좌, 우뇌 어느 한쪽을 활용하기보다는 양쪽의 기능이 서로 적절하게 활용될 때 성공적인 언어학습을 할 수 있다. 특히, Asher(1977)는 과거 전통적인 언어 교수법은 문법, 번역 등의 좌측 뇌의 기능만을 지나치게 강조하여 우측 뇌가 담당하는 중요한 기능을 간과하였다고 주장하면서, 우측 뇌의 기능을 자극할 수 있는 학습활동을 계획할 필요가 있다고 주장하였다. 하지만 학습자 개개인에 따라 좌, 우측 뇌의 기능에 있어서 우세형이 있을 수 있지만, 인간의 뇌는 상호 통합적으로 그 기능이 발휘되기 때문에 학습 환경에 따라 좌, 우뇌의 종합적 활용이 필요하다. 따라서 좌, 우뇌의 우세형과 학습자의 인지적 측면과 결부시킨 언어학습 관련 연구는 매우 한정되어 있어서 향후 추가적인 연구가 필요하다.

5.4.5. 모호한 문제에 대한 관용성(Ambiguity Tolerance)과 비관용성(Intolerance)

상대방의 의견이 자신의 생각(이해), 가치체계 또는 신념과 맞지 않는 상황에서 이를 열린

마음으로 받아들인다면 이를 모호한 문제에 대해 관용성이 있다고 할 수 있다. 하지만, 폐쇄적인 자세로 거부했다면 이는 모호한 문제에 대해서 비관용성이라고 한다. 외국어를 학습하는 과정 중에 자신이 갖고 있는 지식(이해)에 비추어 모호한 많은 정보들을 접할 수 있는데, 이런 애매한 정보에 대해 어느 정도의 관용성과 비관용성을 발휘해야 하는지 그 여부는 성공적인 외국어 습득에 있어서 중요한 요인이 된다. 특히, 외국어를 학습할 때는 모국어와 다른 애매한 언어구조나 문화적인 내용을 접할 가능성이 많은데, 이러한 내용에 대해서 일정 기간 동안은 관용적이어야 성공적인 외국어 습득을 할 수 있다. 관용성은 새로운 것과 불확실한 것으로부터 부정적인 영향에서 벗어나 새로운 견해를 긍정적으로 받아들이는 장점도 있다. 하지만 관용성이 지나치면 불필요한 것을 여과없이 받아들이기 때문에 규칙형성에 무관심하게 되고 규칙을 내재화하는데 어려움을 겪는다. 반면에, 비관용성은 불필요한 것은 처음부터 배제할 수 있는 이점이 있지만, 비관용성이 지나치면 모호성이 발생하였을 때 곧바로 마음을 닫아버려 새로운 것을 받아들일 수 없어서 도전적으로 외국어를 학습하지 못하게 한다. 한편, Chapelle과 Roberts(1986)는 외국어 학습에서 모호성에 대한 관용성과 비관용성을 측정한 결과, 관용성이 있는 학습자가 그렇지 않은 학습자에 비해 외국어 습득에서 성공적이었음을 발견하면서, 과도한 관용성은 올바른 언어 사용에 대한 규칙형성이 어려워 화석화 현상의 원인이 될 수 있기 때문에 어느 정도의 비관용성이 필요하다고 하였다.

5.4.6. 성찰형(Reflectivity)과 충동형(Impulsivity)

성찰형은 어떤 문제에 대해서 깊이 생각한 후에 결론에 도달하기 때문에 정답에 이르는 시간이 오래 걸리지만 비교적 정확하다. 반면에, 충동형은 어떤 문제에 대해 직관적인 짐작을 통해 모험적으로 정답을 제시하기 때문에 문제를 빨리 해결하기는 하지만 오류가 많다. 언어학습과 관련하여, Goodman(1970)은 충동형의 학습자가 성찰형의 학습자에 비해 읽기에서 속도가 빠를 뿐만 아니라 이해도에 있어서도 결코 떨어지지 않는다고 주장하였다. 그러나 Doron(1973)은 비록 성찰형의 학습자가 읽기에서 충동형의 학습자에 비해 속도가 떨어지나 이해도에 있어서는 앞선다고 주장하였다. 이 두 유형 중 어느 것이 더 낫다고 단정 짓기는 어렵지만, 성찰형의 학습자에게 답을 요구할 때는 교사의 인내가 필요하며, 충동형의 학습자에게 있어서는 학습자의 실수를 미리 졸속 판단해서는 안된다.

5.4.7. 시각(Visual) 유형과 청각(Auditory) 유형

차트, 도표, 그림 등의 시각 매체를 통해 학습 내용이 전달될 때 학습자가 더 효과적으로 이해할 것인가, 아니면 강의, 녹음테이프, 등의 청각 매체를 통해 교과 내용이 전달될 때 학습자들이 더 효과적으로 이해할 것인가? 전자를 선호하는 학습자를 시각 유형이라 할 수 있고, 후자를 선호하는 학습자를 청각 유형이라고 할 수 있다. 물론 성공적인 학습자는 위 두 유형을 골고루 다 갖추고 있지만, 문화권에 따라 학습자의 시, 청각 매체의 선호도가 달라진다. Reid(1987)는 ESL 학습 환경에서 영어를 배우는 한국 학생, 중국 학생, 일본 학생, 아랍 학생, 그리고 영어를 모국어로 사용하는 화자의 시청각 매체 사용에 대한 선호도를 조사하였다. 연구 결과에 의하면, 영어 모국어 화자는 청각 매체에 의한 교과 내용 전달을 선호한 반면, 한국 학생을 포함한 동양권 학습자들은 시각 매체에 의한 교과 내용 전달을 선호하는 시각 지향적인 것으로 나타났다. 특히, 일본 학생의 경우 청각 매체 선호도가 최하위로 나타났다. 이러한 시각과 청각 매체에 대한 선호도 차이는 토론 및 발표를 즐기는 문화에 익숙한 영어권 학습자와 교사 주도의 수업으로 인해 발표와 토론 문화에 익숙하지 않은 동양권 학생들 간의 대조적인 문화를 그대로 반영하고 있다.

5.5. 인성(Personality) 관련 요인들

인지적인 요인들과 함께 개인의 인성(personality)과 관련된 특징들도 학습자들이 보여주는 외국어 숙달도의 개인차에 중요한 변수로 작용한다. 인성과 관련된 특징은 학습자가 자기 자신에 대해 느끼는 감정뿐만 아니라 타인과 접촉할 때 느끼는 감정까지 포함하기 때문에 매우 중요하게 다뤄질 필요가 있다.

5.5.1. 자아존중(Self-esteem)

자아존중은 자신의 능력에 대한 믿음, 신뢰, 또는 자신감(self-confidence)이라고도 한다. Coopersmith(1967)에 의하면, 자아존중은 자신과 타인 간의 관계 속에서 자신의 가치에 대해 평가를 내리는 개인적인 판단을 의미한다. 자신의 능력에 대해 갖고 있는 신뢰감과 자신감은 개개인의 행동을 결정짓는 중요한 요인이 된다. 인간은 자신의 능력을 남에게 알리고 싶고, 또한 그러한 능력을 남으로부터 인정받고 싶어 한다. 따라서 자아존중이 강한 사람은 현실을 정확하게 판단하며, 그러한 현실 속에서 자신을 정확히 인식하여 자신감 있게 행동하며, 또한 당면 과제를 적극적으로 해결하려고 한다. 일반적으로 자아존중은 다른 사람과의 상호작용에 의한 경험의 축적으로 인해, 그리고 학습자 자신에 대한 외부 세계의 평가에 의해서 자아존중의 정도가 결정된다. 자아존중에는 크게 3가지 유형이 있다.

1) **총체적(global) 자아존중**

성숙한 성인에게서 찾아볼 수 있는 비교적 안정적인 자아존중이다. 시간과 다양한 상황의 변화와는 무관하게 자신의 가치에 대해서 일반적이면서 일관되게 나타나는 평가를 통해 나타난다.

2) **상황에 따른(situational) 자아존중**

개개인이 갖고 있는 자아존중은 상황에 따라, 즉 사회적인 상호작용, 직업, 교육, 가정, 사회성, 감정이입 등과 같은 사회적 맥락에 따라 자신에 대한 평가가 달라진다. 이에 따라 자신에 대한 자아존중이 다르게 형성된다.

3) **과제적(task) 자아존중**

구체적인 상황 속에서 행해지는 특정 과제에 따라 형성되는 자아존중이다. 외국어 습득과 관련된 다양한 활동, 또는 수업 중에 이루어지는 학습활동 등을 통해서 자신에 대해 이루어지는 평가를 통해서 형성된다.

MacIntyre와 Gardner(1991)는 학습자가 가지고 있는 '의사소통을 하고자 하는 의지'와 자아존중 간에는 매우 밀접한 관련이 있다고 주장하였다. 자아존중은 학습자들의 자신감과 연계되는데, 자신감의 정도에 따라 의사소통 상황을 회피하기도 하고, 아니면 의식적으로 의사소통 상황을 찾는 것과 관련이 있다는 것이다. 의사소통하고자 하는 강한 의욕이 항상 높은 수준의 언어능력과 밀접한 관련이 있는 것은 아니지만, 자아존중에서 비롯되는 자신감의 여러 요인들이 의사소통하고자 하는 의지를 결정하는데 중요한 역할을 하는 것으로 사료된다. 한편, Gardner와 Lambert(1972)는 자아존중과 외국어 학습의 성취도 간에 상관관계가 존재하는지를 조사하였는데, 자아존중이 높으면 외국어에 대한 자신감이 높아져서 외국어를 습득하는데 유리하다는 것을 발견하였다. 특히, 긍정적 자기 평가가 중요한 역할을 하는 구술 발표력 간에는 높은 상관관계가 있다는 것을 발견하였다. 하지만, 교사들이 학습자의 자아 존중감을 먼저 향상시켜야 하는지, 아니면 단순히 학습자들의 언어 능숙도를 향상시킴으로써 자아 존중감이 저절로 나타나게 해야 하는지는 어려운 문제이다.

5.5.2. 자아 효능감(Self-efficacy)

자아 효능감은 학습자 자신이 어떤 과업을 성공적으로 수행할 능력이 있다고 믿는 것을 의미한다. 학습자 자신이 자아 효능감이 있다고 생각한다면, 그는 성공적으로 과업을 완수하기 위해서 적절한 노력과 시간을 투자할 것이다. 일반적으로 자아 효능감이 높은 학습자는 어떤 과업의 실패 요인으로 자신이 충분한 노력을 기울이지 못한 것으로 여기며, 과제를 수행하기에 외적 상황이 좋지 못했다든지 또는 운이 좋지 못했다든지 등의 변명은 하지 않는다. 따라서 어떤 과업을 성공적으로 수행하기 위해서는 자신의 과업 수행 능력을 믿는 것이 중요하다. 외국어 습득 과정 중에서 학습자들이 자신의 능력을 믿고, 지속적인 외국어 습득에 필요한 동력을 얻는 것은 매우 중요하다.

5.5.3. 억압(Inhibition)

억압은 자기방어의 개념으로 사용되며 앞서 설명한 자아존중과 연계하여 자주 언급되는 개념이다. 자아존중이 강한 사람은 자기방어의 정도가 낮고, 자아존중이 낮은 사람은 자기방어의 정도가 높다. 사람은 욕구가 제지당하거나, 갈등 상황 또는 불쾌한 상황에 당면하게 되면 그런 상황에서 벗어나 심리적 안정을 찾기 위해 무의식적으로 자기 자신을 방어하려는 특성을 나타낸다. 자기 자신에 대한 열등감, 외국어 능력의 부족, 또는 외국어를 사용하면서 발생할 수 있는 실수에 대한 두려움 등은 학습자로 하여금 자신의 손상받은 자아를 보호하기 위한 방어기제(defense mechanism)를 높인다. 억압은 결국 학습자의 말문을 닫게 하는데, 이런 경우 억압은 외국어를 효율적으로 학습하는데 장애 요인이 된다.

한편, Guiora 등(1980)은 '언어자아(language ego)'라는 개념을 도입하였다. 언어자아란 성인 외국어 학습자가 새로운 외국어를 학습하면서 생겨나는 자기방어의 감정이다. 만약 새로운 외국어를 접하면서 그 위협이나 두려움을 느끼는 정도가 크다면, 그는 새로운 외국어나 이를 학습하는 학습 환경에 대해 쉽게 적응하지 못한다. 이때 학습자의 방어기제는 자신의 불안한 언어자아를 보호할 수밖에 없다. 따라서 학습자는 외국어를 사용함으로써 발생될 수 있는 실수, 걱정, 수치심을 피하기 위해 학습자 자신에게 편안한 모국어 사용에 더 매달리게 된다. 외국어 학습자는 외국어를 습득하면서 모국어를 습득할 때와는 다른 새로운 정체감을 형성해 가는데, 이러한 과정에서 어느 정도의 갈등은 필연적으로 발생할 수밖에 없다. 이러한 갈등에 잘 적응해 나갈 수 있는 언어자아 형성이 필요한데, 이는 학습자들이 외국어를 성공적으로 학습할 수 있도록 억압의 정도를 낮추는데 도움이 된다.

5.5.4. 모험 시도(Risk-taking)

억압이나 방어기제의 구축은 외국어 학습에 장애가 될 수 있다. 하지만 이러한 갈등 요인을 극복하고 외국어 습득을 위해서 적절한 모험 시도를 한다면, 이는 성공적인 외국어 습득을 위해 중요한 특성이 될 수 있다. 수업 시간 중에 교사의 질문에 대해 어떤 학습자는 정확히 알지도 못하면서 답을 미리 짐작하여 쉽게 대답을 하는 경우가 있고, 반대로 어떤 학습자는 대답을 하지 않고 조용히 침묵을 지키는 경우가 있다. 대부분의 한국 영어 학습자들은 모험을 회피하여 소극적으로 대처하는 경우가 많다. 이에 Brown(2014)은 성공적인 외국어 습득을 위해 다소 '도박(gamble)'할 줄도 알고, 언어에 대한 육감을 기꺼이 시도해 보며, 그리고 실수에 대한 모험도 기꺼이 시도하여야 한다고 하였다.

하지만 학습자들은 나쁜 성적, 선생님의 비난, 동료 친구들의 조롱, 당혹감, 그리고 좌절감 등의 이유 때문에 모험 시도를 주저하는 경향이 있다. 이에 대해 Dufeu(1994)는 학습자들이 편안함을 느낄 수 있는 수업 분위기를 만드는 것이 중요하다고 주장하였다. 학습자들이 당혹감을 느끼지 않는 우호적인 환경을 만들어 줌으로써 학습자들이 스스로 모험을 시도할 수 있도록 하는 것이 성공적인 외국어 습득을 위해서 매우 중요하다고 볼 수 있다.

한편, Beebe(1983)는 모험 시도가 낮은 학습자는 너무 침묵을 지키며 실수로 말미암은 오류를 교정할 수 있는 기회가 결여되어 오류가 화석화(fossilization)될 수 있는 가능성이 높다고 하였다. 따라서 학습자는 계속하여 발화를 생성할 수 있도록 모험 시도의 정도를 높일 필요가 있다. 반대로 모험 시도가 높은 학습자는 정확한 표현을 사용하여 경박하고 엉뚱한 모험 시도가 되지 않도록 훈련될 필요가 있다. 따라서 훌륭한 외국어 학습자란 적극적이고 현명한 추측을 할 줄 알아야 하며, 동시에 적절한 정도의 모험 시도를 하여야 한다.

5.5.5. 불안(Anxiety)

걱정, 근심, 우려, 두려움 등의 불안한 감정은 인간이 갖는 보편적 감정이다. 학습자가 불안감을 느끼는 환경은 의사소통에 있어서 심리적인 장애로 작용할 것이며, 불안이 일정 수준 이상이 되면 이 또한 학습의 장애가 될 것이다. 그러나 안타깝게도 외국어 학습이 주로 일어나는 상황인 교실과 목표어 공동체 내에서 습득이 일어나는 두 상황 모두에서 학습자는 쉽게 불안감을 느낀다.

MacIntyre와 Gardner(1991)는 외국어 습득과 관련하여 학습자가 느끼는 불안의 원인을 다음과 같이 3가지로 정리하였다. 첫째, 학습자들의 언어능력 부족 때문에 다양한 생각을 적절하게 표현하지 못함으로써 생기는 의사소통에서의 두려움이다. 둘째, 긍정적이고 사교적인 인상을 주고 싶어 하는 학습자들의 바램에도 불구하고 이에 대해 부정적으로 나타날 수 있는 사회적 평가에 대한 두려움이다. 마지막은 학습 결과, 즉 평가에 대한 두려움이다. 그러나 학습자가 느끼는 불안은 상황 그 자체의 결과로 나타나기도 하지만 개인의 성격에 따라 불안의 정도가 달라지기도 한다.

전형적인 언어 교실 상황과 관련하여, 학습자들은 목표어에 대한 그들의 지식이 부족한 상태에서 목표어를 사용하도록 강요받는다. 만약 학습자의 수행이 올바르지 않은 경우에는 교정을 받게 된다. 또한, 대부분의 상호작용이 교사에 의해 지배되기 때문에 학습자는 상호작용을 주도할 기회가 거의 없다. 목표어 공동체 환경에서 학습자가 느끼는 불안감도 유사하다. 학습자는 자신의 부족한 의사소통능력 때문에 일상적인 대화에서조차 자신을 표현하는 일에서 어려움을 느낄 것이다. 자신의 발화가 오해를 불러일으키는 경우, 그리고 그로 인해 자신이 비웃음을 당하고 있다는 생각이 드는 경우 등, 여러 상황에서 학습자는 위축감과 불안감을 경험하게 된다.

한편, MacIntyre와 Gardner(1991)는 인간이 느끼는 불안의 수준에 따라 개인의 성격상 나타나는 불안이라 할 수 있는 '전체적 불안(global/trait anxiety)'과 특수한 환경, 상황과 관련되어 나타나는 '상황적 불안(situational anxiety)'으로 구별하였다. 이러한 불안감은 다시 Alpert와 Harber(1960)가 분류한 '촉진적(facilitative) 불안'과 '저해적(debilitative) 불안'으로 구별된다. 촉진적 불안은 학습자로 하여금 어느 정도의 긴장을 유발하고 연습과 준비를 하도록 유도하여 성공적인 시험 결과를 얻을 수 있도록 하기 때문에 언어학습에 긍정적으로 작용한다. 그러나 저해적 불안은 걱정만 하다가 이를 극복하지 못해 시험 자체를 포기하도록 만들기 때문에 언어를 학습하는데 부정적이다. 정도가 지나친 불안은 언어학습에 좋지 못하지만 적절한 양의 불안은 효과적인 학습에 긍정적인 역할을 한다.

따라서 언어학습 상황에서 불안을 전적으로 제거할 필요는 없다. 지나친 정도의 불안은 언어학습에 좋지 않지만, 적절한 양의 불안은 효과적인 학습에 긍정적인 영향을 미칠 것이기 때문이다. 학습자가 우호적인 접촉을 할 수 있는 외국어 학습 환경을 조성해 주는 일, 공감적이고 협동적인 교실 분위기를 조성해 주는 일은 학습자의 저해적 불안을 완화시켜 언어학습에 도움을 줄 것이다.

5.5.6. 감정이입(Empathy)

감정이입이란 타인을 보다 잘 이해하기 위해 자아에 대한 방어의 벽을 낮추고 자신의 인격을 타인의 마음속에 투영시켜 사물이나 느낌을 바라봄으로써 타인의 생각과 느낌에 이르는 것이다(Brown, 2014). Guiora, Brannon 그리고 Dull(1972, p. 142)은 감정이입이란 "자신과 대상(self-object)과의 경계가 일시적으로 융합되며, 상대방의 정의적 경험을 감정적으로 이해하게 해주는 공감의 과정"이라고 정의하였다. Guiroa 등(1972)은 감정이입을 발전시키기 위해서는, 첫째 자기 자신의 감정을 알고 의식하는 것이고, 둘째는 자신의 감정을 다른 사람의 감정과 동일시시키는 것이라고 하였다. 즉, 효율적인 의사소통을 하기 위해서는 다른 사람의 정서적, 인지적 상태를 이해할 수 있는 섬세한 감정이입이 필요하다.

언어를 통해 의사소통을 하지만 감정이입이 없으면 자신과 상대방의 의사, 느낌, 감정 등을 이해할 수 없고, 때로는 오해를 불러올 수 있기 때문에 원활한 의사소통과 사회생활을 영위하는 것이 불가능하다. 특히, 감정이입은 문화적 차이와 매우 깊은 관련을 갖는다. 문화적 차이로 인해 학습자의 표현이 모국어 화자에게 제대로 전달되지 못하여 오해를 불러일으킬 수 있기 때문이다. 적절한 의사소통을 위해서는 상대방의 반응을 미리 예측하고 짐작할 수 있는 정의적 이해가 필수적이다. 따라서 감정이입이 높으면 의사소통의 벽은 쉽게 극복된다.

5.5.7. 외향성(Extroversion)과 내향성(Introversion)

일반적 의미의 외향성은 말수가 많고 적극적으로 자기 자신을 밖으로 드러 내는 반면, 내향성은 소극적이고 말수가 적으며 실수하는 일 등을 잘 하지 않으려는 경향을 일컫는다. 그러나 꼭 그런 것은 아니다. 다른 각도에서 살펴보면, 외향성은 자아존중, 타인과의 일체감, 전체감, 자아 발전 등을 자신의 내부가 아니라 타인의 인정으로부터 찾으려는 성향이 강하다. 따라서 외향성을 지닌 학습자는 타인과 함께 협력하는 것을 좋아하는 성향이 강하며, 외적이고 객관적인 기준에 따라 판단, 행동하기 때문에 새로운 상황에 잘 적응하는 장점을 지니고 있다. 한편, 내향성은 타인에 대한 직관적 이해와 애정을 갖는 등 높은 감정이입을 갖고 있으며, 자아존중과 일체감 등을 타인이 아니라 자신 내부로부터 찾으려는 경향이 강하다. 따라서 내향성을 지닌 학습자는 내적 가치 기준에 따라 주관적으로 판단, 행동하는 경향이 강하기 때문에 융통성과 적응력이 부족하다는 단점이 있다.

한편, 외향성과 내향성은 문화적인 면과 밀접한 관련이 있다. 서구 사회에서는 외향성이 바람직한 것으로 받아들여지지만, 한국 사회에서는 오히려 내향성이 더 바람직한 것으로 받아들여지기도 한다. 외국어 학습에 있어서 외향성은 자신감, 모험심 등을 뜻하는 것으로, 발화를 생성할 수 있는 기회를 많이 갖기 때문에 성공적인 외국어 습득과 깊은 관련이 있어 보인다. 경험적으로 비추어볼 때, 외향성을 지닌 학습자는 면대면(face-to-face) 상황에서의 말하기 능력과 높은 상관관계가 있어 보인다. 그러나 외향성을 지닌 학습자는 말이 많고 유창하지만 정확성을 중요시하지 않는 경향이 있을 수 있다. Naiman과 그의 동료들(1978) 그리고 Busch(1982)의 연구 결과를 보면, 외향성을 지난 학습자가 항상 높은 외국어 성취도를 보이지 않았다. 오히려 내향성을 지닌 학습자가 듣기, 읽기, 쓰기 등에서 더 월등한 점수를 얻었으며, 발음도 더 정확하였으며, 그리고 구두 면접에서도 외향성 학습자와 비교하여 별다른 큰 차이를 보여주지 않았다.

■ Summary of possible SLA style advantages

Styles	SLA Advantage?
Left brain processing	Analyzing linguistic systems, rules, structures, definitions. Perceiving the logic of language system.
Right brain processing	Integrating diverse linguistic input Comprehending and producing metaphors
Field independence	Expressing and comprehending key ideas concisely Remembering lexical and syntactic details
Field sensitivity	Getting the overall gist of oral and written input Reading between the lines of oral and written input
Ambiguity tolerance	Transcending linguistic complexity perceived as difficult Maintaining attention to a difficult conversation or text
Ambiguity intolerance	Ascertaining order and system within complexity Questioning/clarifying misunderstood information
Reflectivity	Taking time to mentally ort through linguistic complexity Speaking out only when certain of linguistic systems
Impulsivity	Taking linguistic risks in the face of possible error Taking initiative in conversation

from Brown, 2014, p. 121

본 장에서 살펴본 외향성과 내향성, 자아존중, 모호성에 대한 관용 및 감정이입 등의 요인들은 외국어 습득에서 보여주는 학습자 간의 언어 숙달도 차이를 설명하는 중요한 요인이 된다. 그러나 이들 요인들은 개별적으로 작용하기보다는 다른 요인들과 혼합되어 언어습득 과정에 더 큰 영향을 미치는 것으로 생각되며, 또한 인성 이외의 다른 요인과도 복잡한 방식으로 상호작용하는 것으로 보여진다. 예를 들어, 외향성이라는 그 하나의 자체적인 요인이 언어 숙달도의 개인차와 관련이 있는 것이 아니라, 장 독립형 및 장 의존형, 모험시도, 또는 성찰형 및 충동형 등과 같은 다른 요인들과 결합되면서 외국어 습득 과정에 매우 복잡하게 영향을 미치는 것으로 생각된다.

5.6. 학습전략(Learning Strategy)

외국어 습득에 있어서 개인 간의 언어 숙달도 차이는 학습전략의 사용 여부 및 사용하는 학습전략의 종류에 따라 달라지기도 한다. 여기서는 먼저 학습전략이 무엇인지를 살펴보고 여러 학자들이 제시한 학습전략의 종류에 대해 알아보고자 한다. 또한, 성공적인 언어습득을 위해서 학습전략을 훈련시키는 것이 가능한 것인지에 대해 알아 보고자 한다.

첫째, 학습전략이란 언어입력과 언어출력 시 부딪히는 문제들에 대해 학습자가 인위적으로 취하는 일련의 행동양식을 가리킨다. 외국어 습득 과정에서 학습자가 취하는 전략은 크게 학습전략(learning strategy)과 의사소통전략(communication strategy)으로 나뉠 수 있다. 학습전략이 언어입력(input)과 관련된 처리, 저장, 기억 등에 관한 것이라면, 의사소통전략은 언어의 출력(output)과 관련하여 발화 및 의미 전달과 관련된 전략이다. 학습전략에 대한 정의는 학자에 따라 다양하다. O'Malley와 Chamot(1990)는 학습전략을 학습자 개인이 새로운 정보를 이해하고, 배우고, 간직하는 것을 도와주기 위해 사용하는 특별한 생각 또는 행동이라고 정의하였다. 또한, Oxford(1990)는 학습전략이란 학습을 더 쉽고, 더 빠르고, 더 즐거우며, 더 자기 지식적이고, 그리고 새로운 상황에 더 진입할 수 있도록 학습자가 취하는 특별한 행동이라고 하였다. 따라서 학습전략은 학습자가 자신의 언어 기능을 발달시키기 위해 취하는 조치나 행동이며, 학습자 스스로 학습 목표를 세우고 학습을 계획, 평가하여 자율적인 학습자가 되는데 공헌하기 때문에 학습자 중심의 교육을 중요시하는 요즘에 많은 연구자들의 관심이 집중되는 분야이다.

둘째, 학습전략에 대해 포괄적이고 체계적인 연구를 수행한 연구자는 O'Malley와 Chamot(1990), 그리고 Oxford(1990)를 들 수 있다. 이들은 학습전략의 정의 및 강조점에 있어서 다소 차이가 있지만 내용 면에서는 서로 비슷한 학습전략을 제시하고 있다. 먼저, O'Malley와 Cahmot는 학습전략을 인지 전략(cognitive strategies), 초인지 전략(metacognitive strategies) 및 사회·정의적 전략(socio-affective strategies)의 3가지 범주로 구분하였다. 먼저, 인지 전략은 들어오는 정보에 대해 직접적으로 무엇인가를 작용(manipulation)하여 학습 능률을 향상시킬 수 있도록 정보를 조작하는 전략과 관련이 있다. 초인지 전략은 학습을 계획, 감시, 평가하는 것을 포함하는 고차원적인 전략이다. 사회·정의적 전략은 사회적인 중재 활동 및 타인과의 상호작용, 감정의 효과적인 통제를 행하는 전략이다. O'Malley와 Cahmot의 학습전략 분류는 인지 전략에 더 많은 중점을 두며 사회·정의적 전략을 소홀히 다루는 면이 있다. 반면에, Oxford(1990)는 학습자가 인지적, 사회적, 정서적 그리고 신체적 수단을 모두 활용하는 하나의 전체적인 인간이라는 이론에 근거하여, 학습전략을 크게 목표어와 직접 관련이 있고 학습에도 직접적으로 영향을 미치는 직접 전략(direct strategies)과 목표어와 직접적인 관련은 없으나 효율적인 언어학습에 있어서 필수적인 간접 전략(indirect strategies)으로 나누었다. 그리고 각각의 전략을 다음과 같이 하위 항목으로 세분화하였다.

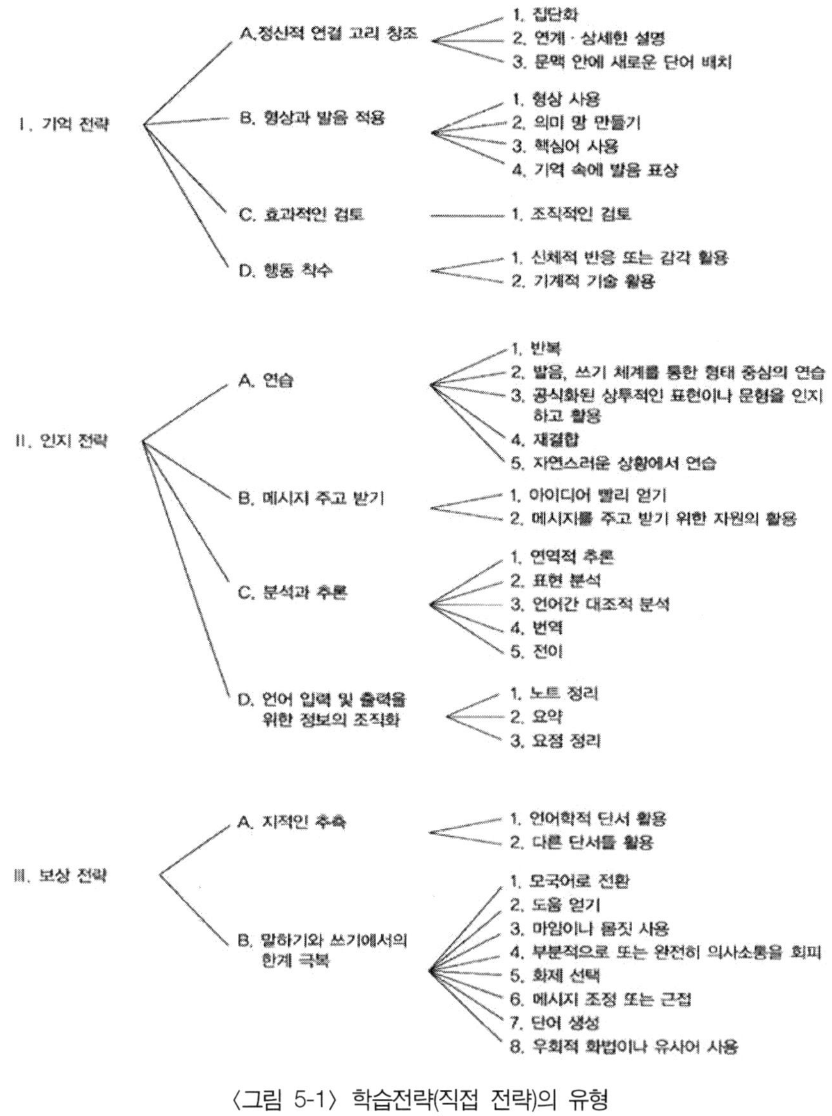

〈그림 5-1〉 학습전략(직접 전략)의 유형

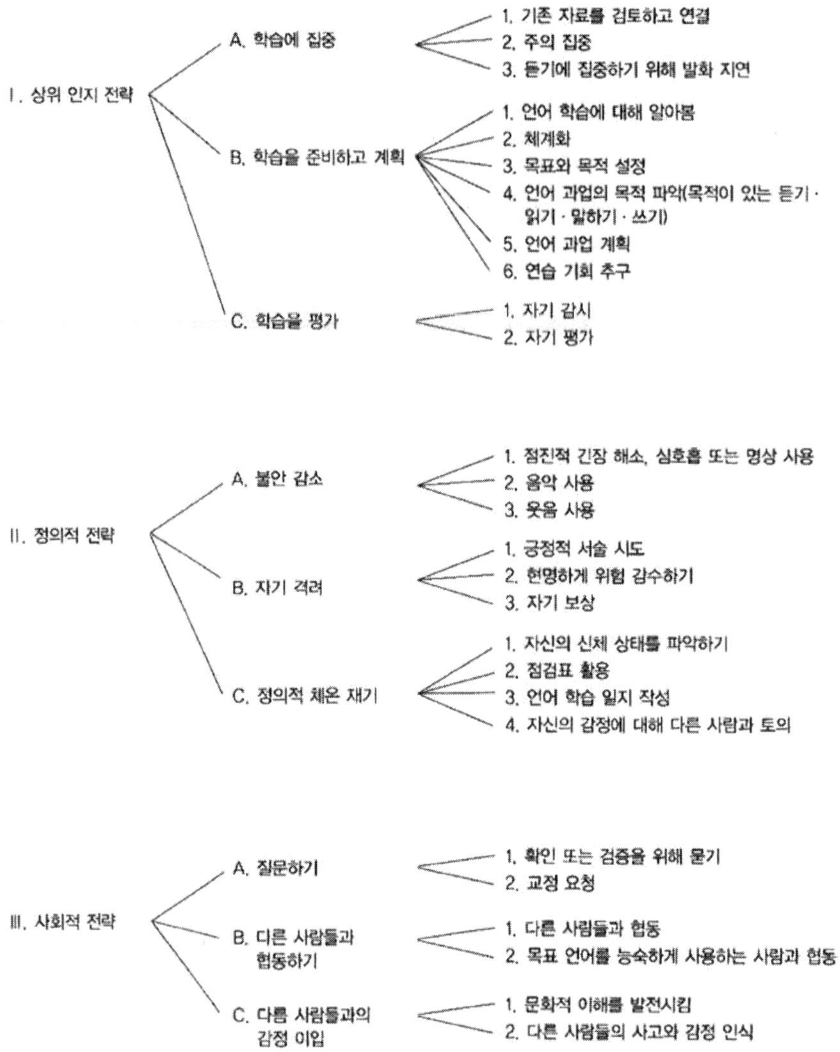

〈그림 5-2〉 학습전략(간접 전략)의 유형

마지막으로, 학습전략과 관련하여 주의를 끈 분야는 학습전략의 훈련 가능 여부이다. 학습전략 연구의 목적 중 하나가 성공적인 외국어 학습자가 사용하는 전략을 비성공적인 학습자에게도 가르쳐 그들의 학습능력을 향상시키는 것이라고 볼 때, 이 분야의 연구는 매우 중요한 의미를 갖는다. Naiman 외(1978)는 성공적인 외국어 습득과 관련된 전략을 알아보기 위해 '성공적인 외국어 학습자 연구(good language learner studies)'에서 교실 학습자에 대한 관찰과 인터뷰를 통해 어떤 전략이 외국어 학습에 효과적인지를 조사했다. 연구 결과에 의하면, 성공적인 언어 학습자는 그렇지 않은 학습자에 비해서 다양한 전략을 많이 사용하며, 동시에 이들은 언어 형태에 대한 주의집중(attention to form), 의미에 대한 주의집중(attention to meaning), 언어학습에서의 적극적 참여(active involvement in language learning), 학습 과정에 대한 인식(awareness of learning process) 등의 전략을 많이 사용하는 것으로 나타났다. 그러나 교실 학습자뿐만 아니라 자연적 노출을 통해 외국어를 배우는 학습자들에게도 성공적인 학습전략은 존재한다.

대부분의 연구에서 학습전략의 훈련이 유의미한 교육 효과를 갖는다는 결론을 내렸지만, 아무런 효과도 거두지 못한 연구 결과도 보고되고 있다. Oxford(1990)는 학습전략 훈련이 성공적이지 못했던 연구를 검토한 후에 그 원인으로 추정할 만한 몇 가지 방법론적 문제점을 발견하였다. 즉, 전략 훈련 기간이 너무 짧다거나, 훈련 과제가 학습자의 수준에 비추어 너무 쉽거나 어려웠고, 전략 훈련 전에 학습자의 현재 전략 사용 양상과 요구를 제대로 분석하지 못했다는 점을 발견하였다. 따라서 전략 훈련과 관련해서 어떤 전략을 가르칠 것인지, 개인마다 선호하는 전략을 어떻게 고려할 것인지, 학습자의 숙달도 수준에 따라 전략 훈련을 어떻게 달리할 것인지 등에 대한 추가적인 연구가 필요하다.

■ Six learning strategies

Here are six examples of learning strategies, taken from a category system developed by Oxford (1990). Use these examples to try and develop your own definition of what a learning strategy is. In a moment you will be able to compare your definition with Oxford's.

1. *Take risks wisely.* Pushing oneself to take risks in an language-learning situation, even though there is a chance of making mistakes or looking foolish. Risks must be tempered with good judgement.
2. *Remembering new language information according to its sound.* One of Oxford's example is a way of learning FL vocabulary. You think of a word in your L1 (or any other language) which sounds like the word you are trying to learn. You try to associate the two words. For example, if you are trying to learn the Russian word brat (meaning 'brother'), you could associate it with the English word brat (an annoying person). Bringing to mind this association may help you remember the Russian word. Under this heading, Oxford also mentions the use of rhymes to remember a word.
3. *Finding out about language learning.* Making efforts to find out how language learning works by reading books and talking with other people, and then using this information to help improve one's own language learning.
4. *Cooperating with peers.* Working with other language learners to improve language skills. This strategy can involve a regular learning partner or a temporary pair or small group. This strategy frequently involves controlling impulses toward competitiveness and rivalry.
5. *Switching to the mother tongue.* Using the mother tongue for an expression without translating it, as in Ich bin eine girl [used when a native speaker of English learning German cannot remember

the German word for 'girl']. This strategy may also include adding word endings from the new language onto words from the mother tongue.

6. *Repeating*. Saying or doing something over and over: listening to something several times; rehearsing; imitating a native speaker.

from Johnson, 2013, p. 148

본 장에서는 학습자 간의 개인차를 설명할 수 있는 변인들, 즉 어떤 학습자가 다른 학습자보다 외국어 학습에서 더 성공적인 이유를 설명하는데 도움이 되는 다양한 요인들을 살펴보았다. 학습자 개인차의 원인을 규명하고자 할 때 학자에 따라 여러 가지 기준과 분류가 사용되고 있다. 그러나 서로 다른 분류에서 공통되는 것은 학습자의 내적 요인과 학습자를 둘러싼 외적 요인 모두를 고려하고 있다는 점, 따라서 내적 요인과 외적 요인은 서로 상호작용을 거쳐 학습자의 외국어 습득 과정에 지대한 영향을 미치고 있다는 사실을 인정하고 있다는 점이다. 현재까지 학습자의 개인차를 설명하는 요인들에 관한 연구는 다양하게 이루어지고 있지만, 어떤 일관된 결론을 얻고 있지는 못하다. 따라서 향후 학습자의 내·외적 요인들에 대한 추가적인 연구가 이루어질 필요가 있다.

1. 다음 아래에 기술한 내용 중 틀린 것은 어느 것인가?

① 외국어 학습에 대한 긍정적인 태도는 외국인과의 접촉을 보다 적극적으로 이루어지게 한다.
② 외국인과의 접촉이 어려운 우리나라와 같은 상황에서 학습자들이 갖는 외국어 학습에 대한 태도는 외국인과 접촉이 빈번한 상황에서 느끼는 소통적 필요성만큼 중요한 영향력을 발휘한다.
③ 외국어 학습은 제2의 자아형성이라고 할 수 있는데 이때 태도는 매우 중요한 영향을 미친다.
④ 태도는 사회적 상호작용으로 인한 부산물이기 보다는 생득적인 면이 강해 개인의 태도 변화 역시 중요하다.

2. 외국어 학습에 대한 학습자의 동기에 영향을 미치는 요인으로 보기 어려운 것은 어느 것인가?

① 의사소통적 필요성 ② 언어사용 환경 ③ 사회적 가치관
④ 학습 외국어의 중요성 ⑤ 개인의 지적능력

3. 다음 아래에 기술된 내용 중 틀린 것은 어느 것인가?

① 학습자가 상급학교 진학이나 더 나은 직장을 얻기 위해 외국어를 학습한다면 이는 도구적 동기에 해당된다.
② 도구적, 통합적 동기는 상호 상보적이어서 학습자 내부에 두 동기를 모두 존재할 수 있다.
③ 도구적 동기를 갖고 있는 학습자일수록 다른 사람의 사고방식을 쉽게 받아들일 수 있다.
④ Lingua franca로 영어를 학습하는 경우 영어 원어민 사회에 대한 학습자의 태도는 긍정적이지도 부정적이지도 않는 간접적일 수 있다.

4. 전략훈련과 관련하여 잘못 기술하고 있는 것은?

① 성공적인 외국어 학습자와 그렇지 못한 학습자 간에 사용하는 전략이 서로 다를 것이라고 가정한다.
② 전략훈련의 일반적인 목적은 언어학습을 보다 유의미하게 만드는데 있다.
③ 학습자로 하여금 자신의 학습에 대해 스스로 책임을 지도록 돕는데 목적이 있다.
④ 전략훈련은 학습자에게 실용적이고 유용해야 한다.
⑤ 한 번에 많은 전략을 계속적인 반복과 연습을 통해 훈련시키는 것이 더 효과적이다.

5. **외국어 학습에 영향을 미치는 신체적, 인지적, 정의적 영역과 관련하여 틀리게 설명하고 있는 것은 어느 것인가?**

① 동료의 압력(peer pressure)은 어린이에게서 더 강하게 나타난다.
② 어린이가 갖는 유연성의 결여, 분석력의 결여가 외국어 학습에 도움이 된다.
③ 성인은 연역적 문법설명이 외국어 학습에 도움이 된다.
④ 반구편중현상은 대뇌의 유연성과 관련이 있다.
⑤ 언어자아라는 개념은 어린이가 모국어를 학습할 때 겪게 되는 어려움과 관련 있다.
⑥ 인지적 분석력과 관련해서 성인이 어린이보다 유리할 수 있다.

6. **다음 설명 중 맞게 설명하고 있는 것은?**

① 언어자아 개념은 모국어 학습을 하면서 학습자가 자신에 대한 정체성을 확립하는 것과 관련이 있다.
② 자아 형성에 급격한 변화를 겪는 시기에 학습자는 방어기제를 만들어 내는데 이는 언어학습에 도움이 된다.
③ 동료 압력의 개념은 성인들이 외국어 학습을 하는데 겪는 어려움을 설명하는데 도움이 된다.
④ 주의분산은 성인의 인지력이 때로는 외국어 학습에 어려움으로 작용할 수 있음을 보여준다.
⑤ 억압 현상은 외국어 학습에 미치는 긍정적인 효과를 강조하기 위한 개념이다.

7. **언어학습 과정에서 나타나는 학습자 개개인의 차이를 설명하는데 따른 어려움에 대해서 잘못 설명하고 있는 것은?**

① 언어 숙달도는 이론적으로 잘 정립되어 있어서 측정하는데 별다른 어려움은 없어서 단일 측정 방식을 이용하여 숙달도 그 정도를 결정한다.
② 학습자 간의 차이를 설명하는데 비언어적인 요인들과 관련이 많아 측정의 신뢰성에 문제점이 많이 제기된다.
③ 언어 숙달도와 비언어적인 요인 간의 상관관계는 인과관계로 귀결되지는 않는다.
④ 참여도와 유창성 간에 높은 상관관계가 보였다 하더라도 다른 요인이 개입되어 높은 상관관계를 보인 것으로 의심해 볼 수 있다.

8. **외국어를 학습하는데 있어서 나타나는 학습자 개개인 간의 차이를 설명하는데 사용되는 항목으로 부적절한 것은 어느 것인가?**

① internal syllabus ② motivation ③ intelligence
④ personality ⑤ learning situation

9. **학습전략에 대해 잘못 기술하고 있는 것은?**

① 언어학습을 보다 효율적으로 하기 위한 특정 활동이나 기술을 의미한다.
② 학습전략은 문제 지향적이다.
③ 관찰 가능한 것이다.
④ 일반적으로 심리적인 측면을 학습전략의 고려에서 제외된다.
⑤ 학습 전략은 연습이나 훈련을 통해 변화될 수 있다.

10. **'언어자아'에 대한 설명으로 잘못된 것은?**

① 연약한 자아를 보호하려는 의식과 관련이 깊다.
② 외국어보다는 모국어 사용에 더 매달리는 현상이다.
③ 언어가 학습자의 정체성 확립에 중요한 영향을 미치고 있다는 것을 보여주는 개념이다.
④ 자아에 대한 위협이 생길 때 생겨나는 방어의식이다.
⑤ 성인이 겪는 외국어 학습의 어려움은 사회성 부족에서 기인된다고 생각한다.

11. **This is the tendency that open-minded in accepting ideologies and events that are contradict students' own views.**

① intelligence ② reflectivity ③ impulsivity
④ ambiguity tolerance ⑤ language ego

12. **Students with this tendency are likely to tend to make a quick or gambling guess at an answer to a problem.**

① reflectivity ② intelligence ③ field dependence
④ impulsivity ⑤ language aptitude

13. **Internal vs. external communication 간의 차이는 무엇인가?**

14. **Proximity 원리에 따라 목표어 집단이 학습자 가까이에 있을 경우 학습자가 갖을 수 있는 최대 이점은?**

15. 다음 보기에서 가장 관련 있는 것을 골라 그 번호를 쓰시오.

보기

1. 지능	2. 적성	3. 도구적동기	4. 태도	5. 사회적 거리
6. 불안	7. 통합적 동기	8. 장독립형	9. 장의존형	10. 관용성
11. 비관용성	12. 감정이입	13. 성찰형	14. 충동형	15. 자아존중
16. 억압	17. 외향성	18. 내향성		

1) 전체에서 필요한 부분을 따로 독립해서 분석할 수 있는 능력을 의미한다. (   )

2) 육감적으로 그리고 직관에 의해 빨리 문제를 해결하지만 오류가 많다. (   )

3) 졸업 후 좋은 직장을 얻기 위해 영어공부를 열심히 한다. (   )

4) 특정 일에 대한 각 개인의 소질, 또는 적응 능력을 뜻한다. (   )

5) 때때로 술을 먹으면 말하기 능력에 도움이 된다는 연구가 있다. (   )

6) 내적이고도 주관적인 판단기준을 활용하기 때문에 융통성과 적응력이 부족하다. (   )

7) 자국어 문화와 목표어 문화 간의 전반적 차이를 의미한다. (   )

8) 외국어 학습의 성공 요인으로 약 16-20% 정도 관련이 있다. (   )

9) 자국의 문화를 중요시하고 동시에 외국어의 문화에 대해서도 흥미가 있을 때 외국어도 쉽게 배울 수 있다고 본다. (   )

6장

언어입력의 유형과 언어습득

6장
언어입력의 유형과 언어습득

단원 핵심 용어				
· 언어습득장치	· 언어처리 메카니즘	· 출력 발화	· 이해 가능한 언어입력 가설	· 언어출력
· 외국인 말	· 보모의 말	· 교사의 말	· 선행 조절된 입력	· 의미교섭
· 방아쇠	· 강요된 발화	· 이해 가능한 언어출력 가설	· 아기 말	· 이상적인 언어입력
· 언어입력	· 단순화된 언어입력	· 생물학적인 프로그램	· 언어입력	· 단순화

언어입력(linguistic input)은 언어습득을 위해서 외부에서 학습자에게 주어지는 모든 언어적 데이터를 의미한다. 언어입력은 분명 학습자의 언어습득에 중요한 역할을 하지만, 언어입력이 언어습득에 미치는 역할에 대해서는 여러 철학적 사조의 견해에 따라 달라진다.

6.1. 철학적 사조에 따른 언어입력이 언어습득에 미치는 영향

1) 행동주의

외부에서 주어지는 자극을 행동주의에서 매우 중요하게 여겼듯이, 행동주의자들은 외부에서 학습자에게 제공되는 언어입력이 언어습득의 성공 여부를 결정하는 가장 중요한 요인이라고 생각하였다. 이러한 언어입력이 반복되고, 연습되며, 또한 모방과 강화에 의해 점차 축적되어 언어출력(output)으로 나타나는데, 행동주의자들은 이러한 과정이 바로 언어학습이라는 입장을 견지하였다. 따라서 학습자는 외부에서 주어지는 언어입력을 모방하고 연습하면서 습관형성에 이르기 때문에, 행동주의에서 언어입력은 외국어 학습자에게 가장 중요한 언어습득의 원천이 된다.

2) 인지주의

Chomsky 중심의 인지주의자들은 '언어습득장치(LAD)' 라는 개념을 제시하면서 언어습득의 선천성을 강조하였다. 인간의 언어습득은 생득적으로 이미 정해진 생물학적인 프로그램에 따라 진행되는데, 인지주의자들은 이때 언어입력은 언어습득장치의 작동을 촉발(ignite)시키고, 언어습득이 일어날 수 있도록 하는 방아쇠(trigger) 역할을 한다고 주장하였다. 따라서 인지주의자들은 단지 언어입력에 노출되는 것만으로는 만족스러운 언어습득을 할 수 없다고 보았으며, 언어입력의 역할은 최소화하되 학습자 내부의 '언어처리 메카니즘'을 최대로 가동해야 한다고 주장하였다. 인지주의자들은 규칙형성을 위해 언어습득장치의 작동을 촉발하기 위한 언어입력의 최소한의 역할만을 인정하였다. 따라서 언어입력의 중요성은 생득적인 언어습득장치에 비해 상대적으로 중요하게 여겨지지 않았다.

3) Krashen의 이해 가능한 언어입력

Krashen(1973, 1981)의 이해 가능한 언어입력 가설(comprehensible input hypothesis)이 대두되면서 언어입력의 중요성은 다시 대두되었다. Krashen에 의하면, 성공적인 외국어 습득을 위해서는 학습자에게 이해 가능한 언어입력을 제공해야 한다는 것이다. Krashen이 주장한 이해 가능한 언어입력은 성공적인 외국어 습득을 위한 최적의 조건이라는 측면에서 매우 중요한 의미를 갖는다. Krashen은 모국어 습득자에 대한 '보모의 말(caretaker talk)', 외국어 학습자에 대한 '외국인 말(foreigner talk)'과 '외국어 교사의 말(teacher talk)'에 관한 연구를 토대로 최적의 언어입력이 무엇인지에 대해서 제안하였다. 그가 제안한 최적의 언어입력은 학습자의 현재 언어 발달 수준에서 약간(한 단계 정도) 넘어서는(+1) 언어라고 생각하였다. 따라서 학습자의 현재 언어 발달 수준을 '*i*'라고 할 때 이해 가능한 언어입력을 '*i* +1'의 형태로 제시하면서, 학습자는 '*i* +1'의 언어입력을 받아들이고, 이해함으로써 자연적 순서에 따라 언어를 발전시켜 나간다고 주장하였다.

따라서 이해 가능한 언어입력 개념은 성공적인 외국어 습득을 위한 최적의 언어입력 제공이라는 점과 연결된다. 이는 어떤 유형의 언어입력을 학습자에게 제공할 때 가장 성공적인 언어 습득이 일어날 수 있는지에 대한 실마리를 제공해 준다. Hatch(1983)와 같은 학자들은 이러한 문제를 해결하기 위한 실마리를 어린이들의 모국어 습득 과정에서 찾고자 했는데, 이것이 바로 성인이 어린이들에게 말하는 방식인 'motherese, caretaker' 등이다. 성인들은 어린이들에게 말을 할 때 이러한 유형의 말을 사용하게 되는데, 이러한 유형의 언어입력이 바로 어린이들에게는 이해 가능한 언어입력 또는 최적의 언어입력이 될 수 있다. 이러한 점에 착안하여 외국어 습득에서 가장 최적의 언어입력으로 'foreigner talk' 개념이 제안되었다. 즉, 원어민이 외국어 학습자에게 이야기할 때는 성인이 어린이에게 말하는 방식과 같이 천천히, 쉬운 어휘와 문장 구조를 사용하여, 그리고 또렷하게 발음하게 되는데, 이는 외국어 학습자에게 이해도를 높여 주면서 외국어를 성공적으로 습득하도록 해 준다.

4) 상호작용주의

상호작용주의자들은 언어습득을 외부에서 주어지는 언어입력과 학습자 내부의 언어습득장치 둘 모두의 상호작용 결과로 보았다. 이들에 의하면, 언어입력은 언어습득을 위한 필요조건이지만 충분조건은 아니다. 언어는 의사소통을 하는 과정에서 습득되는 것이기 때문에, 상호작용이 없이는 성공적인 언어습득이 어렵다고 생각하였다. 이처럼 언어입력에 대한 견해는 시대에 따라 변해 왔지만 언어입력의 중요성은 어느 시대에도 결코 부인되지 않았다. 한편, Long(1985)은 이해 가능한 언어입력이 외국어 습득에 도움이 된다는 Krashen의 이해 가능한 언어입력 가설을 인정하면서 여기에 상호작용(interaction)의 중요성을 추가하였다. 즉, 단순화된 언어입력(simplified input)이 중요한 역할을 담당하기는 하지만, 상호작용을 통해 조절된 언어입력(interactionally modified input)이 언어습득을 위해서 더 유용하다는 것이다. 이는 상호작용 과정에서 소통상의 문제가 발생하면 이것을 해소하기 위해 의미교섭을 하게 되고, 이 과정에서 학습자의 현재 언어능력이 정확하게 파악되어 이해 가능한 언어입력이 제공될 수 있기 때문이라고 설명하였다. Long은 이 과정을 '의미교섭(negotiation of meaning)'이라고 칭하였다.

의미교섭에 대한 구체적인 정의는 Pica(1988)에 의해 내려졌다. 학습자가 상호작용 과정에서 자신의 외국어 이해 수준을 넘는 언어입력에 접하게 될 때 이해하기 힘들다는 신호를 보내게 되고, 신호를 접한 원어민은 외국어 학습자의 이해를 돕기 위해 자신의 발화를 다양하게 조절한다. 이 과정이 의미교섭이라 할 수 있다. 학습자는 이러한 의미교섭 과정을 통해 이해 가능한 언어입력에 접할 수 있으며, 또한 '이해 가능한 언어출력'의 기회도 갖게 된다. Pica, Young, 그리고 Doughty(1987)의 연구도 이 가설의 유용성을 뒷받침한다. 이들은 ESL로 영어를 배우는 초·중급의 학습자 16명을 대상으로 듣기 수업을 하면서 3가지 형태의 언어입력을 접하게 한 후, 어느 경우에 이해도가 가장 높은지를 조사하였다. 원어민 간의 의사소통에서 쓰이는 조절되지 않은 입력(unmodified input), 미리 변형을 시켜서 쉽게 풀어서 말하는 선행 조절된 입력(premodified input), 변형해서 말하지는 않으나 이해 확인을 위한 상호작용의 기회를 통해서 조절되는 입력(interactionally modified input)을 제공하면서 학습자의 이해도를 측정하는 실험을 하였다. 연구 결과에 의하면, 의미교섭을 위한 상호작용의 기회를 가졌을 때 학습자의 이해도가 가장 높은 것으로 나타났다. 이때 의미교섭을 위해서 사용된 대화 조절에는 확인점검(confirmation checks), 설명요구(clarification request), 이해점검(comprehension checks) 등이 사용되었다.

■ **Negotiating comprehensible input**

An important paper in the discussion of negotiation of meaning is Long (1983). Long begins his paper by arguing that modification to input made by native speaker (NS) in the conversation with non-natives (NNS) play an important role in making input comprehensible to learners. But modification to interactional structure are, he argues, probably more important. Long uses the following examples to illustrate the differences between these two sorts of modification:

(1) NS : What time you finish?
NNS : Ten o'clock.
(2) NS : When did you finish?
NNS : Um?
NS : When did you finish?
NNS : Ten clock.
NS : Ten O'clock?
NNS : Yea.

The point to notice is that in (1) the NS modifies her utterance, leaving out the auxiliary (a characteristic, as we have seen, of pidgin). This is a 'modification to input'. In (2) the NS makes no such modification - the verb *did* is included. But (2) does contain two NS strategies for negotiating understanding. Firstly, the NS repeats the initial sentence (When did you finish?) when at first the NNS fails to understand it. Secondly, sh checks the NNS's utterance *Ten clock* by repeating it in its correct form. Theses strategies are called 'self-repetition' and 'confirmation check' respectively.

The kinds if interactional modification found in (2) are what Long regards as particularly important to ensure that the learner receives comprehensible input. In his paper he puts forward a classification of interactional modifications, developed either to avoid communication misunderstandings occurring, or to resolve them once they occur. The two examples given above are from his classification.

from Johnson, 2013, p. 88

5) Swain의 이해 가능한 언어출력 가설

Swain(1985)은 언어습득에서 이해 가능한 언어입력의 역할도 중요하지만 '강요된 발화(pushed output)' 혹은 '이해 가능한 언어출력(comprehensible output)'이 더 중요하다고 주장하였다. 학습자가 꼭 말해야만 하는 상황, 즉 상호작용 속에서 나타나는 학습자의 언어출력이 언어습득을 돕는다고 본 것이다. 이는 학습자가 원어민과 같은 언어능력을 습득하기 위해서는 이해 가능한 입력만으로는 충분하지 않으며, 학습자 자신의 언어능력을 바탕으로 의미있게 언어를 사용할 기회가 많이 있어야 성공적인 언어습득이 가능하다는 것을 강조하는 입장이다.

Krashen의 입력 가설, Long의 상호작용 가설, Swain의 출력 가설 등 각 학자들의 주장에 대한 반박이 제기되고 있어서, 어떤 유형의 언어입력이 언어습득에 가장 효과적인지에 대해서는 아직까지 논란의 여지가 많다. 그러나 교사가 학습자에게 제공하는 언어입력이 학습자의 수준에서 이해가 가능하고 흥미로우며 학습자와 직접 관련된 것일수록 언어습득에 이점을 가질 것이라는 점에는 논란의 여지가 없다.

6.2. 언어입력의 유형

학습자에게 제공되는 언어입력이 학습자의 언어습득에 매우 중요한 역할을 담당하는 것은 분명해 보인다. 학습자에게 제공되는 언어입력의 유형은 모국어 습득과 외국어 학습 과정을 분리하여 생각해 볼 수 있는데, 이때 제공되는 언어입력의 유형을 도식으로 제시하면 다음과 같다.

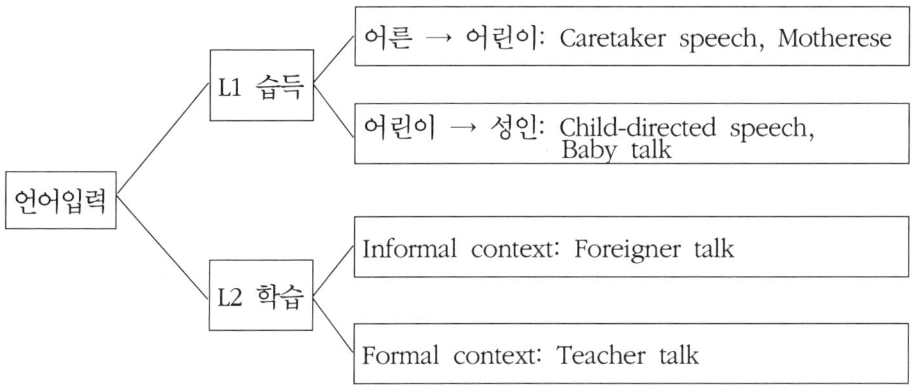

〈그림 6-1〉 언어입력의 유형

6.2.1. 아기 말(Baby Talk)과 보모의 말(Caretaker Speech)

보모는 유아의 출생 직후부터 유아와 밀접한 상호작용을 하면서 유아의 언어 발달을 돕는다. 보모는 유아에게 대화의 틀을 제공함과 동시에 유아와 의사소통하려는 보모의 의지로 인해서 유아 역시 언어 발달 과정에서 중요한 경험을 하게 된다. 보모는 유아와 상호작용하면서 아이가 이해하는데 어려움이 없도록 자신의 말을 조정하게 되는데, 이때 언어를 보모 입장에서는 '보모의 말(caretaker speech, motherese)'이라 하고, 유아 입장에서는 '아기 말(baby talk, child-directed speech)'이라 한다. 하지만 언이 사용의 대상은 서로 다르다. 보모의 말은 성인이 아기에게 하는 말이고, 아기 말은 아이가 보모 또는 성인에게 하는 말을 지칭한다.

보모와 유아가 상호작용하면서 서로 주고받는 언어입력은 유아의 언어능력 발달에 지대한 영향을 미친다. 아기 말이 갖는 특징은 간단 명료하고, 핵심을 나타내며, 구문에 의존하기 보다는 상황이나 맥락에 의존하게 되며, 기본적인 적은 수의 어휘를 사용하면서, 대상 물체와의 연상 작용을 활용하며, 동시에 반복적으로 이루어지는 특징을 갖는다. 아기 말의 특징이 그러하듯이, 보모의 말 역시 어휘 선택에서 구문 선택 및 주제 선택에 이르기까지 세심한 주의를 기울이게 된다. 보모의 말이 갖는 단순화된 특징은 아기가 보모의 말을 이해하는데 중요한 역할을 하며, 이는 언어습득 과정에서 이해(comprehension)가 매우 중요하다는 것을 함축한다. 이와 관련하여 언어학자들은 부모, 성인, 또는 교사들이 어린이에게 말을 하고자 할 때 사용된 언어를 관찰하는데 많은 관심을 기울여 왔다. 연구자들은 성인들이 어린이들에게 말할 때 사용하는 말은 성인과 성인이 서로 대화를 할 때 사용되는 말과는 분명히 차이가 있다는 것을 발견하였다. 보모의 말이 갖는 특징은 다음과 같다.

① 일반적으로 좀 더 느리게 그리고 분명하게 말한다.
② 짧은 길이의 문장이 사용된다.
③ 정확한 문법적인 문장이 사용된다.
④ 절과 절이 연결되는 복잡한 문장의 구조가 사용되지 않는다.
⑤ 시제(tense)의 선택도 단순하게 사용된다.
⑥ 광범위한 어휘의 선택과 사용이 제한된다.
⑦ 많은 반복이 이루어진다.
⑧ 발화는 'here and now'라는 개념과 직접적으로 연관되어 있다.
⑨ 어휘-대상 물체 간의 연상 관계를 촉진하기 위해서 반복하기와 바꾸어 말하기 전략이 자주 사용된다.
⑩ 얼굴 표정과 몸짓이 자주 수반된다.
⑪ 억양과 휴지(pause) 같은 주변 언어학적인 변인이 자주 사용된다.

⑫ 이야기의 대상이 되는 물체의 조작과 이름에 관해서 이야기 중심으로 의례적이면서 연속적으로 발화가 진행된다.

그렇다면 성인은 유아에게 말을 할 때 왜 그들의 말을 수정 및 조정하게 되는가? 이로 인해 얻는 언어습득 측면의 효과는 무엇인가? 물론, 언어습득에 도움이 된다는 견해가 있다는 것이 앞서 우리가 살펴본 지배적인 견해이다. 또 다른 견해는 유아로 하여금 보모와의 상호작용 과정에서 언어에 주의를 집중하도록 만들어 준다는 점이다. 이러한 견해를 좀 더 정리하여 제시하면 다음과 같다.

① 보모는 자신의 말을 반복 또는 조정함으로써 유아의 주의 집중을 이끌어 낼 수 있다. 특히 반복은 언어적 또는 비언어적인 면에서도 자주 나타난다. 이러한 면은 유아가 보모의 말에 지속적으로 관심과 흥미를 갖도록 하는데 도움이 된다. 그리고 보모는 유아가 성장함에 따라 유아의 언어능력에 맞추어 자신의 말에 변화를 주게 된다.
② 보모의 말은 단순화된 형태이며, 이는 궁극적으로 아동의 언어 발달에 도움이 된다. 특히, 아동의 주위 환경에서 쉽게 접할 수 있는 의례적인 언어 구조를 사용하게 되는데, 이는 유아의 언어 발달에 최적의 언어입력이 된다.
③ 보모는 아동의 언어능력과는 무관하게 아동을 대화의 파트너로 생각한다. 유아의 언어능력은 때에 따라서 지속적인 대화를 하는데 제약이 따른다. 하지만 보모는 아기와의 대화를 지속하기 위해서 자신의 말을 수정하게 된다.
④ 보모의 주된 관심은 아이의 언어 발달을 돕는데 있다. 보모의 말은 아동과 상호 의사소통을 지속적으로 함으로써 궁극적으로는 아동에게 언어를 가르치는 역할을 수행한다. 따라서 보모의 말은 언어의 내용이나 형식보다는 언어 사용을 위한 맥락 제공에 더 많은 초점을 맞춘다.

정리해 보면, 보모의 말은 어린이들이 언어 규칙과 의미를 보다 쉽게 찾을 수 있도록 도움을 제공하는데 적합해 보인다. 보모의 말은 구조적으로 단순해서 어린이들이 쉽게 인식할 수 있으며, 제한된 어휘 영역에 대해 어린이들이 쉽게 적응할 수 있는 시간적 여유를 제공해 준다. 또한, 반복적 의사소통이 이루어지는 상황을 직접적으로 언급함으로써 보모가 아이에게 전달하고자 하는 의미는 보다 분명해 진다. 만약 특정 유형의 언어입력이 언어학습에 긍정적인 영향을 미치는 중요한 요인이 된다면, 이는 어떤 유형의 언어입력이 외국어 습득을 촉진시키는지에 대한 답을 찾는데 실마리를 제공해 준다.

그리고 단순화(simplification) 측면에서 볼 때, 보모의 말은 학습자들이 모방을 위한 적합한 모델이 될 수 있다. 그러나 언어습득에서 모방이 갖는 역할은 분명하지 않다. 만약, 어린이들이 방금 들었던 성인의 말을 모방한다고 할 때 그들은 당시 그들 내면에 내재화되어 있고 작동되고 있는 규칙체계에 맞추어 그들이 방금 들었던 문장을 변형시켜서 모방을 하게 된다. 즉, 모든 문장을 대상으로 모방이 이루어지는 것이 아니라, 어린이들이 현재 갖고 있는 문법적 수준에 맞추어 모방이 이루어진다는 것이다. 이와 유사한 연구 결과에서도 어린이들은 방금 학습하여 숙달시킨 문형은 쉽게 모방할 수 있다는 것을 보여준다. 이러한 연구 결과들은 학습자 내면에서 이루어지는 규칙을 찾고 형성하는 창의적인 과정이 언어습득에서 주된 역할을 담당하는 반면에, 모방은 언어습득에서 주된 역할이 아니라 부수적인 역할을 담당하고 있다는 것을 암시해 준다.

■ Characteristics of ideal input

It is typically simpler in structure and more limited in vocabulary, contains more repetition, and is more closely related to the immediate situation. The language is therefore easier to understand and the child hs more opportunity to organize it and remember it. ... Indeed, it is now often proposed that the ideal input for acquiring a second language is similar to the input received by the child: comprehensible, relevant to their immediate interests, not too complex but not strictly graded, either. Exposed to this kind of input, the learner's natural acquisition mechanisms can operate, picking out the structures for which they are ready at any given time. This could explain why children are often more successful than adults in natural learning situations: because their minds are simpler and more oriented towards the here-and-now, they are exposed to speech which is likewise simpler, more related to concrete matters, and therefore more comprehensible. Adults, on the other hand, are often expected to understand speech which is more complex and less concrete.

from Littewood, 2001, pp. 59-60

6.2.2. 외국인 말(Foreigner Talk)

성인이 어린이에게 말을 할 때 사용하게 되는 단순화된 언어입력이 어린이들에게는 이해 가능한 언어입력 또는 최적의 언어입력이 될 수 있다는 것을 살펴보았다. 이러한 점에 착안하여 외국어 습득에서 가장 최적의 언어입력으로 '외국인 말(foreigner talk)' 개념이 제안되었다. 즉, 원어민이 외국어 학습자에게 이야기할 때는 성인이 어린이에게 말하는 방식과 같이 천천히, 쉬운 어휘와 문장 구조를 사용하여, 그리고 또렷하게 발음하는 특성이 있다. 황종배(2006, p. 124)는 '외국인 말'의 특징을 다음 표로 정리하여 제시하였다.

〈표 6-1〉 외국인 말의 특징

언어 항목	주요 특징들
발음 영역	Slow rate Clear articulation 1) final stops are released 2) fewer reduced vowels 3) fewer contractions 4) longer pauses
어휘 영역	High frequency vocabulary 1) less slang 2) fewer idioms Fewer pronoun forms Gestures and pictures
통사 영역	Short and simple sentences Movement of topics to front of sentence Repetition and restatement New information at the end of the sentence Native speakers grammatically repeats/modifies learners incorrect utterances Native speaker fills in the blank for learners' incomplete utterances
담화 영역	Native speaker gives reply within a question Native speaker uses tag questions Native speaker offers correction

6.2.3. 교사의 말(Teacher Talk)

교실이라는 언어학습 환경에서 교사는 외국어 학습자에게 어떤 말씨를 사용하는가? '외국인 말(foreigner talk)'과 같이, 교사가 외국어 학습자에게 수업을 진행하는 말을 할 때, 평소 하던 말씨와는 다르게 자신의 말을 조정하여 말을 하게 된다. 이때의 말씨를 '교사의 말(teacher talk)'이라고 한다. 일반적으로 교사가 외국어 학습자와 대화를 할 때 또는 수업을 진행할 때, 교사는 문법적으로 더 단순하고, 더 느리고, 휴지가 더 많이 그리고 길게 나타나며, 많은 반복이 나타나는 특징이 있다.

하지만 교사의 주된 언어적 항목은 수업의 내용 및 주제를 공유하고 전달하는데 맞추어져 있기 때문에, 주요 어휘 선택 및 그 사용에 있어서는 조정의 폭이 다양하게 나타나지 않는다.

그리고 외국인 말은 일대일 상호작용 상황에서 상대방의 반응 및 이해도에 따라 말의 조정 정도가 결정되지만, 교사의 말은 주로 교실에서 다수의 학습자를 대상으로, 또한 언어적 수준의 정도가 다양한 학습자를 대상으로 이루어진다는 점에서 차이가 있다. 따라서 교사는 그들이 가르치는 학습자들의 전체적인 이해를 돕기 위해서 자신의 말씨를 학습자 전체의 수준에 맞추어 평균적 의미에서 조정하면서 성공적인 수업을 이끌어 가려고 노력한다. 특히, 초보적인 학습자들의 이해를 돕기 위해서 교사 말씨의 조정이 많이 일어나는 것은 분명해 보인다.

실제 교실에서 교사들은 자신들이 가르치는 학습자들을 대상으로 어떤 말씨를 사용하고, 이러한 말씨들은 학습자들의 외국어 학습에 어떤 영향을 미치는가? 여러 학자들의 연구 결과들을 요약하여 제시하면 다음과 같다(Ellis, 1985, p. 145 요약).

① 교사가 학습자들과 대화를 할 때는 통사적 복잡성의 정도가 단순화되는 등의 모든 언어적 단계에서 언어 형태의 조정이 일어난다. 특히, 언어적 숙달도가 다른 학습자들과 대화를 할 때에도 발음, 어휘, 문법 측면에서 어느 정도 조정이 일어난다. 교사는 언어적 숙달도가 낮은 학습자에게 보다 정확하고 표준적인 발음을 사용하며, 어휘의 사용에 있어서도 일반적인 어휘보다는 구체적인 어휘를 사용하며, 그리고 문장의 길이에 있어서 좀 더 짧게 조정하여 사용하는 경향이 많다.

② 일반적으로 교실 수업에서는 정확성이 요구되기 때문에 표준 언어에서 벗어난 학습자들의 비언어적 표현에 대한 발화의 수정이 빈번하게 일어난다. 하지만 자유 토론과 같이 유창성이 요구되는 상황에서는 표준 언어에서 벗어나고 지나치게 단순화된 언어 표현이 빈번하게 나타나기도 한다.

③ 교사의 말씨 역시 학습자와 상호작용하는 과정에서 반복, 설득, 재촉, 확장 등과 같은 언어적인 조정 특성이 나타난다. 하지만 그 특성에 있어서 보모의 말과는 차이가 있다. 일반적으로 교실 수업에서 교사는 “Are you a student?”, “Is the clock on the wall?” 등과 같은 질문을 사용하면서 대화를 지배하고 의사소통 상황을 일방적으로 이끌어 가는 경향이 많이 나타난다. 따라서 자연적인 상황에서 대화가 이루어지는 것과는 다소 다른 인위적인 상호작용이 일어날 수밖에 없다. 교사는 자연적인 대화 상황에서 나타나는 확인점검(confirmation check)과 확인요청(confirmation request) 보다는 교과 내용에 대한 이해확인(comprehension check)을 위한 질문을 많이 하게 된다. 진정한 의미의 의사소통 상황이 만들어지지 못하기 때문에 학습자들은 교사의 질문에 단지 수동적으로 간단하게 답하게 되고, 자신의 의견을 말할 기회가 제한되기 때문에 적극적이고 동등한 대화 상황에 참여하기가 어렵다.

우리는 성인이 어린이에게 말을 할 때 사용하는 발화가 성인들 간에 사용되는 발화와 어떻게 다른지를 살펴보았다. 어린이에게 말을 할 때 사용되는 발화는 구조상 더 간단하고, 한정된 어휘를 사용하며, 더 많은 반복을 포함하고, '지금-여기'라는 즉각적인 상황과 더 밀접하게 관련된 특징을 갖고 있다. 이러한 언어입력은 어린이들의 입장에서 이해하기가 더 쉽고, 기억하기도 용이하여, 언어습득에 이로운 특징을 지니고 있다. 그런데 성공적인 외국어 습득을 위한 이상적인 언어입력 역시 어린이가 받는 언어입력의 특징과 매우 유사하다는 점을 알 수 있다. 즉, 학습자의 수준에 비추어 이해 가능한 언어입력이 되고, 학습자의 즉각적인 관심과 관련이 있으며, 또한 너무 복잡하지 않아야 한다는 것이다. 이러한 종류의 언어입력에 노출될 경우에 학습자의 내적 언어처리 메카니즘이 더 쉽게 작동하여 언어습득에 도움이 될 것으로 생각된다. 그러나 일반적으로 성인의 경우에는 더 복잡하고 추상적인 발화를 이해하도록 기대받기 때문에 그들에게 주어지는 언어적 입력은 아동에게 주어지는 언어입력의 특징과는 다르다.

1. 어린이가 언어학습에 유리한 이유로 보기 어려운 것은?

① greater facility in imitation
② flexibility of the speech centers
③ less interference from the previous experience
④ lack of self-consciousness
⑤ excessive sensitivity to the forms

2. 가장 이상적인 언어입력의 특성에 대해서 잘못 설명하고 있는 것은?

① 어린이들이 받아들이는 언어입력과 유사해야 한다.
② 이해 가능해야 한다.
③ 정교화된 문법구조를 발전시키기 위해 문장 구조는 복잡해야 한다.
④ 즉각적인 소통적 필요성을 충족시켜야 한다.
⑤ 학습자의 구체적이고 즉각적인 관심사를 충족시켜야 한다.
⑥ 학습자의 현 수준에서 받아들일 수 있는 것이어야 한다.

3. Caretaker speech에 대한 설명 중 틀린 것은 어느 것인가?

① LAD를 주창한 인지주의자들에게도 언어입력의 유형은 언어학습에 중요하다는 것을 암시해 준다.
② 행동주의와의 공통점은 언어입력이 언어학습을 위해 매우 중요하다는 점이다.
③ Caretaker speech의 역할은 어린이들이 언어의 규칙이나 의미를 파악하는데 도움을 준다.
④ Caretaker speech는 궁극적으로는 *comprehensible input*와 관련이 있다.
⑤ Caretaker speech 특징 중의 하나는 문장 구조가 보다 단순하다는 것이다.
⑥ 학습자의 현 수준의 언어체계와는 무관하게 모방이 이루어질 수 있기 때문에 언어를 쉽게 배울 수 있는 역할을 한다.

4. 어린이와 성인 간의 언어학습 과정에 대한 설명 중 틀린 것은?

① 성인은 주로 연역적인 인지 과정을 통해서 언어를 학습한다.
② 성인은 어린이에 비해서 뛰어난 인지력과 기억력을 갖고 있어서 언어학습에 유리하다.
③ 어린이가 성인에 비해서 외국어를 잘 배울 수 있는 것은 유연한 뇌의 구조와 관련이 깊다.
④ 반구편중현상은 어릴 때 일어나므로 어린이들이 성인에 비해서 외국어를 잘 배울 수 있다.
⑤ 주의분산 개념은 인지능력이 발달해 감에 따라 외국어를 잘 배울 수 있다는 점을 함축하고 있다.

5. **어린이와 성인의 언어학습 환경에 대한 비교 설명 중 틀리게 기술하고 있는 것은?**

① 어린이들이 받아들이는 언어입력은 성인이 받아들이는 언어입력에 비해서 훨씬 더 이해 가능한 것이다.
② 어린이가 받아들이는 언어입력은 "here-now" 개념이 중시된다.
③ 성인은 주로 비공식적인 언어학습 환경에서 외국어를 배우는 경향이 많다.
④ 성인은 어린이에 비해서 훨씬 더 추상적이고 복잡한 발화를 이해하도록 요구 받는다.
⑤ 일반적으로 어린이는 성인에 비해서 더 긴 침묵의 시간을 갖는다.

7장
언어의 실제 사용과 의사소통전략

7장

언어의 실제 사용과 의사소통전략

단원 핵심 용어				
· 언어습득 메카니즘	· 변이성	· 맥락 변이	· 자유 변이	· 문체의 이동
· 학습자 간 변이	· 학습자 언어의 연속체 모형	· 공시적 변이	· 통시적 변이	· 비체계적 변이
· 학습자 내 변이	· 의사소통전략	· 변이형의 체계성	· 사회적 동일성	· 체계성
· 회피 전략	· 보상 전략	· 이해 가능성	· 투자	· 사회적 동일성

우리가 외국어를 배우는 가장 큰 목적은 사회적 맥락에서 그 사회의 구성원들과 의사소통을 하는데 있다. 따라서 실제 의사소통이 이루어지는 사회적 맥락이 갖는 여러 특성은 언어가 사용되는 다양한 방식에 영향을 미칠 수밖에 없다. 따라서 최근 외국어 교육은 목표 외국어에 대한 문법적 지식을 습득하는 것도 중요하지만, 언어를 실제적 상황에서 적절하게 사용할 수 있는 의사소통능력의 배양을 강조하고 있다. 또한, 실제 의사소통 상황에서 학습자들이 소통상의 어려움에 봉착하게 되었을 때 이를 극복하기 위해서 학습자들이 사용하는 의사소통전략에 대한 관심도 높아지고 있다.

7.1. 학습자 발화의 변이성

앞서 우리는 외국어 학습자 역시 모국어 학습자들이 그러하듯이 유사한 발달 단계를 거쳐 목표어를 습득하고 있음을 살펴보았다. 이러한 사실은 형태소 습득 순서, 의문문이나 부정문의 유사한 발달 단계에서 찾아볼 수 있었다. 또한, 학습자의 언어사용에서 나타나는 오류는 창의적인 언어습득 과정에서 필연적으로 나타나는 산물임을 알 수 있었다. 이와 같이 모국어 배경이 다르고, 또한 서로 다른 환경에서 언어를 학습하는 학습자들의 발화에서 공통적인 오류 유형이 발견되었다는 점은 '내적 언어습득 메카니즘'에 의해 언어 학습이 진행되고 있음을 보여주는 증거라 할 수 있다. 학습자 언어를 대상으로 한 연구들은 학습자의 창의적인 언어능력에서 비롯된 이런 '체계성(systematicity)'을 중요시하고 있다.

그러나 학습자는 그들의 언어수행에서 항상 이러한 일관성을 보이는 것은 아니다. 특정한 규칙을 숙달한 것처럼 보이던 학습자가 비슷한 시기의 다른 언어수행에서는 규칙을 잘못 적용하기도 하고, 혹은 특정 규칙을 모르는 것처럼 여겨지던 학습자가 때로는 올바른 언어수행을 보이는 예가 많이 발견된다. 예를 들어, 문법을 평가하는 시험에서 3인칭 단수 동사형을 정확히 구사했던 학습자가 일상적인 회화 시험에서는 오류를 보여주는 경우도 있다. Ellis(1994)는 이를 학습자 언어의 천부적인 '변이성(variability)'이라 칭하였는데, 이는 점진적이고 안정적으로 목표어 체계를 향해 발달해 가는 학습자 언어의 체계성과는 다르다고 하였다.

Chomsky를 비롯한 생성문법 언어학자들은 동질적인 언어 공동체 사회의 이상적인 화자 및 청자가 자신의 모국에 대해서 갖고 있는 완벽한 규칙체계, 즉 언어능력을 연구의 주된 대상으로 삼았다. 따라서 이들은 자연적 언어사용 상황에서 나타날 수 있는 변이, 사회적 조건에 따른 변이, 그리고 언어 사용자의 심리적 작용에 따른 변이 등 모든 변이의 요소를 배제한 상태에서, 언어의 표준적인 규칙체계를 연구의 주 대상으로 삼았다. 그러나 많은 학자들은 학습자 언어에 존재하는 언어능력 상의 체계적인 측면과 함께 언어수행 상의 변이적 특성을 찾아내는 데 많은 관심을 보였다.

7.1.1. 학습자 발화의 문체적 연속성

모든 화자는 언어가 사용되는 상황적인 맥락에 따라 언어 형태를 달리하여 전달하고자 하는 의미를 다양한 방식으로 표현한다. 언어학자들은 이와 같은 사회적인 측면을 고려하여 학습자 언어를 관찰할 필요가 있다고 주장한다. 그 중 Labov(1970)는 화자의 언어는 사회적 상황(social context)에 따라 다양하게 나타나는 문체로 구분될 수 있다고 하면서, 학습자 언어에서 발견되는 변이 현상을 '맥락 변이(contextual variability)'와 '자유 변이(free variation)'로 구분하여 설명하였다. 그런데 Labov는 실험적인 상황은 실제 언어사용 상황에서 쓰이는 자연스러운 발화 데이터를 얻는데 어려움이 따를 수 있어서 언어 연구의 한계와 모순이 있을 수 있다고 주장하기도 하였다.

한편, Tarone(1983)은 언어가 사용되는 상황 맥락에 따른 학습자 언어의 변이는 연속적인 문체의 이동 또는 변이(style shifting)라고 지적하면서, 다음과 같은 '학습자 언어의 연속체 모형(interlanguage continuum)'을 제시하였다.

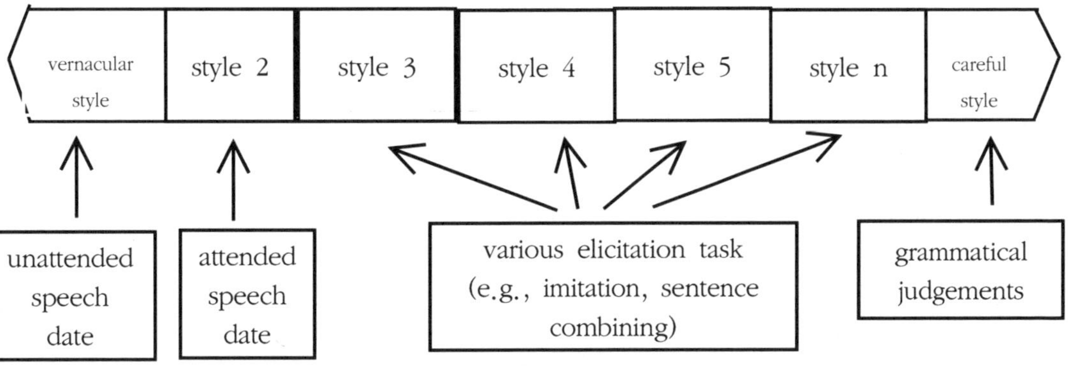

〈그림 7-1〉 학습자 언어의 연속체 모형

연속되는 문체의 왼쪽 끝에 위치한 '일상 회화체(vernacular style)'는 학습자가 언어 형식에 주의를 기울이지 않는 상황에서 파생되는 발화로서 가장 자연스러운 형태의 학습자 언어에 해당된다. 그리고 오른쪽 끝에 위치한 '주의를 기울인 문체(careful style)'는 학습자가 문법적 형태에 가장 의식적인 노력을 기울이는 상황에서 생성되는 발화이다. Tarone의 견해를 요약하면, 언어수행이 이루어지는 상황에 따라 서로 다른 주의집중이 요구되고, 그리고 서로 다른 주의집중의 정도에 따라 문체의 변화를 수반한다는 것이다. 그러나 주의를 기울인 문체 내에서도 언어수행 상황이나 주의를 기울이는 정도에 따라 다양한 변이형이 나타날 수 있다.

한편, Joos(1967)는 형식성(formality) 기준에 따라 문체를 5가지로 분류하였는데, 주제, 청중, 그리고 상황에 따라 적절한 문체를 사용할 필요가 있다고 하였다.

① 연설조(oratorical)/동결된(frozen) 문체: 많은 청중 앞에서 그리고 공공의 장소에서 말할 때 사용된다. 어휘는 사전에 신중하게 선택되며 음조는 다소 과장되며 수사적 표현이 많이 사용된다.

② 신중한(deliberate)/형식적(formal) 문체: 대학 강의 등과 같이 많은 청중 앞에서 말할 때 사용되는 언어 형식에 해당된다. 그러나 연설조 문체만큼 세련되어 있지 않다.

③ 상담조(consultative) 문체: 어휘는 조심스럽게 선택되어 사용된다. 비교적 격식이 갖추어져 있지만 전형적인 상담 상황의 대화에서 주로 사용된다. 일반적으로 사업에 대한 조언이나 환자에 대한 의사의 조언 등은 상담조로 이루어진다.

④ 일상적(casual) 문체: 친구 간, 동료 간, 가족 구성원 간에 사용되는데 사회적 장벽이 거의 없으며 어휘를 선택하는데 조심할 필요가 거의 없다.
⑤ 친밀한(intimate) 문체: 연인 간의 대화나 가족 구성원 간의 대화로 자신 내부의 감정을 노출시킬 수 있는 등의 사회적 억압이 전혀 없는 문체이다.

Ellis(1994)는 학습자 언어에 자신의 사회학적인 견해를 적용하고자 하는 의도에서 자연적인 언어사용 맥락에서 발견되는 변이의 유형을 <그림 7-2>와 같이 구분하였다. Ellis는 학습자 언어의 변이 유형을 먼저 수평·공시적 변이(horizontal, synchronic variation)와 수직·통시적 변이(vertical, diachronic variation)로 구분하였다. 수평적 변이는 주어진 어느 한 시점에서 학습자 언어에 나타나는 변이 현상을 가리키는 것이고, 수직적 변이는 일정 기간에 걸쳐 나타나는 변이를 가리키는 것이므로 앞서 살펴본 발달적 유형과도 유사한 개념이라 할 수 있다. 이들 변이 중, 수평·공시적 변이는 다시 학습자 내 변이(intra-learner variation)와 학습자 간 변이(inter-learner variation)로 구분된다. 그리고 학습자 내 변이는 다시 체계적 변이(systematic variation)와 비체계적 변이(non-systematic, free variation)로 구분된다. 이 중 체계적 변이를 설명하기 위해 언어적 맥락(linguistic context), 상황적 맥락(situational context), 심리·언어적 맥락(psycholinguistic context) 등의 세 가지 맥락이 고려된다.

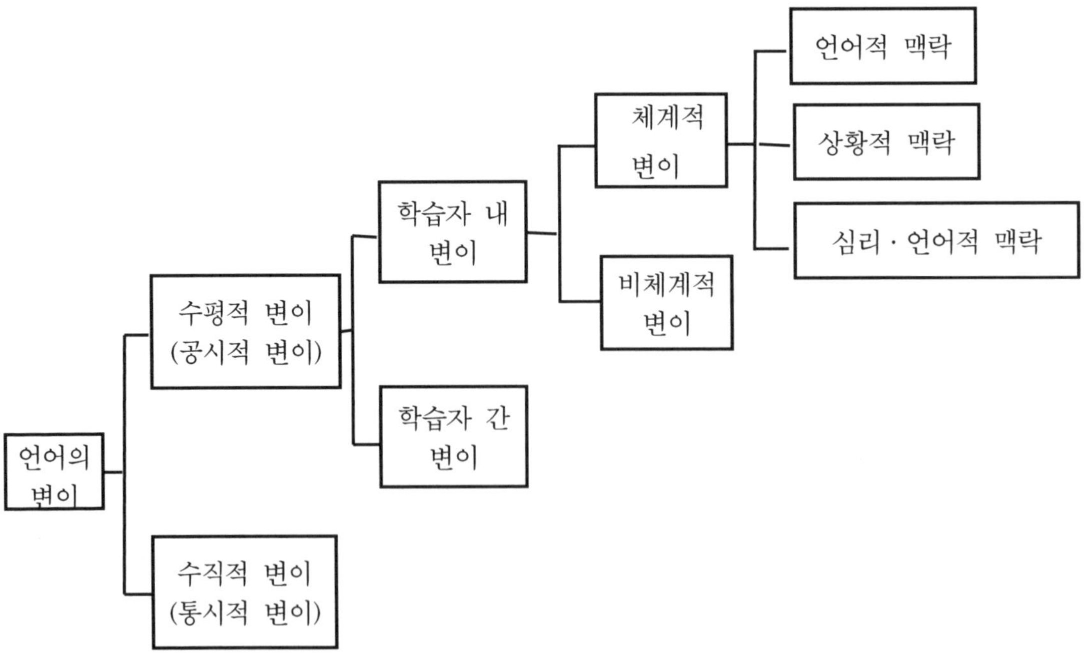

<그림 7-2> 학습자 언어에서 언어 변이의 유형

1) 자유 변이와 체계적인 변이

변이에는 비체계적인 변이인 자유 변이뿐만 아니라 체계적인 변이가 모두 포함된다. 그러나 일부 학자들은 자유 변이는 실제로 존재하지 않으며 설사 존재한다 하더라도 매우 짧은 기간 동안에만 나타나기 때문에 주요 관심의 대상이 될 수 없다고 주장하였다. 앞서 우리는 학습자의 발화에서 보여지는 변이형이 예외적인 사항이 아니라 보편적인 현상임을 알 수 있었다. 또한, 체계성이 전혀 없을 것처럼 보이는 학습자 발화의 변이형에도 나름의 규칙이 있음을 알 수 있었다. 즉, 언어적 문맥, 상황적 문맥, 심리·언어적 문맥이라는 측면들을 고려하면 변이형 속에서도 체계성을 찾을 수 있다. 이로 인해 학습자가 언제 A라는 형태를 사용하고, 언제 B라는 또 다른 형태를 사용할지를 미리 예측할 수도 있다.

변이형 속에 보여지는 체계성과 관련하여, Tarone(1981, 1983)은 외국어 학습자가 목표어로 의사를 전달할 때 그들의 언어 표현에도 변이형이 존재한다고 하였다. 그러나 이들 변이형은 체계적인 규칙 내에서 발생하는 변이형이므로 이를 '체계적인 변이형(systematic variability)'으로 부를 것을 제안하였다. Ellis(1994) 역시 변이형 또한 체계적이라는 점을 들어 '변이형의 체계성(systematicity of variability)'이라는 용어를 제시하였다. 따라서 언어습득에 대한 정확한 정보를 얻기 위해서는 학습자 언어의 체계성뿐만 아니라 체계적인 변이성까지도 연구할 필요가 있다(이기명, 2002). 즉, 변이성에 대한 연구는 중간언어 발달의 모습 및 학습 과정을 파악할 수 있는 자료를 제공한다는 점에서 의의가 있다.

자유 변이란 두 개 이상의 언어적 형태가 불규칙하게 사용되는 것이다. 예를 들어, 부정문을 만들 때 'no+V' 형태와 'don't+V' 형태가 동시에 불규칙적으로 사용되는 것이다. 자유 변이는 발달의 초기 단계, 즉 '습득 단계(acquisition phase)'에서 나타났다가 '교체 단계(replacement phase)'로 넘어가면서 학습자가 좀 더 발달된 외국어 규칙체계를 형성하게 되면 사라진다고 보았다(Gatbonton, 1978). 새로운 자질이 처음 습득되면, 학습자는 첫 단계에서 자유 변이를 생성하지만, 이러한 변이는 점차 체계적으로 변해 간다고 볼 수 있다.

2) 언어적 맥락, 상황적 맥락, 심리·언어적 맥락과 변이

학습자가 보여주는 변이형이 체계적임을 입증할 수 있는 3가지 맥락, 즉 언어적 맥락, 상황적 맥락, 심리·언어적 맥락에서의 변이형이 갖는 특징은 다음과 같다.

첫째, 언어적 맥락이 변이를 만들기도 한다. 예를 들어, 단문에서는 동사의 3인칭 형태 '-'s'를 정확하게 발화하는 학습자가 종속절 내에서는 부정확하게 사용하는 현상이 나타나는 것이다(Ellis, 1985).

Mr. Smith *lives* in Gloucester.

Mr. Smith who *live* in Gloucester married my sister.

또 다른 예로, Lonna와 Dickerson(1978)은 영어를 배우는 일본인 학습자를 대상으로 /z/의 정확한 발음 여부를 조사하였다. 일본인 학습자는 /z/가 모음 뒤에 따라올 때는 원어민 발음에 가깝게 /z/를 발음하였지만, 자음 뒤에서는 정확하게 발음하지 못함을 발견할 수 있었다.

둘째, 학습자들이 언어의 어떤 형태를 사용할 경우 언어적 맥락뿐만 아니라 상황적 맥락에 의해서도 영향을 받는다. Lonna와 Dickerson(1978)의 연구에서, 학습자들은 단어 목록을 읽는 상황에서는 /z/를 목표어 규범에 근접하게 발음하는 반면, 자유 대화(free speaking)에서는 규범에서 많이 벗어난 발음을 사용하였다. 이는 학습자들이 자유 대화에서는 내용(의미 전달)에 관심을 더 기울이게 되어 상대적으로 형태에는 관심을 덜 기울인 결과로 해석된다. 앞서 Krashen(1982)은 학습자가 언어 형태를 계획하고 수정하는 의식적인 과정을 설명하기 위해서 '감시장치(monitor)'라는 용어를 사용하였다. Krashen이 말한 감시장치 사용의 관점에서 볼 때, 학습자는 형식을 갖춘 상황에서는 감시장치를 더 많이 사용하여 목표어에 가까운 발화(target-language variant)를 더 많이 사용하는 경향이 있다. 하지만 비격식적인 상황에서는 감시장치를 적게 사용하여 목표어의 규범에서 벗어난 발화(interlanguage variant)를 더 많이 사용하는 경향이 있는 것으로 해석된다. 즉, 상황적 맥락에 따른 변이는 학습자가 사용하는 감시장치의 양에 의해서 설명될 수 있다. 앞서 살펴본 바와 같이, Tarone(1983)은 상황적 맥락에 따른 언어의 변이를 연속적인 문체의 변이로 표현하고 학습자가 기울이는 감시장치의 양을 '주의(attention)'의 정도로 표시했다. 한편, Ellis(1985)는 언어적 맥락과 상황적 맥락이 서로 상호작용하여 학습자 언어의 변이가 나타난다고 보고, 다음과 같은 언어의 변이 모형을 제시하였다.

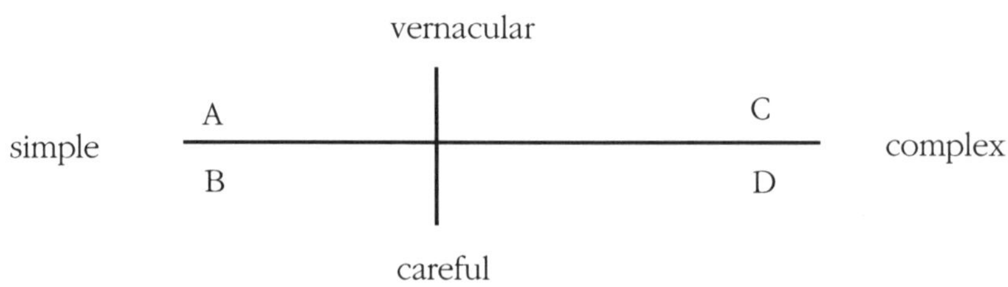

〈그림 7-3〉 중간언어의 변이 모형

B처럼 언어적 맥락이 단순하지만 주의를 요하는 상황인 경우에 가장 정확도가 높은 언어 형태가 생성되고, 반대로 C처럼 언어적 맥락은 복잡하면서 일상적인 대화 상황이라면 언어 형태의 정확도가 가장 낮게 나타난다.

셋째, 언어 변이는 심리·언어적 맥락을 참고하여 설명될 수 있다. 의식적인 주의집중뿐만 아니라 외국어 학습자가 발화를 '계획하는 시간(planning time)'의 유무와 그 양에 따라서도 변이 현상이 초래되는 것이다. Beebe(1983)와 Tarone(1983)은 문법 테스트와 같이 학습자가 문법적인 형태에 온통 주의를 기울이는 경우와 일상 대화와 같이 상대적으로 언어 형태에 대한 주의가 적게 사용되는 상황에 따라 변이가 다르게 나타난다고 하였다. 또한, Ochs(1979)는 학습자의 발화를 사전에 계획된 담화(planned discourse)와 그렇지 않은 담화(unplanned discourse)로 구분하였다. 물론 이때 두 종류의 담화에서 발견되는 변이성도 앞서 Tarone의 경우처럼 양분되는 것이 아닌 연속체와 비슷한 성격을 띤다. 공적인 장소에서의 연설과 같이 계획성을 가진 발화에는 목표어에 가까운 변이가 나타날 것이고, 개인적인 대화와 같이 계획하는 시간이 짧은 발화는 목표어에서 벗어난 변이가 나타나는 경우가 많다.

7.1.2. 외국어 학습과 사회적 동일성 문제

Peirce(1995)은 성공적인 외국어 습득을 설명하기 위해서 '사회적 동일성(social identity)'과 '투자(investment)' 라는 개념을 제시하였다. Peirce에 의하면, 학습자는 단순히 언어입력을 처리하는 수동적 존재가 아니라, 자신의 생각을 적극적으로 표현하는 투자자이면서, 동시에 성공적인 외국어 습득을 위해서 노력과 투자를 하는 적극적인 주체자이다. 이런 맥락에서 Peirce는 학습자를 투자자(investor)로 묘사하면서, 성공적인 외국어 습득을 위해서 학습자 스스로 노력하고 투자할 필요가 있다고 하였다. 따라서 학습자들은 자신의 노력이 다양한 사회적 맥락에서 성공할 가능성이 있다고 믿을 때 노력과 투자를 보다 적극적으로 하게 된다. 그런데 이러한 노력과 투자는 학습자가 느끼는 사회적 동일성(social identity)에 의해서 결정된다. 사회적 동일성이란, 외국어 학습자가 의사소통 도구로 목표어가 사용되는 사회적 구조 내에 존재하는 힘(권력)의 존재를 얼마나 잘 인식하고 있으며, 그러한 맥락 속에서 자신의 주장을 얼마나 잘 표현함으로써 대화의 주체가 될 수 있는가를 의미한다. Peirce는 학습자들이 대화의 주체가 될 때 성공적으로 외국어를 잘 습득할 수 있다고 주장하였다. 즉, 학습자들이 사회적 동일성을 강하게 느낄 때 성공적인 외국어 습득을 위해서 더 많은 노력과 투자를 하게 된다.

다음 대화의 예는 사회적 동일성이 성공적인 외국어 습득에 어떻게 영향을 미칠 수 있는지를 보여준다(박경자, 이희경, 2002, pp. 286-289).

A: The girl which is working with me pointed at the man and said

B: Do you see him? -- I said.

Yes, why?

A: Don't you know him?

B: No, I don't know him.

A: How come you don't know him? Don't you watch TV?

That's Bart Simpson.

B: (It made me feel so bad and I didn't answer her nothing.)

위 대화에서 우리는 몇 가지를 유추해 낼 수 있다.

① 위 대화의 내용은 Bart Simpson에 관한 것이다.
② Bart Simpson은 TV에 나오는 인물이다.
③ Eva는 Bart Simpson이 누구인지 모른다.
④ Eva는 적극적으로 대화에 참여할 수 없어서 대화의 주체가 될 수 없다.
⑤ Eva는 위 대화에서 '이방인'이라는 굴욕감을 느낀다.
⑥ Eva는 자신이 TV를 보지 않아서 Bart Simpson이 누구인지 모른다고 이야기함으로써 대화가 계속되도록, 그리고 대화의 주체가 되도록 할 수 있었다. 그러나 Eva는 스스로 그러한 *사회적 동일성*을 주장하지 않았다.

위 대화에서 Eva는 분명 대화를 지속할 수 없었던 것에 대해서 심리적으로 부정적인 느낌을 갖은 것은 분명해 보인다. 만약 Eva가 좀 더 적극적으로 자신의 주장을 표현하고 대화의 주체가 되었더라면, 즉 좀 더 사회적 동일성을 주장할 수 있었더라면 이러한 점은 그녀의 언어습득에 긍정적인 영향을 미쳤을 것으로 사료된다.

■ Too much English for too many people?

Rogers is a teacher and teacher trainer with experience in many parts of the world. In a provocative paper (Rogers, 1982) he argues that too many students are taught English world-wide, for reasons that do not stand up to scrutiny. He looks at some of these reasons.

A main one is related to job prospects. Youngsters (and their parents) are told that English is the key to a decent job. But, Rogers says, if you actually look at the number of jobs available in a given country where English is necessary, it is often very small indeed. Hopes for employment are thus being cruelly raised.

The need for international communication is a second reason given. In an informal survey, Rogers asked his own trainee TEFL teachers how many of their own pupils will ever actually need English for communicative purposes.
The replies, he says, suggested that only a very, very small percentage will need English for that purpose. A third reason is that students need English for academic purposes, to study at college or university, particularly overseas. Once again Rogers argues that the numbers involved are small. His example is Tonga, where according to one survey of the time, only two percent of secondary school leavers actually need English for higher education overseas.

Rogers also points out how appallingly unsuccessfully much English teaching is. A huge effort is made, for pathetic results. His illustration this time is Ethiopia, where he himself worked. The English level of first-year undergraduates (the cream of school learners - those who make it to university) was very low indeed: very few of them could read English passages written within a 2,000 words vocabulary ... Very few could write a correct sentence in English. Yet this was after 10 years of English, including 6 years with English as the medium of instruction.

One answer to this depressing situation might be, he argues, to restrict English to tertiary level students, who might be expected to have a real need for it. But he is realistic enough to concede that there are many pressures, not least from parents, for large-scale English language teaching to continue unchecked throughout the world.

from Johnson, 2013, p. 196

7.2. 의사소통전략(Communication Strategy)

학습자가 실제 언어를 사용하는 과정 중에서 자신의 부족한 언어적 지식 등의 이유로 의사소통을 지속하기 어려운 상황에 직면할 수 있다. 이러한 상황에서 학습자가 자신의 불완전한 언어 지식을 보충하면서 효과적으로 의사소통하기 위해 '의사소통전략(communication strategy)'을 사용한다. 하지만 의사소통전략은 학습자가 의사소통 상황에서 사용하는 일반적인 소통 전략을 의미하지 않는다는 점을 기억할 필요가 있다. 의사소통전략은 학습자가 소통상의 어려움을 극복하여 지속적이고 성공적인 의사소통을 위해서 의식적으로 사용하는 전략을 의미한다.

7.2.1. 의사소통전략의 정의

의사소통전략(communication strategy)이라는 용어를 처음으로 언급한 사람은 Selinker(1972)이다. 그는 중간언어(interlanguage)에 관한 연구에서 제2언어 학습자들이 사용하는 의사소통전략은 성공적인 제2언어 습득과 매우 밀접한 관련이 있다고 주장하였다. 1970년대 초의 언어학자들은 화자가 자신의 의사소통 의도를 충분히 전달할 수 있을 만한 언어적 자원(linguistic resources)을 가지고 있지 않기 때문에 발생하는 많은 소통 상의 문제점들에 대해 주목하였다. 이러한 의사소통의 어려움을 해결하기 위해서 학습자들이 어떤 수단들을 사용하는지를 알아보는 과정 중에서 자연스럽게 의사소통전략의 개념에 대한 연구가 시작되었다.

Tarone(1980)에 의하면, 의사소통전략은 화자 자신이 가지고 있는 현재의 언어적 자원을 활용하여 개인의 생각을 표현하는데 어려움을 겪게 될 때, 이 위기를 극복하기 위해서 화자가 인위적으로 사용하는 전략을 의미한다. 의사소통전략에 대한 연구는 1980년대 초에 이르러 활발하게 전개되었다. Canale과 Swain(1980)은 의사소통능력(communicative competence)을 연구하면서 전략적 능력(strategic competence)을 의사소통능력의 한 요소로 부각시켰으며, Færch와 Kasper(1983)는 의사소통전략을 의사소통의 목표를 달성하는데 생기는 문제점을 해결하기 위한 의식적인 계획이라고 하면서, 외국어를 발화하기 위한 계획 단계에서 발생할 수 있는 문제를 사전에 제거하기 위한 인위적인 노력으로 정의하였다.

위 학자들의 여러 견해에서 보았듯이, 의사소통전략은 의미교섭(negotiation of meaning)을 위한 목적보다는 의사소통 상의 오류를 피하고 소통 중에 발생하는 문제점을 해결하는데 초점을 맞추고 있다. 만약 학습자가 소통상의 어려움을 미리 예상할 수 있다면, 그는 의사소통을 피하거나 말하고자 하는 내용을 수정함으로써 소통상의 문제를 미리 막을 수 있을 것이다. 혹은 학습자가 이미 대화에 참여하고 있는 동안에 문제가 일어난다면 학습자는 의사소통을 계속하기 위한 대체적인 방법을 강구하게 된다. 이 두 가지 상황 모두에서 학습자는 자신이 알고 있는 언어적 지식과 의사소통적 지식을 활용하여 상황을 처리하게 되는데, 이때 학습자가 사용하는 방법이 의사소통전략이라 할 수 있다.

따라서 학습자의 기저 언어체계에서 나온 즉각적인 언어출력(output)과 의사소통전략을 사용하여 생성된 발화와는 서로 구분이 된다. 의사소통전략이 갖는 주요 특징으로 3가지가 주로 언급 되는데, 문제 지향성(problem-orientedness), 고도의 의식성(high level of consciousness) 및 비규칙성(irregularity)이다. 의사소통 의도와 언어적 자원 간의 부조화라는 문제가 발생할 때 사용되는 것이 의사소통전략이기 때문에 의사소통전략은 본질적으로 문제 지향적이다. 또한, 의사소통전략은 특정한 목적을 달성하기 위해 학습자가 의식적으로 사용하는 수단이기 때문에 학습자는 자신이 이러한 전략을 사용하고 있다는 것을 고도로 의식한다. 그리고 의사소통전략은 의사소통 상황의 문제를 임시방편으로 해결하기 위한 수단이므로 언어 형식이 덜 규칙적으로 나타난다. 이는 때에 따라서 표준언어 형식에서 벗어나는 경우가 많아서 오류 형태로 나타나는 경우가 많다. 그러나 학습자의 기저 문법체계에서 비롯된 즉각적인 언어출력과 의사소통전략을 통해서 생성된 발화를 명확히 구분하기란 쉽지 않다.

7.2.2. 의사소통전략의 분류

7.2.2.1. 회피 전략(Avoidance Strategy)

의사소통을 계속하기가 어려운 상황에서 벗어나기 위해 학습자 자신이 진행되고 있는 대화를 의도적으로 부분적으로 또는 전체적으로 회피하기 위해 사용하는 전략이다. 그러나 회피 전략의 궁극적 목적은 의사소통을 지속시키는데 있다.

① 화제 회피(topic avoidance): 의사소통을 하는데 어려움이 따를 것으로 예상되는 목표어의 특정 주제, 어휘 항목이나 문법 표현을 포함한 말을 의도적으로 하지 않으려고 하는 경우이다.

② 메시지 포기(message abandonment): 특정 개념 및 주제에 대한 의사전달이 너무 어려워 자신이 없는 경우에 대화를 중간에서 포기해 버리는 경우이다.

7.2.2.2. 보상 전략(Compensatory Strategy)

1) 바꾸어 말하기(Paraphrase)

학습자가 전달하고자 하는 내용에 적합한 단어나 표현이 생각나지 않을 때, 현재 학습자 자신이 가지고 있는 언어 지식 내에서 다른 가능한 표현으로 바꾸어 전달하는 경우를 의미한다. 이를 위해 다음과 같은 세부 전략들이 있다.

① 근사어 사용(approximation): *Silkworm*을 *worm*으로 *waterpipe*를 *pipe*로 바꾸어 표현하는 것과 같이 부분적인 의미 전달을 위해 학습자가 알고 있는 다른 어휘 항목이나 문장 구조를 선택하여 사용하는 경우이다. 그러나 근사 표현은 발화가 이루어진 문맥을 통해 청자는 화자가 의도한 의미를 적절하게 해석할 수 있다. 예를 들어, 'sailboat'라는 단어 대신 'ship'이라는 단어를 사용한 경우라도 대화의 주제가 요트를 타는 방법이었다면 청자는 'ship'를 'sailboat'의 의미로 이해할 수 있다. 그러나 이런 의사소통전략의 사용에는 오해를 불러일으킬 수 있는 위험적 요소가 내포되어 있다.

② 신조어(word coinage) 만들기: 화자 자신이 의도하고자 하는 개념을 청자가 이해하기 쉽도록 신조어를 만드는 경우이다. 예를 들어, *balloon*을 *air ball*, 그리고 'bedside table'이란 단어를 모르는 독일인 영어 학습자가 이에 해당되는 독일어 단어인 'Nighttisch'를 영어로 그대로 번역하여 'night-table'이라는 신조어를 만들어 낸다. 그러나 학습자는 자신의 모국어로부터의 영향을 배제하고 목표어 자료만을 가지고 신조어를 만들어 내기도 한다. 예를 들어, 영어 학습자가 'bucket'를 표현하기 위해 'water-holder' 라는 단어를 만들어

내는 경우이다. 이러한 전략을 통해 만들어진 단어는 만약 목표어가 단어 형성과 관련하여 생산적인 규칙(productive rule)을 갖고 있는 언어라면 목표어에 실재 존재하는 단어가 될 수도 있다. 그러나 그렇지 않은 경우 발생하는 오류는 전이나 과잉일반화에 의한 오류와 유사할 수 있다.

③ 우회적 표현(circumlocution): *She is, uh, smoking something. I don't know what's its name.*과 같이 합당한 목표어 항목이나 구조를 사용하지 못하고 물건이나 행동의 특징이나 요소를 묘사하여 의사를 전달하는 경우이다.

2) 언어 전환(Code-switching)

화자가 모국어의 단어를 목표어 발화 속에 포함시키는 경우이다. 즉, 모르는 표현에 부딪혔을 때 외국어 자료를 이용하여 새로운 단어를 만들려고 시도하지 않고, 대신 화자 자신의 모국어에서 단어를 빌려와 사용하는 것이다. 이때 학습자는 모국어의 단어를 외국어의 발음과 형태론적 체계에 맞게 수정을 가하여 단어를 외국어화(foreignizing)한다. 이 전략은 청자가 화자의 모국어에 대한 지식을 갖고 있는 상황에서는 성공할 것으로 보인다. 또한, 모국어와 외국어가 공통된 어원을 가진 단어나 혹은 다수의 차용어를 공유하고 있을 때도 학습자는 언어 전환 전략에 많이 의지할 것으로 보인다. 그런데 때때로 청자가 학습자의 모국어를 전혀 모르는 상태에서도 성공적인 의사소통이 이루어지는 경우가 있는데, 이는 인간 경험의 보편성 때문인 것으로 보인다. 어쨌든 이러한 사실은 의사소통능력이 아주 낮은 학습자들에게도 의사소통에 대한 희망을 갖게 한다.

① 직역(literacy translation): 생각나지 않은 목표어의 어휘나 표현을 모국어로 직접 전환하여 사용하는 경우이다. 예를 들어, 상점에서 의사소통이 제대로 안되는 답답하기 그지없는 상황에서 의식적이든 아니면 무의식적이든 화자의 모국어가 툭 튀어나오는 경우이다.

② 언어 전환(language switching): 목표언어 문장 속에 다른 언어의 어휘를 삽입하여 사용하는 경우이다.

3) 비언어적 자원에의 의존(Use of non-linguistic resources)

외국어로 의사소통을 하는데 해당 어휘나 표현을 모를 때 신체적인 부분을 활용하여 비언어적으로 이루어지는 소통 전략이다. 예를 들어, 갈채를 보내기 위해 박수를 치는 행위도 여기에 속한다. 모국어로 이루어지는 의사소통 상황에서도 의미를 명확하게 하기 위해 무언으로 말하기(mime)나 제스쳐(gesture) 등과 같은 비언어적 자원이 동원된다. 학습자가 해당 외국어 어휘를 모르는 경우, 의사 전달을 위해 비언어적 행위를 수반하는 경우가 많다. 예를 들어, 무엇인가를 가리키면서 “Put it there”라고 말한다든가 혹은 동작을 하면서 “It was this kind of shape” 등과 같이 말하는 경우이다. 이러한 비언어적 수단은 실제로 의사소통에서 놀랄만한 도움을 준다. 이 전략은 언어능력이 부족한 학습자가 외국어 학습 환경에서 반드시 살아남아야 하는 경우라면 필수적으로 쓰이게 될 전략일 것 같다. 그러나 이때는 사회 문화적 차이가 내재되어 있어 때로는 상호 오해를 불러일으킬 수 있기 때문에 주의해야 한다.

4) 도움 요청(Appeal for help)

학습자는 외부로부터의 도움을 요청하기도 한다. 의사 표현에 문제가 있음을 직접적인 방법이나 혹은 간접적인 방법으로 청자에게 알림으로써 청자의 협동을 유발하는 전략이다. 예를 들어, “What do you call~?” 이나 “How do you say~?”와 같이 직접적으로 질문을 하기도 하고 상승조 억양, 휴지(pause), 눈 맞춤, 난처해 하는 표정 등과 같은 다른 전략을 동시에 사용하여 간접적으로 도움을 요청하기도 한다. 학습자는 청자뿐만 아니라 이중언어(bilingual) 사전을 찾아봄으로써 도움을 받을 수도 있다. 이 밖에도 ‘well’, ‘now let's see-’, ‘uh’ 등과 같이 시간 끌기 표현을 통해 의사소통 중에 휴지(pause)를 이용하는 방법도 의사소통전략이 될 수 있다.

5) 기타

① 수용적 인식 전략(perception strategy): 화자가 아닌 청자의 입장에서 화자의 말을 잘 듣고 이해하기 위해 단어의 끝 부분이나, 강세가 있는 부분, 혹은 잉여자질에 초점을 맞추어 듣는 것을 의미한다.

② 상투적 문구(routine formula): *How much does it cost?, Where is the toilet?, I don't speak English well. I don't understand you., I don't understand what you are talking about., I don't know who you are.* 등과 같이 특정 문장이나 구문을 단순히 암기해서 사용하는 전략이다. 특히 여행 안내자들이 많이 사용하는 전략이다. 언어규칙을 내재화하지 않고 단순히 표현을 암기하여 사용하기 때문에 정확성과 유창성을 나타낼 수 있는 전략이다. 외국어 능력이 낮은 학습자들이 특정 상투적인 표현이 갖는 구조적인 이해 없이 이들 표현을 통째로 외워 그대로 사용하는 경우가 있는데, 이 또한 의사소통전략으로 사용될 수 있다. 학습자의 현재 언어 수준에서는 이러한 표현들을 사용하기가 어렵지만, 암기해서 잘 사용하기만 한다면 특정 상황에서 의사소통을 매우 유용하게 사용될 수 있는 이점이 있다.

■ Communication strategy: Compensatory strategies

Strategy	Tactic
Avoidance	Avoiding a topic, concept, grammatical construction, or phonological element that pose difficulty
Circumlocution	Describing an object or idea with a definition (e.g., You know, that thing you open bottles with-for corkscrew)
Approximation	Using an alternative term which expresses the meaning of the target lexical item as closely as possible (e.g., ship for sailboat)
Word coinage	Creating a nonexistent L2 word based on a supposed rule (e.g., vegetable-ist for vegetarian)
Non-verbal signals	Mimes, gesture, facial expression, or sound imitation
Prefabricated pattern	Using memorized stock phrases, usually for "survival" purposes (e.g., Where is ...? How much is ...? (morphological components are not known to the listener)
Code switching	Using an L1 word with L1 pronunciation while speaking in L2 (e.g., je serais a la rehearsal - for repetition)
Appeal to authority	Asking for aid either directly (e.g., What do you call ...?) or indirectly (e.g., rising intonation, pause, eye contact, puzzled expression)
Keeping the floor	Using filters or hesitation devices to fill pause and to gain time to think (e.g., well, now let's see, uh, as a matter of fact)

from Brown, 2014, p. 129

7.3. 의사소통전략과 관련된 문제들

의사소통 상의 특정한 문제를 해결하기 위해 학습자의 전략 선택 과정에는 학습자의 인성과 언어적 정확성에 대한 염려 정도가 영향을 미칠 것으로 생각된다. 학습자가 실제 언어사용 환경에서 의사소통전략을 적절하게 선택하여 사용할 수 있다면, 외국어라는 언어적 자원에만 의존하는 학습자보다는 더 효과적으로 의사소통을 진행할 수 있을 것이다. 그렇다면, 학습자의 효율적인 의사소통을 돕기 위해 의사소통전략은 교수와 훈련이 가능한 것일까?

의사소통전략을 교수할 수 있느냐에 대한 연구는 현재까지도 찬 · 반론이 대립하고 있다. 많은 연구자들은 모국어를 습득할 때 자연스럽게 길러진 의사소통전략이 외국어를 습득하는 상황까지 전이된다고 보고 있다(Kellerman, Ammerlaan, Bongaerts & Poulisse, 1990; Paribakht,

1985). Canale과 Swain(1980)은 전략적 능력은 실생활에서 자연스럽게 습득되므로 교실에서 교수할 필요는 없다고 하였다. 또한, Bialystok(1990)도 의사소통전략은 심리적 과정의 반영이기 때문에 교수가 어렵고, 대신 언어를 습득하는 과정에서 자연스럽게 습득되는 것이라 주장했다. 의사소통전략을 분류하는 것조차 불필요함을 주장했던 Kellerman 등(1990)은 의사소통전략을 훈련시키는 것은 정당화될 수 없으며, 따라서 교실에서 언어는 가르치되 의사소통전략은 학습자 스스로 습득하도록 하는 것이 좋다고 주장하였다.

그러나 또 다른 학자들은 의사소통전략의 훈련이 가능하며 동시에 바람직하다고 주장한다(Færch & Kasper, 1983; Haastrup & Phillipson, 1983; Savignon, 1972; Tarone & Youle, 1989). Dörnyei(1995)는 메시지 포기 전략을 비롯한 몇몇 전략은 훈련하는 것이 바람직하지 않지만, 우회적 표현이나 도움 요청 등의 몇몇 전략은 핵심 단어나 구조와도 관련이 있고 유용하여 교실에서 이루어지는 교수 및 훈련이 도움이 된다고 하였다. 그리고, 모국어 읽기 능력을 가진 학습자에게 외국어 읽기 기술을 가르치는 것처럼 보다 넓은 의미로 전략 훈련의 교수 가능성도 얼마든지 가능하다고 생각한다.

의사소통전략과 관련하여 이슈가 되고 있는 또 하나의 분야는 의사소통전략이 실제 외국어 습득에 어떤 영향을 미치는가이다. 의사소통전략의 성공적 사용이 학습자들로 하여금 정확한 목표어 형태를 배워야 할 필요성을 느끼지 못하게 할 것인가, 아니면 의사소통전략의 사용으로 인해 더 쉽게 자신의 발화와 목표어의 정확한 형태 사이의 차이에 대해 주목할 수 있게 만들 것일까? 그러나 이에 관해서도 역시 확실한 결론은 내려지지 않은 상태이다. Corder(1977)는 모험 시도 회피(risk-avoiding)와 같은 축소 전략(reduction strategy)보다 모험 시도(risk-taking)와 같은 성취 전략(achievement strategy)이 언어습득에 더 기여한다고 보았다. 또한, Tarone(1980)은 어떤 종류의 의사소통전략도 학습자가 적절한 목표어 형태에 이르는데 도움을 준다고 하면서, 의사소통전략과 언어습득과의 관계를 긍정적으로 보았다. 일반적으로 의사소통전략은 학습을 위한 입력이 일어날 수 있도록 채널을 지속적으로 열어두는 역할을 하기 때문에 언어습득에도 도움이 된다는 것이다.

■ **Effects of communication strategies on language learning**

Another issue about which we have no precise knowledge is the nature of the relationship between communication strategies and learning. Intuitively, we may consider that some of the strategies - such as mime or the use of native language - are unlikely to produce language, except in the indirect sense that they enable the interaction to continue and perhaps elicit help from the listener. Other strategies - such as paraphrase or adjusting the message - may not help learners to expand their repertoire, but help them to become more fluent with what they already possess. Other strategies -

such as seeking help or creating new words - may lead learners to gain new information about what is appropriate or permissible in the second language. In the view of their importance in enabling communication to take place and the links between communication and learning, the study of communication strategies ought to provide important theoretical and practical insight in the future.

from Littlewood, 2001, p. 87

7.4. 외국어 학습자 발화의 의사소통적 효과

본 장에서는 학습자의 실제 언어수행 시도를 원어민 청자 입장으로 관심을 잠시 옮겨 보고자 한다. 청자 입장에서 화자의 발화를 얼마나 잘 이해하는가와 관련된 '이해 가능성(intelligibility)' 및 그로 인한 의사소통적 효과, 학습자의 발화에 대한 청자의 감정적인 반응 등을 중심으로 살펴보고자 한다. 학습자 발화의 의사소통적 효과에 대한 연구는 학습자가 언어 학습의 적합한 목표를 설정하고, 또한 그들의 언어수행을 평가하는 적절한 기준을 설정하는데 도움을 주기 때문에 관심을 끄는 연구라 할 수 있겠다.

학습자 발화가 의사소통에 미치는 효과를 살펴보기 위해, 연구자들은 원어민 화자에게 학습자 발화의 여러 유형을 보여 주고 그것이 얼마나 수용 가능한(acceptable) 것인지를 결정하도록 하는 연구 방법을 사용하였다. 이런 연구들에서 사전에 고려되어야 할 조건들이 있다. 그것은 첫째, 청자가 누구인가에 관한 것이다. 청자가 원어민인지 아니면 비원어민인지, 언어와 관련된 전문가인지 아니면 비전문가인지 등에 관한 것이다. 이는 청자가 누구냐에 따라서 학습자 발화의 소통적 효과에 대한 평가가 다르게 나타날 수 있기 때문이다. 둘째, 학습자 발화의 어떤 측면을 중점적으로 살펴볼 것인가에 관한 것이다. 만약 학습자의 발화에 문제가 있다면 그것이 발음에 관련된 것인지, 문법에 관련된 것인지, 혹은 어휘에 관련된 것인지를 확실히 구분할 필요가 있다. 왜냐하면, 어떤 종류의 오류인지에 따라 의사소통적 효과는 다르기 때문이다. 셋째, 학습자의 발화는 발화 그 자체만으로 의사소통적 효과가 결정되는 것이 아니라는 점을 고려할 필요가 있다. 왜냐하면, 발화의 의사소통적 효과는 언어적 맥락과 비언어적 맥락이 얼마나 많은 도움을 주는가에 따라서도 달라지기 때문이다. 따라서 이런 세 가지 사항을 염두에 두고 발화의 의사소통적 효과를 논해야 한다.

청자 입장에서 볼 때 어떤 발화가 이해하기에 더 어려울까? Ellis(1994)는 청자의 이해 가능성, 즉 발화의 소통적 효과에 영향을 미치는 요인에 대해 다음의 세 가지 기준을 제시하였다.

첫째, 청자의 입장에서 학습자의 발화를 이해할 때 영향을 미치는 학습자의 오류는 무엇과 관련된 것인가? 즉, 오류가 가진 성격 그 자체의 본질에 따라 이해 가능 정도가 달라진다고 볼 수 있다. Burt(1975)는 학습자의 오류를 전반적 오류(global error)와 국부적 오류(local error)로 나눈 바 있다. 전반적 오류는 의사소통에 장애가 되는 중요한 오류로서 접속사의 잘못된 사용이나 주요 단어의 부적절한 순서 배열 등에 의해 생겨난다. 하지만 국부적 오류는 의사소통에는 지장을 가져오지 않는 오류로 굴절 어미의 생략이나 관사의 잘못된 사용처럼 문장의 부분적인 요소와 관련된 오류이다. 일반적으로 국부적 오류보다는 전반적 오류의 경우 청자의 이해 가능성이 더 낮아진다고 볼 수 있다. 또한, 문법적 오류보다는 어휘 오류가 의사소통에 더 많은 영향을 미치는 것으로 보인다. 그러나 발음과 관련된 오류는 그것들이 특별히 심각하지 않는 한 가장 적은 영향을 미치는 것으로 알려져 있다.

둘째, 청자가 누구인지에 따라서도 발화의 소통적 효과가 달라진다. 일반적으로 볼 때 원어민 화자는 비원어민 화자보다 오류에 있어 더 관용적이어서, 이들은 화자가 생성하는 발화의 소통적 효과를 더 높게 평가하는 경향이 있다. 실제로 몇몇 오류는 언어학자나 교사가 아닌 비전문가인 원어민 평가자에 의해서는 절대로 인식되지 못하는 오류도 있다. 그러나 고등 교육을 받은 원어민 청자는 다른 원어민 화자보다 오류를 더 비판적으로 본다는 경향이 있다. 하지만 비원어민 교사는 특히 형태적(morphological) 혹은 기능적(functional) 오류를 더 가혹하게 판단하는 경향이 있다(Sheorey, 1986). 한편, 청자가 화자의 인성이나 지위를 어떻게 인식하는지 혹은 화자가 속한 공동체를 얼마나 호의적으로 간주하는지에 의해서도 발화의 소통적 효과는 달라질 것으로 보인다. 언어에 대한 강한 규범적인(prescriptive)인 태도를 가진 공동체 출신의 청자는 그들의 언어를 발화하는 외국인의 시도에 대해 좀 더 비판적일 것 같다. 그리고 원어민 청자는 외국어 학습자의 언어능력이나 의사소통능력의 단점을 기초로 그들의 지능과 인성에 대해서 부정적으로 판단하지 않는다(Albrechtsen, Henriksen, & HFærch, 1980).

셋째, 발화의 소통적 효과는 화자의 발화에 대한 청자의 감정적 반응과도 관련이 있다. Khalil(1985)는 오류의 심각성을 판단하는 기준으로 이해 가능성, 오류의 심각성과 관련된 수용 가능성(acceptability), 그리고 청자의 감정적 반응과 관련이 있는 과민성(irritation) 정도를 들고 있다. 청자의 과민성은 주로 오류의 유형보다는 화자의 발화 속에 포함된 오류의 수에 의해 영향을 받는다(Albrechtsen 등, 1980). 오류의 수가 증가하면 할수록, 그리고 학습자가 사용하는 의사소통전략의 수가 많으면 많을수록 청자의 이해 가능성은 낮아질 것이고, 이는 청자의 감정적 반응에도 영향을 미칠 것으로 생각된다. 의사소통전략 그 자체가 청자의 감정적인 반응에 직접적으로 부정적인 영향을 미친다고는 볼 수 없다. 하지만 화자의 언어능력이 불완전하다면 의사소통전략이 사용될 수밖에 없다. 만약, 의사소통전략의 사용이 너무 많아진다면, 이는 청자의 입장에서 화자의 발화를 이해하는데 부정적인 영향을 미칠 것으로 생각된다.

그러나 위에서 살펴본 세 가지 요인 및 기준이 불명확하여 발화의 소통적 효과에 미치는 영향에 대해서 정확한 결론은 현재까지 명확하지 않다. 또한, 발화가 이루어지는 당시의 여러 가지 상황적 요인(contextual factors)도 발화의 소통적 효과에 영향을 미칠 수 있기 때문에, 상황적 요인을 포함한 기타 소통적 효과에 영향을 미치는 변수들에 대한 추후 연구가 필요하다.

언어사용의 변이성은 예외적인 현상이 아니라 외국어를 습득하는 어느 학습자에게도 나타날 수 있는 보편적인 현상이다. 여러 가지 맥락에서 나타나는 학습자의 변이성 속에서도 학습자 나름의 체계성이 숨겨져 있다는 사실도 알게 되었다. 그리고 불충분한 언어능력을 가진 학습자는 성공적인 의사소통을 꾀하기 위해 여러 가지 의사소통전략을 사용하는 것은 분명해 보이지만, 의사소통전략이 실제 언어습득으로 이어질 수 있는지, 의사소통전략의 교수 및 훈련이 가능한 지에 대해서는 아직까지 논쟁의 여지가 많다. 또한, 학습자의 언어사용이 청자의 입장에서 어떻게 받아들여지고 있는지도 살펴보았는데, 이때 오류의 유형이나 청자와 관련된 특성 등에 따라 청자의 이해 가능성과 정의적 반응이 서로 달라진다는 점도 확인할 수 있었다. 의사소통전략은 언어능력이 부족한 학습자가 성공적으로 의사소통을 진행할 수 있도록 도움을 주므로 중요한 의미가 있다는 점은 분명해 보인다.

단원 확인 문제

1. 의사소통전략의 특징으로 적절하지 않는 것은?

① 의사소통전략은 소통상의 문제가 생겼을 때 이를 해결하기 위한 의도적인 노력으로 사용한다.
② 의사소통전략은 의사소통을 지속시키기 위해서 사용한다.
③ 의사소통전략은 고도의 의식성을 전제로 사용된다.
④ 소통 상황에서 소통상의 어려움을 극복하기 위해 임시방편으로 언어를 사용하는 전략과 관계가 깊다.
⑤ 의사소통전략은 학습자가 보여 주는 오류의 한 원인이 되기도 한다.
⑥ 의사소통전략은 주로 생득적으로 습득되는 특성이 있어서 언어가 사용되는 자연적인 상황에서 저절로 습득되는 특성이 있다.

2. 의사소통전략이 갖는 주요 특징으로 볼 수 없는 것은?

① 문제 지향성 ② 고도의 의식성 ③ 이해 가능성 ④ 비규칙성

3. 학습자가 이해하지 못한 부분에 대해 "Could you tell me a little louder, please?"라고 했다면 어떤 전략을 사용한 것인가?

① 문화적 이해 ② 명확성 요청 ③ 수정 요청 ④ 바꾸어 말하기

4. "How much is it?", "How can I get to the station?", "I don't understand you." 등의 표현은 어느 전략과 관련이 있는가?

① 도움 청하기 ② 바꾸어 말하기
③ 관용구 사용하기 ④ 회피하기

5. 학습자가 전달하고자 하는 내용에 적절한 단어나 표현이 생각나지 않을 때 현재 학습자 자신이 가지고 있는 언어 지식 내에서 다른 가능한 표현으로 바꾸어 전달하고자 할 때 사용되는 전략은?

① adjust the message ② create new words ③ switch to native language
④ paraphrase ⑤ seek help ⑥ use approximation

6. *Silkworm* can be used as *worm*, and *water pipe* can be simply used *as pipe*. What strategy does the learner use?

① adjust the message ② create new words
③ switch to native language ④ paraphrase
⑤ seek help ⑥ use approximation

7. If the learner uses "the thing that you boil water for "Kettle, what strategy does the learner use?

① adjust the message ② create new words
③ switch to native language ④ paraphrase
⑤ seek help

8 다음 "Intelligibility"에 대한 진술문을 읽고 맞으면 "0", 틀리면 "X" 표를 하시오.

① Hearers' intelligibility depends more on the nature of error itself than on linguistic and non-linguistic clues in contexts. ( )
② Grammatical errors affect communication more than vocabulary errors. ( )
③ Learners who use a lot of communication strategies are often difficult to understand. ( )
④ Intelligibility suffers at the number of errors increased. ( )
⑤ Non-native speakers are more lenient than native speakers in judging the seriousness of learners' errors. ( )

8장

외국어 습득·학습의 기본 모델

8장

외국어 습득·학습의 기본 모델

단원 핵심 용어				
· 창의적 언어 구성 모델	· 언어기능 학습 모델	· 보편적 언어적 기초	· 언어처리 메카니즘	· 부분-기능 연습
· 언어처리 전략	· 과잉일반화	· 전이	· 잉여성 축약	· 정교한 단순화
· 문화이식	· 피진어	· 화석화	· 사회적 거리	· 이해 가능한 언어입력
· 축약된 체계	· 단순 코드	· 강요된 발화	· 언어사용의 위계성	· 언어처리 매카니즘

본 장에서는 외국어 습득 과정을 설명하기 위한 기본 모델이 될 수 있는 '창의적 언어구성(creative construction) 모델'과 '언어 기능 학습 모델(skill-learning model)'에 대해서 살펴보고자 한다. 두 모델 간에 서로 상충되는 부분이 많지만, 이들 두 모델이 어떻게 조화되고 통합되어 외국어 습득 과정을 보다 설득력 있게 설명할 수 있는지를 살펴보고자 한다.

8.1. 창의적 언어구성(Creative Construction) 모델

창의적 언어구성 모델에 의하면, 자연적인 의사소통 상황에서 학습자들이 의사소통을 위해서 자연스럽게 언어입력을 처리하는 전략들을 사용하고, 습득하고자 하는 목표어의 언어규칙들을 발견하고, 동시에 이들 규칙체계를 내재화시켜 나가는 과정을 통해서 언어를 습득하고 학습한다는 것이다. 학습자들이 자연적인 언어사용 환경에 제대로 노출만 된다면, 학습자들은 목표어의 언어 규칙체계를 점증적으로 내재화시키면서, 그리고 예측 가능한 발달 단계를 거치면서 원어민 수준의 언어능력 체계에 도달하게 된다. 창의적 언어구성 모델을 도식으로 나타내면 다음과 같다.

〈그림 8-1〉 창의적 언어구성 모델

위 모델의 작동 여부에 대한 구체적인 증거는 모형의 마지막 단계인 학습자의 발화(utterances)를 살펴봄으로써 가능하다. 왜냐하면, 학습자들의 발화를 살펴봄으로써 우리는 학습자들이 내재화하였던 목표어의 규칙체계를 유추해 볼 수 있기 때문이다(예를 들어, 부정문이나 의문문을 형성하는 규칙). 또한, 학습자들이 목표어의 규칙체계를 내재화하기 위해서 사용하는 다양한 언어처리 전략들 -- 일반화(generalization), 과잉일반화(overgeneralization), 전이(transfer), 모방(imitation), 잉여성 축약(redundancy reduction) 등 -- 을 어떻게 사용하는지에 대한 가설을 설정해 볼 수도 있다. 예를 들어, 성인이 어린이에게 말을 할 때 사용하는 발화(예: caretaker speech), 원어민이 외국어 학습자에게 말할 때 사용하는 발화(예: foreigner talk) 등이 갖고 있는 언어적 특징 등을 살펴봄으로써, 학습자가 사용하는 언어학습 전략들이 어떤 유형의 언어입력에 대해 보다 효과적으로 적용되는지에 대한 정보를 얻을 수 있다.

창의적 언어구성 모델의 가장 중요한 특징은 학습자 내면에 존재하고 있는 '언어처리 메카니즘(language processing mechanism)'이다. 이 언어처리 메카니즘은 자연적인 언어사용 환경에서 학습자들이 받아들이는 언어입력에 의해서 작동이 되는 것이지, 학습자 스스로 발화를 생성해 내고자 하는 인위적인 시도와는 별개라는 점이다. 즉, 학습자들이 생성해 내고자 하는 발화는 학습자들이 내재화시켰던 언어규칙을 적용하여 언어를 직접 사용하여 나타난 자연스러운 결과물로 이해된다. 예를 들어, 창의적 언어구성 모델에서 의도적인 발화 연습(pushed output) 등의 발화 활동은 학습자들이 언어규칙을 내재화하는데 기여하는 요인은 아니라는 점이다. 이에 대한 증거로 침묵의 시기(silent period)를 들 수 있다. 침묵의 시기는 모국어 습득 또는 자연적인 외국어 학습의 초기 단계에서 쉽게 발견되는데, 이는 최근 들어 많은 영어 교수 및 학습 프로그램에 성공적으로 도입되어 사용되고 있다. 그러나 학습자의 발화 활동 역시 외국어 습득에서 중요한 역할을 한다는 점은 부인할 수 없다. 학습자의 발화는 학습자들이 의사소통 상황에 참여할 수 있도록 해주며, 또한 더 많은 언어입력을 얻을 수 있도록 해주는 자극이 된다.

8.1.1. 창의적 언어구성 모델과 문화이식(Acculturation) 가설

언어의 가장 중요한 기능은 의사소통을 위한 수단이다. 따라서 학습자들이 보여주는 외국어 습득의 다양한 숙달도를 결정짓는 가장 중요한 요인 중의 하나는 학습자들이 의사소통의 필요성에 의해서 외국어 습득에 대해 갖고 있는 동기의 높고 낮음의 정도라고 할 수 있다. 의사소통의 필요성은 다음 두 가지 유형으로 분류해 볼 수 있다.

① 기능적 필요성(functional need): 오해(misunderstanding) 없이 메시지를 전달하고자 함, 업무를 보다 효과적으로 수행함 등.

② 사회적 필요성(social need): 사회적으로 용인 가능한 언어를 사용하고자 함, 원어민 공동체 사회에 대해 만족스럽게 동화하고자 함 등.

이들 두 의사소통의 필요성은 상호 중복되어 있는 부분이 많아서 이들 간에 명확한 구분은 불필요해 보인다. 그러나 우리는 외국어 습득에서 기능적 필요성(예: survival)에 관심을 기울이고 있는 학습자와 다른 언어사용 공동체 사회에 동화하는데 관심을 가지고 있는 학습자 간에는 어느 정도 구별을 하는 것이 필요하다. 바로 이러한 차이를 강조하기 위해서 Gardner(1985)는 도구적(instrumental) 동기와 통합적(integrative) 동기를 제시하였다.

그렇다면 문화이식(acculturation) 가설과 창의적 언어구성 모델 간에는 어떤 관계를 설정할 수 있는가? 특히, 통합적 동기와 관련하여 목표어 공동체 사회에 동화하고자 하는 학습자의 목표는, 그 정도의 차이가 있을 수 있지만, 문화이식 가설을 설정하는 기초가 된다. 문화이식 가설은 창의적 언어구성 모델을 대체할 수 있는 이론이라기 보다는 창의적 언어구성 모델과 상보적으로 적용해 볼 수 있는 이론으로 이해된다. 문화이식 가설은 학습자들이 접하는 언어입력을 실제로 처리하는 과정에 대해서 초점을 맞추기 보다는, 이러한 언어입력 처리 과정이 성공적으로 일어날 수 있도록 영향을 미치는 사회적 또는 학습자 개인의 심리적인 요인들과 관련이 깊다. 만약 어떤 학습자가 목표어 공동체 사회에 동화하고자 하는 열망이 강하면 강할수록 그 학습자는 목표어 언어체계를 보다 효과적으로 발달시키게 될 가능성은 높아진다.

문화이식 가설에 대한 구체적인 증거는 Schumann(1976, 1978a, 1978b)의 연구를 통해서 쉽게 접할 수 있다. Schumann은 Alberto 라는 성인 영어 학습자가 영어학습을 위한 많은 기회가 주어졌음에도 불구하고, 초기 언어체계의 단계를 뛰어 넘지 못하고 언어체계가 더 이상 발전하지 못하는 화석화(fossilization) 현상이 발견되었다. 그 원인을 파악하기 위해 면담과 설문지 조사가 실시되었는데, 그 결과 Alberto는 영어권 공동체 사회와 사회적 거리감(social distance)을 두고 있었으며, 영어권 공동체 사회에 동화하고자 하는 열망이 낮다는 것이 발견되었다. 이는 목표어 공동체와 사회적 접촉을 하고자 하는 학습자의 열망과 그들이 보여주는 언어적 발달 간에 매우 밀접한 관련이 있다는 것을 의미한다.

또한, 문화이식 가설은 이해 가능한 언어입력(comprehensible input)과 정의적 여과기(affective filter) 가설과도 밀접한 관련이 있다. 목표어 국가에 장기적으로 체류할 목적을 가지고 있는 학습자들은 정의적 여과기를 낮추어야 보다 많은 언어입력을 받아들일 것이며, 심리적으로는 사회적 거리감을 좁혀야 목표어 원어민들과의 접촉을 보다 용이하게 할 수 있다. 이는 학습자들이 목표어 학습에 대한 긍정적 태도와 함께 목표어 학습에 대한 높은 동기를 갖도록 해 준다. 이렇게 목표어 문화에 동화되고자 하는 열망이 강하면 목표어 문화권과 더 많은 상호작용이 일어날 것이고, 이는 목표어 습득을 촉진시키게 될 것이다. 결론적으로, 문화이식 가설은 창의적 언어구성이 더 잘 일어나도록 영향을 미칠 수 있는 동기 요인에 대해 설명이 가능하다는 점에서 의의가 있다.

8.1.2. 단순코드의 정교화를 통한 언어습득

외국어를 습득하는 초기 단계에서 학습자들이 생성해 내는 발화는 성인이 어린이에게 말을 할 때 사용하는 발화와 상당히 많은 부분에서 유사점이 많다. 이러한 언어체계를 '축약된 체계(reduced system)' 또는 '단순코드(simple code)' 라고 부르는데, 이러한 언어체계가 갖고 있는 특징은 다음과 같다.

① 언어적 특성의 많은 부분들이 서로 동일하다. 예를 들어, 잉여적 굴절 요소들과 기능어(예를 들어, 전치사, 관사) 등이 생략되며, 의미는 무엇보다도 어순에 의해서 표현되고, 복잡한 문법적 구성 요인들은 회피되며, 어려운 어휘들은 쉬운 어휘들로 대체된다.

② 축약된 언어체계는 각각의 언어사용 상황과 상응하여 제한된 의사소통의 필요성을 충족시킨다. 이를 '단순 기능적 필요성(simple functional need)'이라 하는데, 이때 사용되는 언어체계는 섬세한 의미와 사회적 의미 등의 정교한 차이를 전달하기 위해 사용되는 언어체계와는 차이가 있다.

③ 화자의 소통적 필요성이 복잡해지고 섬세해짐에 따라, 이와 상응하여 학습자의 언어체계도 보다 정교화 되면서 언어 발달 단계를 밟아 나간다. 만약 피진어가 특정 언어 공동체

사회의 주요 소통 언어로 자리 잡게 될 경우 이때는 혼성어(creole)로 발달해 나간다.

만약, 어떤 학습자가 제한된 언어적 자원(linguistic resources)을 가지고서 현재 이용 가능한 가장 단순한 방법으로 다른 사람과 의사소통을 해야만 한다면, 학습자들은 위에서 언급된 단순화된 언어체계를 사용할 것이다. 이와 관련하여 우리가 설정해 볼 수 있는 하나의 가설은 학습자들이 사용하는 단순화된 언어체계는 일종의 '보편적인 언어적 기초(universal linguistic base)'에 근거하고 있다는 것이다. 그런데 보편적인 언어적 기초는 언어학습이 시작하기 전이라도 모든 사람의 내면에 존재하고 있으며, 초보적인 의사소통을 위해서 사용이 가능하며, 추후 언어습득을 위해서 좀 더 정교한 언어체계로 발전한다는 특징이 있다.

보편적인 언어적 기초에 대한 증거는 모국어 및 외국어를 배우는 학습자들이 서로 다른 언어적 공동체에 속할지라도 초기 언어 발달 단계에서는 서로 유사한 유형의 발화(단순코드)를 생성해 내는 데서 찾을 수 있다. 어린이들은 그들이 속한 공동체 내에서 보편적인 언어적 기초를 사용하여 초보적인 의사소통을 시작하지만, 점차 그들의 언어체계를 정교화 시켜 나간다. 만약 목표어를 이제 막 배우기 시작한 학습자가 상대방 언어에 대해서 아무런 지식이 없이 의사소통을 해야만 한다면, 그들 역시 보편적인 언어적 기초에 의존하여 그들이 새롭게 접하는 목표어의 언어 규칙체계를 구성해 나갈 것이다. 그런 후, 학습자들은 앞서 언급한 창의적 언어구성 과정을 거치면서 언어체계를 보다 정교화 시켜 나가는 과정을 밟는다.

보편적 언어적 기초의 개념은, 앞서 언급한 문화이식 가설의 경우와 같이, 창의적 언어구성 모델을 대체하기보다는 서로 상보적으로 적용될 수 있다. 문화이식 가설은 창의적 언어구성 과정이 보다 효과적으로 일어나기 위한 여러 외적인 요인과 관련이 있다면, 보편적인 언어적 기초 개념은 창의적 언어구성 과정이 일어나기 위한 출발점으로 적용시켜 볼 수 있다.

8.2. 언어 기능 학습(Language Skill-Learning) 모델

창의적 언어구성 모델은 학습자들이 목표어의 언어 규칙체계를 내재화하기 위해서 학습자들이 학습 과제를 수행하면서 사용하는 인지적 언어처리 전략(cognitive language processing strategy)을 강조한다. 창의적 언어구성 모델의 가장 큰 목적은 학습자들이 보여주는 실제적 언어수행 기술과는 별개로 언어에 내재된 규칙체계를 어떻게 습득해 나가는가를 설명하는데 있다. 이 모델이 내포하고 있는 용어에 의하면, 어떤 사람이라도 언어를 사용하여 외적으로 발화 연습을 하지 않더라도 언어를 배울 수 있다는 점을 함축하고 있다. 창의적 언어구성 모델에서 생성 기술(productive skills)이 의미하는 바는 학습자들이 특정 언어 발달 단계에서 내재화한 언어 규칙체계를 단순히 외부적으로 나타난 결과물에 불과하다는 점이다.

하지만 창의적 언어구성 모델은 대부분의 외국어 학습이 교실 현장에서 적용되고 있는 언어 학습 모델과는 큰 대조를 보인다. 대부분의 외국어 교수 현장에서 사용되는 접근방식은 학습자들이 연습 또는 질문-대답 연습을 통해서 미리 정해진 언어의 각 부분들을 생성하여 발화 연습할 필요가 있으며, 바로 이러한 발화 활동이 목표어의 언어 규칙체계를 내재화하는데 매우 중요한 역할을 담당하고 있다는 가정에 기초하고 있다. 창의적 언어구성 모델과 언어 기능 학습 모델 간에 나타나는 차이점을 도식으로 제시하면 다음과 같다.

Creative Construction Model

Input from exposure → Internal processing → System constructed by learners → Spontaneous utterances

Language Skill Learning Model

Input from instruction → productive activity → System assimilated by learners → Spontaneous utterances

〈그림 8-2〉 창의적 언어구성 모델과 기능학습 모델 간의 비교

위 두 모델을 비교해 보면, 학습자들이 접하는 언어입력의 성격과 출처에서, 그리고 이들 언어체계를 내재화시키는 방법에서 서로 다르다는 것을 알 수 있다. 언어 기능 학습 모델에서 학습자들이 접하는 언어입력의 특징은 구조화되어 있고 통제되어 있다는 점이다. 하지만 이들 구조화되고 통제된 언어입력 역시 학습자들로 하여금 목표어의 내재된 언어 규칙체계에 도달하도록 안내해 준다. 하지만 학습자들은 내적 언어처리 메카니즘을 통해서 언어체계를 스스로 구성하고 내재화시키는 것이 아니라, 등급화된 순서에 따라 그리고 교사나 교재를 통해서 선별적으로 제공되는 언어자료에 대한 의도된 발화 연습을 통해서 목표어의 언어 규칙체계를 내

재화시킨다.

따라서 언어 기능 학습 모델에서 학습자가 언어수행 기술을 발전시키기 위해서는 언어를 직접 사용하는 것이 매우 중요하다는 것을 강조한다. 여기서 언어수행 기술은 인지적 측면(cognitive aspect)과 행위적 측면(behavioral aspect)에서 고려될 필요가 있다. 인지적 측면은 적절한 행위를 창조하기 위한 계획을 내재화시키는 것을 포함한다. 언어를 사용하기 위한 구체적인 계획들은 문법규칙, 어휘선별 과정, 그리고 발화를 통제하는 사회적인 관습 등과 같은 언어체계에서 비롯된다. 한편, 행위적인 측면은 이러한 계획들을 자동화(automization)시킴으로써 각각의 언어적 항목에 대한 사용 계획들이 실제 언어사용 상황 속에서 유창한 언어수행으로 전환되는 것을 의미한다. 이러한 자동화는 언어사용 계획을 실제 언어수행으로 전환시키는 발화의 무한한 생성 연습을 통해서 가능해 진다.

일반적으로 언어 기능 학습 모델에서 하나의 언어 기능이 학습될 때, 학습자들은 언어의 각 구성요소들을 분리하여 개별적으로 연습한다. 예를 들어, 영어를 학습하는 학습자는 부정문이나 의문문 등과 같은 문법구조들을 어떻게 사용할 것인지를 연습하게 되며, 상대방의 허락을 구하는 등과 같은 의사소통적 기능들을 어떻게 표현할 것인지를 연습하게 된다. 또한, *ship*와 *sheep* 간에 나타나는 음성적 차이를 어떻게 발음할 것인가에 대해서도 연습을 진행한다. 이러한 특성 때문에 언어 기능 학습 모델에서 주로 사용되는 학습 방법은 '부분-기능 연습(part-skill practice)'이라고 불린다. 그리고 각 부분들이 하나로 통합되어서 나타날 필요가 있는 어떤 상황에서 각각의 언어 기능들은 전체적으로 통합되어 연습된다. 물론, 부분적인 언어 기능 연습과 전체적인 언어 기능 연습을 하는데 광범위한 난이도가 존재한다.

언어를 각 부분의 기능으로 나뉠 수 있는 것은 언어사용에서 위계적인 순서가 있다는 점에 근거를 두고 있다. 즉, 언어를 사용한다는 것은 일종의 학습 과제를 수행한다고 볼 수 있는데, 이들 학습 과제들은 많은 하위 과제들로 구성되어 있고, 또한 하위 과제들은 또 다른 하위 과제들로 구성되어 있음을 의미한다. 언어사용의 위계성에 대해서 다음과 같이 정리해 볼 수 있다.

① 언어사용의 위계성에서 가장 높은 상위에 위치하는 것은 의사소통을 하고자 하는 전반적인 목표라 할 수 있다. 예를 들어, 친구를 설득하여 오늘 저녁 영화관에 같이 가는 것이 의사소통의 목표가 된다.

② 이 목표를 달성하기 위해, 우리는 다양한 요인들로 구성된 전략을 개발하게 된다. 예를 들어, 영화가 어떤 내용이고, 무엇에 관한 영화이고, 같이 가고자 하는 친구가 이 영화에 대해서 어떻게 호감을 갖도록 할 것인지, 왜 오늘 저녁이 영화를 보는데 가장 좋은 시간인지, 그리고 그 친구를 어떻게 설득할 것인지 등이 포함된다. 이러한 전략들의 일부는 대화 이전에 이미 효과가 나타날 것이고, 어떤 것은 대화가 진행되면서 효과가 나타날

것이다.

③ 이미 언급한 이러한 하위 과제들을 수행하기 위해서 우리는 어떤 논의가 진행되어야 하는지 등의 특정 주제를 정해야 하고, 그리고 친구를 설득하기 위해 사용할 문장의 형태를 선택해야 한다.

④ 각각의 문장 형태는 절(clause) 수준에서, 구(phrase) 수준에서, 그리고 단어(word) 선택 순으로 작동하여 결정된다. 다르게 표현하자면, 문법을 사용한다는 것은 그 자체가 과제의 위계성을 포함하고 있다고 할 수 있다.

⑤ 단어들을 발화하기 위해서는 복잡한 발성기관의 작동을 요구한다,

따라서 이러한 각각의 과제들(하위 과제들)이 수행되기 위해서는 일종의 계획이 필요하다. 위계성에 있어서 가장 높은 상위 수준에서(예를 들어, 전략 또는 의미를 결정함) 설정될 수 있는 계획에는 화자가 지금 당장 당면하고 있는 의사소통의 필요성과 이를 성취하고자 하는 의식적인 의도가 포함될 수 있다. 만약, 학습자들의 장기 기억(long-term memory) 속에 하위 수준의 언어적 항목들(예를 들어, 의사소통을 위해서 문법구조나 단어를 선택하고 올바르게 발음함)을 효율적으로 이용할 수 있는 계획들을 가지고 있다면, 학습자들은 언어수행을 하는 동안 하위 수준의 언어적 항목에 대한 작동은 자동적으로 이루어질 수 있도록 하면서 상위 수준의 학습 과제에 집중할 수 있다.

그러나 대부분의 외국어 학습자들은 원어민 수준의 광범위한 언어적 자원을 자동적으로 사용할 수 있는 계획들을 갖고 있지 않다. 그렇기 때문에 학습자들은 언어수행을 하면서 하위 수준의 언어 작동에 대해 의식적인 주의력을 집중시킬 수밖에 없다. 만약 학습자가 이러한 하위 수준의 언어적 항목에 대한 작동을 정확하게 수행하는데 많은 주의력을 사용한다면, 그 결과는 아마도 학습자의 유창성을 희생시킬 수도 있다. 그러나 만약 학습자가 하위 언어적 항목을 작동시키기 위한 적절한 계획에 대해 필요한 정보가 부족하거나 주의력이 결핍되어 있다면, 그 결과는 오류로 나타날 것이다. 하지만 학습자가 목표어에 대한 정보를 더 많이 습득해 나가고 하위 수준의 언어적 항목을 자동적으로 작동시킬 수 있는 능력이 증대해 감에 따라, 학습자들이 언어수행 중에 보여줄 수 있는 정확성과 유창성은 더욱 증대될 것이다.

창의적 언어구성 모델과 언어 기능 학습 모델은 모두 외국어 습득 과정에 대해서 기술하고 있으며, 이들 두 모델들은 외국어 교사와 연구자 모두에게 많은 의미를 부여해 주고 있다. 따라서 언어학습 과정을 보다 정확하게 설명하기 위해서 이들 두 모델을 상보적으로 조화시킬 수 있는 방안을 찾을 필요가 있다.

■ Automation of low-level units

The acquisition of skill consists essentially of automation of low-level plans or units of activity. Initially the execution of such a unit of activity requires the allocation of a large amount of mental efforts, since it has to be designed anew. Repeated performance of the activity, however, leads to the availability of ready-made plans in long-term memory for such activities… The result of automation is that less and less effort is to be spent on low-level patterns of action, so that more and more capacity is left for the high-level decisions.

from Levelt(1978, pp. 57-58

8.3. 의식적인 외국어 학습과 무의식적인 외국어 습득

창의적 언어구성 모델과 언어 기능 학습 모델이 서로 유사하게 공유하고 있는 외국어 학습의 기본 목적은 바로 학습자들이 의사소통의 필요성을 충족시키고, 의사소통의 목적에 맞게, 그리고 융통성있게 언어를 사용할 수 있는 능력을 갖추게 하는 것이다. 그러나 이들 두 모델은 이러한 목적을 달성하는데 서로 다른 경로를 제시한다. 창의적 언어구성 모델에서, 언어습득이란 내적 언어체계의 전체적인 정교화를 의미한다. 이때 각각의 부분들은 처음 시작 단계부터 하나로 통합되어 학습된다. 이러한 언어적 발달은 자연 발생적으로 그리고 무의식적으로 이루어지며, 학습자는 언어 형태보다는 수행하는 학습 과제 그 자체에 주의력을 집중한다. 한편, 기능 중심의 언어학습 모델에서는 언어체계의 각 부분들이 단계적으로 학습되는 언어 형태 중심의 학습이 이루어진다. 궁극적으로 이러한 각 부분들은 후에 하나로 통합되며, 이때 이루어지는 언어학습은 주로 교사의 안내, 지도, 그리고 훈련연습 등에 의해서 의식적으로 이루어진다.

이들 두 모델은 상당히 많은 부분에서 서로 다른 유형의 학습을 지향한다. 창의적 언어구성 모델에서는 무의식적으로 습득이 일어나는 반면에, 기능 중심의 언어학습 모델에서는 의식적인 노력을 통해서 학습이 일어난다. 이들 서로 다른 학습유형에 대한 구분은 인간 학습과 관련된 심리학에서 이루어지는 학습유형과 매우 유사하다. 예를 들어, 공식적인(formal) 학습과 비공식적인(informal) 학습에서 나타나는 차이, 자연 발생적인(spontaneous) 학습과 통제된(controlled) 학습 간에 나타나는 차이, 자연적인(natural) 학습 환경과 교수적인(didactic) 학습 환경 간에 나타나는 차이 등이 이에 속한다. 최근에 와서 외국어 습득을 보다 효율적으로 수행하기 위해서는 자연 발생적인 언어습득과 교사에 의한 통제된 언어학습이 동시에 이루어져야 한다는 주장이 제기되고 있다.

한편, Krashen(1981, 1982a, 1982b)은 이들 두 학습유형에 대한 명확한 구별과 함께 이들이 갖는 함축적인 면에 대해서 논의를 진행하였는데, 그 결과 많은 언어학자들과 교사들은 무의식적으로 이루어지는 언어습득 측면에 대해서 많은 관심을 갖게 되었다. 최근 Krashen의 논의를 통해서, '습득(acquisition)'은 무의식적인 언어학습을 지칭하는 반면에, '학습(learning)'은 의식적인 언어학습을 지칭하게 되었다. 현재 우리가 가지고 있는 지식의 수준에서는 습득과 학습 간의 관계에 대해서, 그리고 이들 각각의 학습유형이 외국어를 학습하는 학습자의 언어능력 발달에 어떻게 기여하는지에 대해서 명확하면서도 신뢰성있는 진술은 불가능해 보인다. 하지만 몇 가지 진술이 가능한데, 이를 정리해 보면 다음과 같다.

1) Krashen(1982a, 1982b)에 의하면, 학습과 습득은 서로 다른 언어체계 형성에 작용하기 때문에 학습과 습득이 담당하는 기능 또한 서로 다르다. 의사소통을 목적으로 언어를 사용하는 동안에(이는 앞서 언급한 의식적으로 행해지는 발화 연습과는 반대되는 개념임.) 학습자들은 습득을 통해 내재화된 언어체계를 이용하여 창의적이고 자연 발생적인 발화를 하게 된다. 이와 반대로, 의식적인 발화 연습 등을 통해서 학습된 언어체계는 단지 학습자들이 언어의 올바른 형태를 사용하고 개선시키기 위한 감시장치(monitor) 역할을 담당한다. Krashen은 이러한 감시장치가 효과적으로 작동하기 위해서는 다음 3가지 조건이 충족되어야 한다고 주장하였다. 첫째, 시간이 충분해야 한다. 둘째, 언어규칙을 알고 있어야 한다. 셋째, 언어 형태에 초점을 맞추어야 한다. 이는 학습자들이 의사소통을 하면서 시간의 압박이 없을 경우에는 올바른 형태의 발화를 생성해 낼 수 있는 시간적 여유가 있지만, 즉각적인 반응을 보여야 하는 실제 의사소통 상황에서는 다소 많은 오류가 발생되는 이유를 설명해 준다. Krashen은 학습과 습득은 상호 배타적이어서 학습된 지식은 습득으로 전이되지 않는다고 하였지만, 이들 학습과 습득이라는 두 체계 간의 구별을 보여줄 수 있는 명확한 증거는 없다. 또한, 우리 인간들이 행하는 일반적인 인지처리 과정에 대한 지식에 비추어 볼 때 학습과 습득의 명확한 구별은 그리 쉽지 않다는 생각이 지배적이다.

2) Stevick(1989)에 의하면, 학습자들은 언어규칙을 내재화시키는데 학습과 습득이라는 서로 다른 방식을 사용한다. 그러나 학습된 언어체계와 습득된 언어체계가 서로 분리되어 있는 것이 아니기 때문에, 학습과 습득은 서로 간에 전이가 가능하다고 생각한다. 이 주장은 앞서 제시한 Krashen의 주장과는 큰 차이가 있다. 하지만 창의적 언어구성 모델을 언어학습의 기본 체제로 받아들일 경우, 이 이론이 함축하는 바는 의식적인 학습을 통해

서 학습된 언어적 항목이나 구조들이라 할지라도 무한한 연습을 통해서 습득된 언어체계로 전이가 가능하다는 점이다. 비록 학습된 지식이라 할지라도 무한한 연습을 통해서 습득으로 전이된 언어체계들은 창의적 언어구성 과정을 통해서 이미 습득된 언어체계들과 같이 자연 발생적인 언어학습 활동을 위해서 이용이 가능하다.

3) 앞서 살펴본 바와 같이, 언어체계를 자동화시키는 방법에는 2가지가 있다. 첫째 방법은 의식적인 학습과 연습을 통해서 가능하고, 다른 방법은 습득이라는 내적 언어처리 과정을 통해서 자연 발생적으로 언어체계를 발달시켜(자동화시켜) 나가는 것이다. Sajavaara(1981)에 의하면, 언어체계가 학습자 내부에서 내재화되기 시작할 때 이들 습득된 언어체계는 이미 자동화된 상태이며, 또한 이러한 습득된 언어체계는 의식적인 주의를 기울이지 않더라도 예측 가능한 순서대로 발달해 나가는 특성이 있다. 따라서 의사소통을 목적으로 언어가 사용될 때, 학습자들은 습득과 학습을 통해서 습득된 서로 혼합된 언어체계들을 발전시켜 나간다. 그러나 학습자들이 학습된 언어체계를 효과적으로 사용하기 위해서는 특별한 주의를 기울일 필요가 있다는 점을 강조한다. 만약, 학습자가 주의를 기울이지 않는 언어체계는 의사소통 상황에서 충분히 사용될 정도로 자동화되지 못한다. 따라서 학습자들은 의사소통에 필요한 언어적 항목에 대해서 특별한 주의를 기울이면서 충분한 연습과 훈련을 통해서 언어체계를 내재화시킬 필요가 있다. 또한, Sajavaara는 특정 언어적 항목이 비록 의식적인 훈련과 연습을 통해 학습되었다 할지라도, 이들 항목이 의사소통 목적으로 효율적으로 사용될 기회를 갖는 것이 중요하며, 소통적 활용 기회를 갖지 못한 언어적 항목들은 의사소통 상황에서 자동적으로 사용될 정도로 내재화될 기회를 갖지 못한다고 주장하였다.

위에서 제시된 2번째 이론은 창의적 언어구성 과정을 기본 체제로 사용하면서 그 체제 안에 언어 기능의 의식적인 학습을 수용하고자 하였다. 반면에, 3번째 이론은 기능 위주의 언어학습 과정을 기본 체제로 사용하면서 그 체제 안에 창의적 언어구성 과정을 수용하고자 하였다. 일반적으로 자연적인 언어학습 환경에서는 창의적 언어구성 모델이 보다 주도적인 역할을 할 것으로 생각되며, 교실에서 이루어지는 언어학습 상황에서는 의식적인 학습과 연습이 주도적인 역할을 할 것으로 기대된다. 따라서 우리가 취할 수 있는 선택은 이들 서로 다른 언어 학습유형에 대해서 어느 하나를 취하고 버리기 보다는, 이들 두 학습 환경의 내면적 특성이 언어학습에 미칠 수 있는 이점과 단점을 정확하게 파악하여, 두 모델을 상보적으로 이용할 수 있는 방안을 모색해 보는 것이 좋을 듯 하다.

8.4. 사회적 측면의 언어학습

앞에서 제시한 두 언어학습 모델을 하나의 체제 안으로 통합시킬 수 있는 가장 효율적인 방법은 인간의 언어 발달 과정을 상호 상보적으로 포용할 수 있는 보다 큰 학습 모델 속으로 통합시키는 것이다. 이를 위해서 본 장에서는 창의적 언어구성 모델과 언어 기능 학습 모델을 사회학습의 측면으로 통합하여 살펴보고자 한다. 최근 행해진 사회적인 학습에 대한 연구 결과에 의하면, 다음과 같은 조건들이 충족될 때 학습은 보다 효과적으로 이루어질 수 있다.

① 학습하고자 하는 동기가 있어야 한다.
② 학습하고자 하는 목표어의 주요 언어적 특성들을 내면화시킨다.
③ 이러한 내면화된 주요 언어적 특징들이 실제 언어수행 상에서 나타날 수 있도록 연습한다.
④ 행위가 제대로 수행되었는지 그 성공 여부에 대해서 피드백을 받는다.

따라서 본 장에서는 위에서 제시한 조건들이 창의적 언어구성 모델과 언어 기능 학습 모델에서 어떻게 서로 다르게 실현되는지를 살펴보고자 한다.

1) 학습 동기

학습 동기는 언어학습이 지속적으로 이루어지게 하는 원동력이 되지만, 창의적 언어구성 모델과 언어 기능 학습 모델에 따라 학습 동기의 근원은 다를 수 있다.

① 창의적 언어구성 모델에서 동기의 근원은 학습 중인 외국어를 사용하여 의사소통을 하고자 하는 필요성과 관련이 있다. 소통의 필요성은 단기적인 필요성에서 대두될 수 있고, 또는 장기적인 필요성에서 대두될 수 있다.
② 언어 기능 학습 모델에서 학습 동기는 외국어 수업이 이루어지는 맥락과 직·간접적으로 관련이 있는 요인들에 의해서 영향을 받는다. 예를 들어, 자연적인 의사소통과는 별도로 학습자의 행동을 단기적으로 변화시키고자 하는 학습 목표(예: 취업, 고등교육 진학) 등이 이에 속한다.

2) 주요 언어적 특성의 내면화

언어학습 과정에서 주요 언어적 특성을 내면화하는 방법은 창의적 언어구성 모델과 언어 기능 학습 모델 간에 차이가 있다.

① 창의적인 언어구성 모델에서 주요 언어체계는 학습자들이 자연적인 의사소통이 이루어지는 언어학습 환경에서 사용하는 인지적 언어처리 전략 등을 통해서 학습자 내면에 내재화된다. 학습자 스스로 생성해 내는 발화는 학습자가 내재화한 규칙체계의 증거로 여겨진다. 이러한 내재화 과정은 자연적으로 이루어지는 습득의 한 부분이 된다.

② 언어 기능 학습 모델에서 학습자들은 자신들의 내면에 내재화시켜야 하는 목표어의 주요 특징에 대해 인위적으로 주의를 기울이도록 가르침을 받는다. 이때 내재화 과정은 의도된 발화 연습 등과 같은 훈련 절차 등을 통해서 통제되는 경우가 많다.

3) 내면화된 언어체계를 언어수행으로 전이시킴

창의적인 언어구성 모델은 자연적인 맥락에서 언어가 사용되지만, 언어 기능 학습 모델에는 주로 인위적인 교실 상황에서 언어를 사용하게 된다.

① 창의적인 언어구성 모델은 인위적인 제약이 부과되는 연습 상황이 아닌 자연적인 의사소통 상황에서 성공적으로 일어난다. 또한, 창의적 언어구성은 학습자가 의사소통하고자 하는 의미 또는 의사소통을 위해서 학습자가 사용할 수 있는 언어적 자원에 따라 통제를 받는다.

② 언어 기능 학습 모델에서 행해지는 연습은 주로 특정 언어적 목표(예: 어떤 문법적 구조(문형)를 학습할 것인가?) 등과 같은 외적인 요인에 의해서 통제를 받는다. 의사소통을 목적으로 언어를 사용하기 위한 연습(whole-task practice)이 행해질 수도 있고, 또한 언어체계의 각 부분에 대한 연습(part-skill practice)이 행해질 수도 있다.

4) 성공에 대한 피드백

여기서 중요한 요인은 학습자들이 어떤 유형의 피드백을 받아들이고, 또한 이들 피드백이 자신의 언어수행 목표와 어떻게 관련이 있는지를 인식하는데 있다.

① 창의적인 언어구성 모델에서 가장 중요한 피드백은 성공적으로 이루어진 의사소통에 대해서 어떤 피드백이 얼마나 많이 주어지는가와 관련이 있다. 학습자는 보다 효과적이고 적절하게 의사소통을 수행하기 위해서 자신의 언어능력을 한층 세련시킬 필요가 있다.

② 언어 기능 학습 모델에서 피드백은 상호 의미를 교환하는 것과 관련이 있다. 그러나 이 모델에서의 보편적인 피드백은 학습자가 생성한 언어의 형식적인 정확성의 정도와 관련이 깊다.

따라서 사회학습 이론은 서로 다른 유형의 학습이 학습자의 언어능력 발달에 어떻게 영향을 미치는지를 살펴볼 수 있도록 해주는 안목을 제공해 준다. 하지만 이 이론도 앞에서 논의하였던 다음과 같은 질문, 예를 들어 의식적인 학습과 무의식적인 학습, 즉 학습과 습득, 이들 서로 다른 두 유형의 학습은 상호 간에 어떻게 관련이 있는지. 그리고 이들 두 유형의 학습은 학습자의 의사소통능력을 발전시키는데 어떻게 기여를 하는지에 대해서는 현재까지 완벽한 답변을 해 주지 않는다.

학습과 습득이 서로 대조되는 학습유형이라는 관점에서 각각의 유형이 갖는 장점과 문제점을 바라보는 것은 우리로 하여금 언어학습 과정을 너무 단순하게 여기는 잘못을 범할 수 있도록 만든다. 그리고 이러한 과정은 그 결과가 아무리 유용하더라도 언어학습 과정에 대해서 잘못 이해하도록 인도할 수 있는 위험을 내포하고 있다. 습득과 학습에 대해 우리가 취할 수 있는 가장 현실적인 방안은 이들 두 모델을 연속선상의 양끝에 위치하고 있으며, 의식이 개입되는 정도에 따라서 무의식적인 학습과 의식적인 학습이 서로 혼합되어 나타나는 것으로 생각해 볼 수 있다. 따라서 무의식적인 학습 아니면 의식적인 학습 이렇듯 상호 배타적으로 언어학습 과정을 설명하는 것은 무의미해 보인다. 연구가 진행됨에 따라 이들 두 모델이 학습자의 언어 사용 능력을 개발시키는데 어떻게 상호 보완할 수 있으며, 또한 다른 요인들과 어떻게 상호작용할 수 있는지에 대한 우리들의 이해와 지식을 넓혀 줄 것으로 기대된다.

단원 확인 문제

1. Which one is not correct in explaining about creative construction model?

① Exposure to language in social context is helpful for learners in finding and internalizing rules.
② Learner's internal processing mechanism is normally operated by input.
③ Activity for producing output is important in internalizing language rules..
④ Creative construction model is assuming that learners are exposed to natural and informal context.
⑤ Creative construction encourages learners to do hypothesis testing to find language rules.
⑥ Creative construction model assumes that students show the natural order in the process of language learning.

2. Which one is not correct in explaining about skill–learning model?

① Skill-learning model assumes that language learning is possible without activities of producing language.
② Skill learning model is related to formal, didactic learning.
③ Language learning situation is mainly a classroom, rather than social context.
④ This model emphasizes the transition from part skill practice to whole task practice.
⑤ This model is related to external syllabus, rather than internal syllabus.

3. Which statement is not correct about skill–learning model?

① It is thought that language learning is possible without the productive activity.
② It is related to formal, didactic learning conducted in the classroom.
③ It focuses on the transition form part skill practice to whole task practice.
④ It is related to the concept of external syllabus rather than internal syllabus.
⑤ It is thought that productive activity plays the important role in internalizing the language rule.

4. ______________________ is used to explain the phenomena that human beings adopt similar kinds of system when they are compelled to communicate with each other in the simplest way available and with limited resources. Everybody possesses it before he/she starts learning language. And it will be a basis for later language learning or for rudimentary communication.

5. 문화이식 가설과 창의적 언어구성 모델을 상호 어떻게 관련시킬 수 있는지에 대해서 설명해 보시오.

6. 'Universal linguistic base'에 대해서 설명하고, 창의적 언어구성 모델을 상호 어떻게 관련시킬 수 있는지에 대해서 설명해 보시오.

9장

외국어 학습 이론 탐색

9장

외국어 학습 이론 탐색

단원 핵심 용어				
· 언어습득장치	· 보편문법	· 생물학적인 시간표	· 결정적 시기	· 채널 역량
· 매개변항	· 촉발	· 근본적 차이 가설	· 경쟁 모형	· 재구조화
· 자연순서 가설	· 원리	· 이해 가능한 언어 입력 가설	· 정의적 여과기 가설	· 감시장치 가설
· 자동화	· 절차적 지식	· 인식된 사회적 거리	· 이해 가능한 언어 출력 가설	· 사회적 거리
· 선언적 지식	· 문화 충격	· 최적거리 모형	· 아노미 현상	· 언어흡입

외국어 학습 과정을 일관되게 설명하고자 하는 노력은 계속되고 있지만 아직도 해답을 찾지 못한 문제점들이 많이 있다. 사실, 외국어 학습은 언어학습 과정 그 자체의 복잡성, 학습자 개개인의 복합성, 언어학습 상황의 다양성 때문에 일관되고 신뢰성 있는 설명이 불가능하다. 이러한 복잡한 현상 때문에 언어학습 과정을 설명하기 위한 많은 이론들이 생성되었고 이러한 이론들은 서로 경쟁하고 있다. 이는 외국어 학습 과정에 대해서 많은 관심을 가지고 있는 우리들에게 이해력, 통찰력, 관심, 그리고 흥미를 유발시킨다. 본 장에서는 외국어 학습 과정을 설명하기 위한 몇 가지 이론들을 소개하고자 한다.

9.1. 보편문법과 외국어 습득

9.1.1. 언어습득장치와 보편문법

Chomksy(1964, 1965)와 같은 생득론자에 의하면, 어린이들은 태어나면서 언어습득장치(LAD

: Language Acquisition Device)를 가지고 태어나며, 이 LAD가 어린이들로 하여금 4-6년이라는 짧은 시간 동안에 자신의 모국어를 완벽하게 습득할 수 있도록 해 준다. 어린이들은 LAD의 도움으로 자신의 모국어에 대한 일반적 지식뿐만 아니라 언어 사용의 다양한 제약성을 포함하여 모국어에 대한 완벽한 지식을 습득하게 된다. 그러나 LAD 모형은 그 안에 어떤 구성 요인이 있는지, 어떤 구체적인 작용을 통해서 모국어를 완벽하게 습득할 수 있는지에 대해서는 구체적인 증거를 제시하지 못하였다. 즉, LAD 자체가 일종의 블랙박스(black box) 상태로서 언어습득에 간여하는 과정이 너무 추상적이라는 지적이 대두되었다. 다음 제시된 LAD 모형에서 보듯이, LAD 안에는 구체적인 어떤 구성 요인이 존재하지 않는다. LAD의 주된 기능이 언어 규칙형성에 기여한다고 알려져 있지만, LAD 안의 어떤 항목이 그 역할을 담당하는지에 대해서는 분명하지 않다.

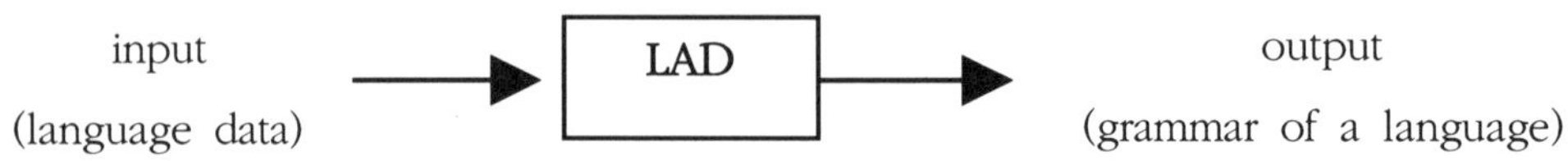

〈그림 9-1〉 LAD의 작동 원리

이러한 비판에 대해서, Chomsky(1965)는 보편문법(UG: Universal Grammar) 개념을 제시하고, 보편문법 안에는 원리(principles)와 매개변항(parameters)이라는 구성 요인들이 있어서 이들 요인이 언어학습 과정에 보다 구체적으로 간여하고 있다는 증거를 제시하고자 하였다. 원리는 모든 언어에 공통적으로 나타나는 언어적 항목을 지칭하며, 매개변항은 언어들 간에 존재하는 다양성을 지칭하는 것으로 서로 다른 언어적 환경에 따라 매개변항의 가치(value)는 다르게 설정된다. 보편문법의 기본 모형은 아래와 같다.

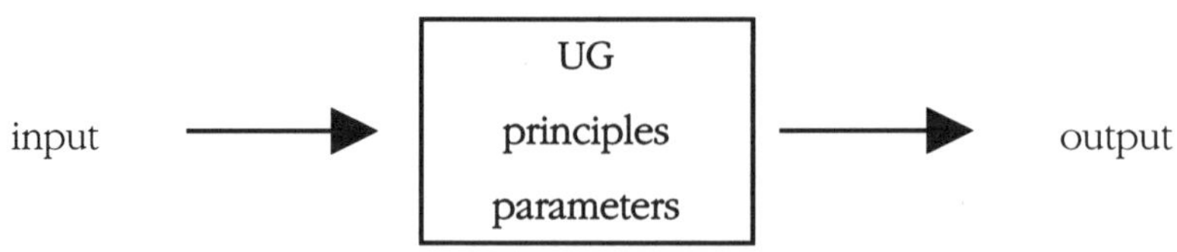

〈그림 9-2〉 UG의 작동 원리

인지주의자들은 LAD/UG와 같은 생득적인 언어습득 능력을 중시하지만, 다음 2가지 질문에 대해서 주의깊게 생각해 볼 필요가 있다. 첫째, 어린이들은 생득적으로 가지고 태어나는 보편문법 안에 언어에 대한 완벽하고 풍부한 지식이 이미 내재되어 있어서 모국어를 배우기 위해서는 단지 성장하고 특정 언어적 환경에 노출만 하면 되는 것인가? 둘째, 생득적 요인을 중시하는 인지주의자들은 외부에서 주어지는 언어입력(input)이 언어학습 과정에 미치는 역할에 대해서는 어떤 입장을 취하는가?

보편문법 안에 언어에 대한 완벽하고 풍부한 지식이 내재되어 있더라도, 이제 막 태어난 어린아이가 복잡한 언어체계를 곧바로 발화하는 것은 아니다. 갓 태어난 어린이는 바로 걷지 못하고 시간이 흐른 후 걸을 수 있듯이, 보편문법은 언어입력을 받아들이고 언어적 규칙을 찾아낼 수 있는 충분한 시간이 흐른 후에 발화를 할 수 있도록 생물학적으로 프로그램(biological timetable)된 것이라고 할 수 있다. 언어를 배울 수 있도록 생물학적으로 이미 프로그램화 되어 있다면, 그리고 언어적 환경에 노출되어 성장하면서 그 단계에 맞는 언어능력들이 시간에 맞추어 구현되는 것으로 생각된다면, 언어입력이 외부에서 굳이 주어지지 않더라도 어린이들이 언어를 배우는 것도 가능하지 않을까? 하지만 "늑대 소년"의 예에서 보듯이, 결정적 시기(critical period) 동안에 주어지는 언어입력은 어린이들의 언어 발달에 매우 중요해 보인다. 결정적 시기 동안에 어린이들에게 주어지는 언어입력(input)은 보편문법의 작동을 촉발(ignite)시켜서 생득적으로 내재되어 있는 완벽한 언어 지식이 생물학적인 시간표(biological timetable)에 따라 적절하게 구현될 수 있도록 해 주는 역할을 하는 것으로 생각된다. 하지만 이러한 견해에 대해서는 많은 논의가 아직도 필요하다.

한편, 언어습득장치 대신에 제안된 보편문법은 모국어뿐만 아니라 이제는 외국어 학습 과정까지 설명이 가능하도록 그 역할이 확대되었다. '블랙박스' 라는 종전의 언어습득장치 개념 대신에 보편문법은 원리와 매개변항 이라는 2개의 구성 요소로 이루어져 있다. 이는 수많은 언어 가운데 존재하는 공통적인 언어적 항목들, 그리고 각 언어들 간에 존재하는 차이를 설명할 수 있도록 해 준다. 원리는 모든 언어에 나타나는 보편적 특징(예: 명사, 형용사, 명사구 등)을 의미하며, 반면에 매개변항은 각 언어 간에 나타나는 차이와 다양성을 설명할 수 있는 언어적 특징(예: 어순, 전치사, 후치사 등)이라 할 수 있다.

모든 언어의 원리에 해당되는 한 예를 살펴본다면, 모든 언어는 'Head System'을 가지고 있다는 점이다. 즉, 구(phrase)의 가장 핵심이 되는 단어의 품사(word class)에 따라 구 명칭이 결정된다. 동사구(verb phrase)에서 'head'는 동사가 되며, 명사구(noun phrase)에서는 명사, 그리고 전치사구(preposition phrase)에서는 전치사가 'head'가 된다. 하지만 'head'가 오는 위치는 언어마다 다를 수 있는데 이 경우가 매개변항에 해당된다. 영어의 경우는 'head'가 앞에 위치하는 'head-initial'이지만(예: on the desk), 한국어는 'head'가 뒤에 위치하는 'head-final'이다(예: 책상 위에).

그렇다면, 이러한 원리와 매개변항에 속하는 내용을 일종의 목록으로 만들어서 학습자에게 가르칠 수 있는가? 이게 가능하다면 학습자들은 모국어뿐만 아니라 외국어 학습도 성공적으로 수행할 것으로 보인다. 그러나 학자들은 학습자들이 원리와 매개변항의 내용을 굳이 인위적으로 학습할 필요는 없다고 생각한다. 왜냐하면, 원리와 매개변항에 속하는 언어적 항목들은 이미 학습자의 두뇌 안에 생득적으로 내재되어 있기 때문이다. 다만 이러한 원리와 매개변항이 완벽하게 구현되기 위해서는 학습자의 성숙(maturation)과 경험(언어입력에 노출)이 필요하다고 주장한다. 보편문법 안에는 여러 매개변항의 선택사항들이 내재되어 있어서, 어떤 언어입력을 받아들이느냐에 따라 매개변항의 가치(value: 선택사항)가 결정된다. 즉, 어린이가 받아들이는 언어입력과 UG 안의 매개변항이 가지고 있는 여러 선택사항 중에 서로 일치가 되는 것을 선택하는 과정에서 보편문법이 간여한다는 것이다. 예를 들어, 어순(word order)의 경우 보편문법의 매개변항에는 SVO, SOV, VOS 등과 같은 선택사항이 내재적으로 존재한다. 그런데 어린이가 SOV 어순을 가지고 있는 한국어 언어입력을 받아들이는 과정에서, 보편문법은 매개변항이 갖고 있는 선택사항 중에서 SOV를 선택하도록 영향을 미친다는 것이다.

9.1.2. 보편문법과 외국어 습득

대부분의 학자들은 보편문법이 모국어 습득 과정에 성공적으로 작용하는 것에 대해서 동의하고 있다. 하지만 외국어 학습은 분명 모국어 습득 상황과는 다르기 때문에 모국어 습득을 위해서 설정된 보편문법의 원리와 매개변항이 외국어 학습을 위해서도 재설정될 수 있는지에 대해서는 많은 학자들의 관심과 논란을 일으키고 있다. 특히, 성인 외국어 학습자는 이미 모국어를 습득한 상태이고, 인지적으로도 성숙되어 있으며, 학습자의 태도 및 동기에 의해서 영향을 받기 때문에 보편문법이 외국어 학습에는 작용되지 않을 것이라는 주장과 함께, 작용을 하더라도 모국어의 경우와는 다소 다른 방식으로 영향을 미칠 것이라는 주장, 그리고 모국어 및 외국어 학습에 보편문법이 어떤 방식으로든지 영향을 미칠 것이라는 다양한 주장이 있다.

한편, 외국어 학습 과정에 간여하는 보편문법의 역할에 대해서 황종배(2006, pp. 26-27)는 4가지 입장을 다음과 같은 그림으로 제시하였다.

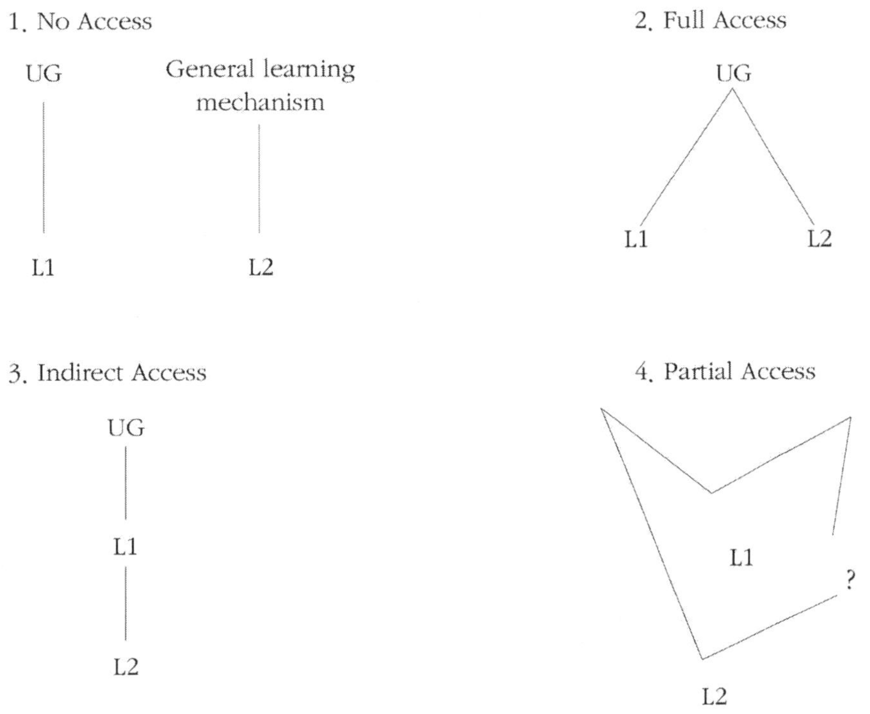

〈그림 9-3〉 UG의 작용과 외국어 학습

1) 보편문법이 작용하지 않는다는 입장 (No access position)

이 입장은 근본적 차이 가설(fundamental difference hypothesis)에 근거하는 것으로, 모국어 습득 과정과 외국어 학습 과정은 근본적으로 서로 다르기 때문에 보편문법이 외국어 학습 과정에는 영향을 미치지 않는다는 입장이다. 이 입장의 핵심 내용은 어린이의 모국어 습득의 경우에는 보편문법이 작용하지만, 성인의 외국어 학습은 어린이의 모국어 습득과는 근본적으로 다르기 때문에 보편문법의 도움을 받을 수 없다는 것이다. 따라서 성인 외국어 학습자는 주로 자신의 인지 능력, 문제 해결 능력에 의존하여 외국어 학습을 수행한다. 따라서 보편문법이 외국어 학습 과정에 아무런 영향을 미치지 않는다는 것이다. 또한, 이 입장은 결정적 시기(critical period) 가설과 밀접하게 관련되어 있다. 어린이의 경우에는 결정적 시기 동안에 외국어 습득이 용이하지만, 성인 학습자들은 주로 결정적 시기가 지난 후 외국어 학습이 이루어지기 때문에 보편문법의 도움을 받지 못한다고 생각한다.

2) 보편문법에 완벽하게 접근한다는 입장 (Full access hypothesis)

모국어 습득의 경우와 마찬가지로, 외국어 학습에서도 보편문법의 도움을 받아 외국어 학습이 완벽하게 이루어질 수 있다는 입장이다. 이 입장은 언어학습의 결정적 시기가 존재하지 않는다고 믿는데, 같은 외국어를 학습하는 어린이와 성인이 보여주는 언어 발달 단계, 그리고 그들이 보여주는 오류 유형들이 매우 유사하게 나타나는 것에 근거를 두고 있다. 이러한 유사한 발달 단계 및 오류 유형이 나타나는 것은 어린이나 성인 학습자 모두 보편문법의 도움을 받아서 언어를 창의적으로 습득하기 때문이다. 또한, 이 입장을 지지하는 증거는 주로 모국어에는 존재하지 않고 외국어에는 존재하는 언어적 항목을 성공적으로 습득할 수 있는지를 조사함으로써 찾을 수 있다. 예를 들어, 모국어에는 존재하지 않지만 영어에는 존재하는 *head-initial*, *subjacency*, 의문문 형성 규칙을 완벽하게 습득할 수 있다는 증거를 들어, 보편문법이 외국어 학습 과정에 완벽하게 작용할 수 있다고 주장한다.

3) 보편문법에 간접적으로 접근한다는 입장 (Indirect access position)

외국어 학습자는 이미 모국어를 배운 경험이 있기 때문에 보편문법의 원리와 매개변항이 이미 적응(설정)이 되어 있는 상태이다. 따라서 학습자는 모국어를 습득하면서 한번 적용해 본 경험이 있는 원리와 매개변항을 외국어 학습 상황에 맞추어 다시 설정해 볼 수 있는 능력을 갖고 있다. 따라서 보편문법의 작용은 단지 모국어를 통해서만 가능하다고 생각한다. 그러나 모국어에는 없는 언어적 항목, 또는 모국어와 전혀 관련이 없는 원리나 매개변항에 대해서는 보편문법이 전혀 영향을 미치지 못한다. 이 경우에는 학습자의 인지 능력, 또는 문제 해결 능력을 발휘하여 외국어 학습이 이루어진다. 예를 들어, 한국어에는 존재하지 않는 wh-이동과 같은 규칙의 경우, 한국인 영어 학습자들은 wh-이동 규칙을 그렇지 않은 다른 국적(예: 네델란드)의 영어 학습자에 비해서 학습하는 능력이 떨어진다.

4) 절충적 입장 (Partial access position)

외국어 학습의 어떤 항목은 보편문법의 영향을 받기도 하고, 영향을 받지 않기도 하며, 또한 학습자에게 주어지는 언어입력과 학습자의 모국어 등의 다양한 요인들이 외국어 학습 과정에 영향을 미친다고 생각하는 입장이다. 즉, 보편문법, 언어입력, 모국어라는 여러 요인들이 상호 복합적으로 외국어 학습 과정에 영향을 미친다고 생각한다. 가장 많은 지지를 얻고 있는 입장으로서, 모국어와 외국어 간에 존재하지 않는 어떤 언어적 항목은 학습자가 독자적으로 만들어 내기도 하고, 또는 모국어에 존재하는 어떤 원리나 매개변항은 외국어 학습에서 작동을 하는 것도 있지만 어떤 것은 전혀 작동이 되지 않는 경우를 설명할 때 매우 유용한 입장이다.

9.2. 정보처리 이론

정보처리 이론에서 가장 중요하게 다루는 부분은 인간의 기억 장소이다. 인간의 기억 장소는 수동적으로 정보를 저장하는 것이 아니라 능동적으로 의미있는 정보를 처리하고, 조직하며, 나중에 정보를 적절히 활용하기 위해 정보를 재생하는 기능을 한다. 따라서 인지주의자들은 인간의 기억이 능동적이며 복합적인 정보의 조직자이며 처리자라고 생각한다. 다음 〈그림 9-4〉는 우리가 정보를 어떻게 기억하고 사고하며 처리하는지를 보여준다.

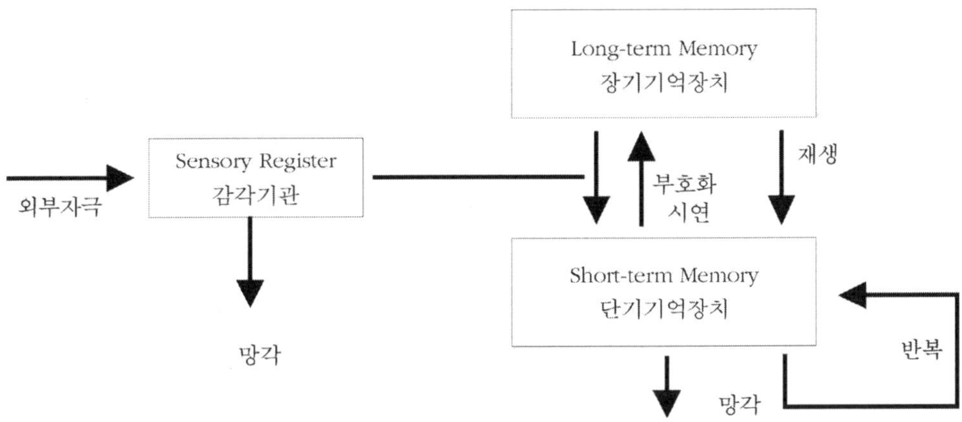

〈그림 9-4〉 기억의 정보처리 과정 모형

위 그림에서 보듯이 인간의 기억구조는 크게 감각기관, 단기기억 장치, 장기기억 장치로 구분된다. 우리는 감각기관을 통해 정보를 받아들이며 일차적인 정보의 저장 장소가 된다. 그러나 감각기관에서 정보가 저장되는 시간은 단지 1-2초 미만이며, 우리의 관심을 끌지 못하거나 의미 없는 많은 정보들은 감각기관을 거치면서 곧바로 망각하게 된다. 이때 살아남은 정보들은 단기기억 장치로 이동하게 되지만, 매우 제한된 정보를 저장할 뿐이며 저장되는 시간 역시 3-4초에 불과하다. 단기기억 장치 역시 학습자의 관심을 끌지 못하는 무의미한 정보들은 망각되기 때문에 학습자들은 정보를 보다 오랫동안 기억하기 위해 반복이라는 방법을 사용하게 된다. 이때 정보는 부호화, 시연(리허설) 등의 기억을 촉진하는 방법을 통해 기존의 인지구조와 통합하는 작업을 거치면서 장기기억 장치로 이동한다. 그리고 장기기억 장치에 저장된 정보는 필요에 따라 재생이 되는데, 이러한 단계는 자동적으로 이루어진다.

정보처리 이론이 인간학습에 암시하는 바는 크게 인간의 기억 활동은 매우 능동적으로 일어난다는 점, 그리고 인간의 기억 능력은 컴퓨터와 같이 무한한 정보를 기억하고 저장하는 것이 아니라 매우 제한되어 있다는 점이다. 앞서 정보처리 모형에서 보았듯이, 학습자의 관심을 끌지 못하거나 무의미한 정보들은 망각된다. 따라서 인간의 제한적인 기억 능력을 극복하고 학습의 효율성을 높이기 위해서는 무엇보다도 학습자의 주의를 끌 수 있는 정보 그리고 새로운 학습 내용과 학습자가 가지고 있는 기존의 인지구조와 적절히 연결시킬 수 있는 유의미한 학습 경험을 학습자에게 제공하여야 한다.

9.2.1. 유의적 학습(Meaningful Learning)

Ausubel(1968)에 의하면, 학습이란 우리가 가지고 있는 기존의 인지구조(기존 지식)에 새로운 지식을 연결시켜 나가는 유의적인 과정이라고 하였다. 새로운 자료가 기존의 인지구조 안에 들어오면서 그것보다 더 포괄적인 개념과 상호작용하여 어떤 개념 체계 안으로 포섭(subsumed)되어 진다고 보았다. 따라서 유의적 학습은 새로운 학습자료가 기존의 인지구조 속에 자리 잡고 있는 관련 항목과 연결되어 동화(assimilation) 또는 조절(adaptation)되어 가는 과정이다. 한편, Brown(2014)은 학습 내용이 학습자에게 의미가 있거나, 또는 학습자가 가지고 있는 기존의 인지구조와 관련이 있을 경우 유의적 학습(meaningful learning)이 된다고 하였다. 유의적 학습은 기존의 인지구조와 관련이 있기 때문에, 학습자가 새로운 정보를 기억해야 하는 부담도 적을 뿐만 아니라 학습 문제도 수월하게 해결할 수 있는 이점을 제공한다.

그러나 기계적 학습(rote learning)은 상호 관련성이 없는 개별적인 항목들을 습득하는 것과 같다. 예를 들어, 전화번호부에서 특정 페이지에 수록되어 있는 사람 이름과 전화번호를 외운다는 것은 이들 정보를 자의적이고 인위적인 방법에 의해 기존의 인지구조에 통합시키는 것이라 할 수 있다. 그럴 경우, 얼마나 많은 전화번호를 외울 수 있으며, 그리고 외운 전화번호는 얼마나 오랫동안 기억할 수 있겠는가? 이렇듯 기계적 학습은 현재의 인지구조와 전혀 관계가 없는 무관한 항목을 암기하는 것과 같기 때문에, 기억 역시 오래가지 못하여 학습자에게 유익한 학습 경험이 되지 못한다.

학습의 결과가 인지구조의 영속적인 변화를 의미한다면, 단지 단기간의 기억으로 끝나는 기계적 학습보다는 기억 보존과 장기 기억이라는 측면에서 유의적 학습이 보다 학습자에게 유익할 것이다. 다음 〈그림 9-5〉는 유의적 학습과 기계적 학습의 차이를 보여준다.

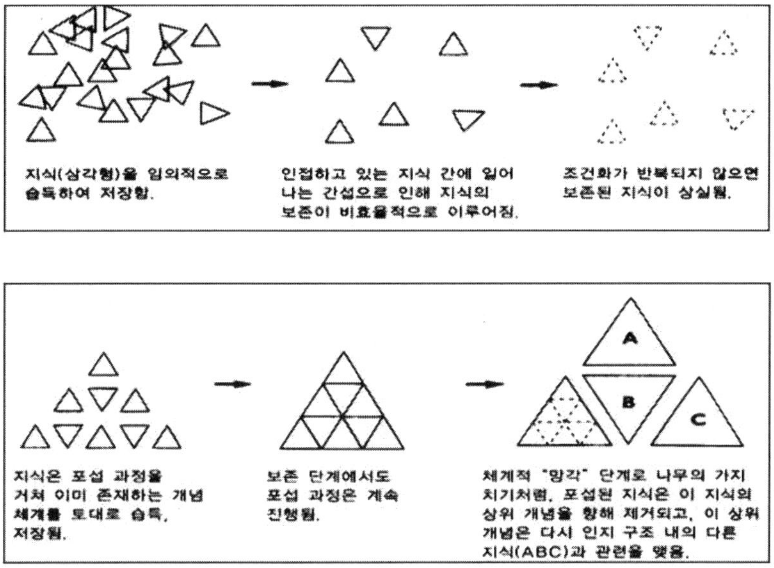

〈그림 9-5〉 기계적 학습과 유의적 학습

9.2.2. 체계적 망각(Systematic Forgetting)

기계적 학습에 의해 학습된 내용은 단편적이고 고립되어 있고, 기존의 인지구조와는 관련성이 없기 때문에 이런 자료의 기억 보존은 오래 가지 않는다. 반면에, 유의적 학습으로 학습된 내용은 기존의 인지구조와 관련성이 있을 뿐만 아니라 상호 관련있는 상위 개념에 포섭되어 있어서 기억 보존이 오래 갈 수밖에 없다. 그러나 유의적으로 학습한 자료 역시 시간이 흐르면 망각될 수밖에 없다.

유의적 학습에서의 망각은 자연적인 현상이기 보다는 더 많은 정보를 기억하기 위한 다분히 의도적이며 목적이 있는 것으로 이해된다. Brown(2014)에 의하면, 망각은 학습 과정 중에 일어나는 포섭화의 한 과정이며 '기억의 최소 공배수 환산'이라는 특징을 가지고 있다. 즉, 포괄적인 개념 하나를 기억하는 것이 구체적이고 개별적인 항목을 많이 기억하는 것보다 더 많은 정보를 기억하고 저장하는데 유리하다는 것이다.

또한, Brown은 '인지적 가지치기(cognitive pruning)'라는 개념을 소개하였다. 가지치기는 더 많은 유익한 정보를 기억하기 위해 상위 포괄적인 개념에 포섭될 수 있는 하위의 단편적인 정보들을 망각하는 것이다. 그러나 가지치기는 마구잡이식으로 일어나는 것이 아니고 체계적으로 일어난다는 점이다. 가지치기의 궁극적인 목적은 불필요한 정보들을 망각하고 인지적으로 가지치기를 함으로써 기억 체계 속에 더 많은 공간을 확보하여 새롭게 포섭되는 새로운 정보들을 기억하고 저장하는데 있다.

9.3. 이해 가능한 언어입력(Comprehensible input) 가설

Krashen(1982a, 1982b)은 그의 언어습득 모형에서 '학습(learning)'과 '습득(acquisition)' 간의 차이를 구분하였는데, '학습'을 의식적인 과정에 의해 이루어지는 것으로, '습득'을 무의식적인 과정에 의해 이루어지는 것으로 구별하였다. 그리고 학습을 통해 얻어진 언어적 지식은 습득으로의 자동적인 전이가 일어나지 않기 때문에, 외국어를 성공적으로 배우기 위해서는 학습이 아닌 습득이 일어나야 한다고 주장하였다. 또한, 그는 성공적인 외국어 습득을 위해서 다음 5가지 가설을 제안하였다.

9.3.1. 학습(Learning)과 습득(Acquisition) 가설

Krashen(1982b)은 외국어 습득을 위해서 '습득(acquisition)' 또는 '학습(learning)'이라는 두 가지 방법을 사용한다고 주장하면서, 습득과 학습의 차이를 명확하게 설명하고자 하였다. 습득이란, 어린이가 자신의 모국어를 습득해 나가는 과정과 같이, 자연스러운 언어학습 환경에서 의사소통을 위해 원어민과 상호작용을 하면서 목표어에 대한 지식을 획득해 나가는 무의식적이고 잠재적인 과정을 의미한다. 학습자는 해당 언어를 사용하여 무의식적으로 이루어지는 자유로운 의사소통을 통해 말의 형태보다는 전달되는 의미에 관심을 갖는다. 학습자는 언어를 사용하여 의사소통을 하고 있다는 사실만을 의식할 뿐이며, 언어습득이 진행되고 있다는 사실을 항상 감지하고 깨닫는 것은 아니다. 따라서 습득은 잠재적인(unconscious) 학습, 묵시적인(implicit) 학습, 비공식적인(informal), 그리고 자연적인(natural) 학습으로 불리기도 한다.

반면, 학습이란 학교나 교실에서 정규 교육을 통해 의식적으로 목표어에 대한 지식을 획득해 나가는 과정을 의미한다. 학습자는 언어 규칙을 사용하고, 발생되는 오류에 대해 의식적으로 오류 수정을 할 수 있으며, 언어의 올바른 형태에 대해 연역적인 학습 방법을 사용한다. 따라서 학습은 명시적인(explicit) 학습, 공식적인(formal) 학습, 그리고 의식적인(conscious) 학습으로 일컫어 진다. Ellis(1985)는 학습과 습득의 차이를 다음과 같이 구별하였다.

> The term 'acquisition' is used to refer to picking up a second language through exposure, whereas the term 'learning' is used to refer to the conscious study of a second language. (p. 6)

한편, Krashen은 외국어를 습득한 사람은 언어 규칙보다는 언어의 의미 전달이라는 기능적인 측면을 더 중시하며, 외국어를 학습한 사람은 자신이 알고 있는 언어 규칙이 문법적으로 제대로 반영되어 발화되었는지를 알기 위해 감시장치(monitor)를 사용하게 된다고 하였다. 학습과 습득의 차이는 다음에 언급되는 감시장치 가설 모형을 통해 구체화 된다. Krashen은 의식적으로 이루어진 학습을 통해 얻은 언어 지식은 감시장치 역할로서만 유용하고, 정상적이고 유창한 발화는 바로 무의식적으로 습득된 언어 지식에 근거하고 있다고 하였다. 즉, 형식적인 규칙 또는 의식적인 학습은 외국어를 발화하는데 제한적인 역할만을 담당한다.

습득된 언어 지식은 언어의 형태가 아닌 의사소통을 통해 전달하고자 하는 의미에 집중하기 때문에 유창성 및 의사소통의 목적을 달성할 수 있다. 그러나 학습된 언어 지식은 언어가 실제로 사용되는 환경과는 유리되어 있어서 문법적 정확성은 있을 수 있으나 유창성 및 의사소통의 목적을 달성하는 데는 한계가 있다. Krashen은 성공적으로 외국어를 배우기 위해서 학습보다는 습득이 이루어져야 한다고 하였지만, 학습된 지식이 자동적으로 습득으로 전이되지는 않는다고 하였다.

9.3.2. 감시장치(The Monitor) 가설

감시장치 가설은 Krashen이 언급한 학습과 습득이 담당하는 역할의 차이를 잘 보여 준다. 학습자는 이미 습득한 언어체계(acquired language system)를 근거로 해서 일상적인 발화를 표현하며, 동시에 학습을 통해서 획득된 지식을 활용하여 자신의 발화에서 오류를 발견하고 이를 개선하거나 수정을 하기 위해 감시장치로 사용한다. 즉, 의식적인 학습으로 얻은 언어 지식을 활용하여 언어수행 시 사용된 발화가 문법적으로 옳은 문장인지를 판단하는 감시장치 역할을 한다는 것이다. 감시장치 가설의 모형을 그림으로 나타내면 다음과 같다(Krashen, 1981, p. 2).

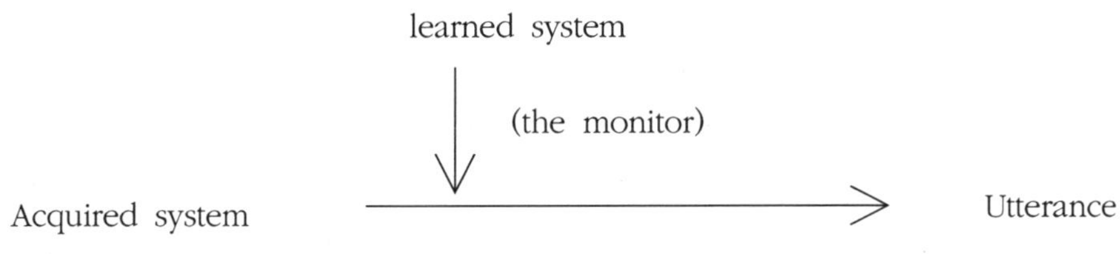

〈그림 9-6〉 감시장치 모형

한편, Krashen은 학습이 이루어지기 위해서 다음 3가지 조건이 충족되어야 한다고 하였다.

① 충분한 시간이 주어져야 한다. 학습자가 언어 규칙을 실제 상황에 적용하여 적절한 발화를 나타내기 위해서는 충분한 시간이 주어져야 하는데, 언어가 사용되는 실제 환경은 학습자에게 충분한 시간을 주지 못한다.
② 언어의 형태에 초점이 맞추어질 때 학습이 이루어진다. 의미 전달 위주의 의사소통적 기능보다는 언어의 문법적 형식에 더 많은 관심을 갖게 되는 것이 학습의 역할이라고 할 수 있다.
③ 학습자가 언어의 규칙을 알고 있어야 한다. 학습자가 언어의 규칙을 알고 있어야 문법적 오류를 지적하고 수정할 수 있다.

그러나 앞에서 살펴본 바와 같이, 학습이란 의식적인 과정으로 언어의 문법적 정확성에는 어느 정도 도움이 될 수 있지만 유창성을 보장해 주지는 않는다. 실제로 의사소통이 이루어지는 환경은 습득이 이루어지기 위한 위 3가지 요건이 충족되지 않기 때문에 학습은 습득을 돕지 못하며, 또한 학습된 지식은 자동적으로 습득으로 전이되지 않는다. Krashen에 의하면, 목표어의 언어적 체계를 불완전하게 습득할 경우 학습자는 오류를 나타낼 수밖에 없다. 이러한 오류를 교정하는 방법은 의식적인 학습을 통해 얻은 지식을 감시장치로 사용함으로써 가능하다. 즉, 습득을 중심으로 외국어 학습이 이루어지되, 학습은 습득의 미비한 부분을 감시하고 이를 의식적인 과정을 통해 보완하는 주변적 개념으로 이해된다.

그런데 이런 감시장치의 사용도 학습자 개개인에 따라 달라진다. 감시장치를 너무 많이 사용하는 학습자가 있는 반면, 감시장치를 너무 사용하지 않는 학습자가 있기 마련이다. 감시장치를 너무 많이 사용하는 학습자는 그들의 발화(output)가 문법적으로 옳은지 그 여부를 점검하는 과정 중에서 계속적으로 수정을 하는데 집중하기 때문에 유창성을 희생하게 된다. 또한, 자신의 발화에 대해 너무 의식하기 때문에 자신이 표현하고자 하는 말을 제대로 하지 못하게 된다. 그러나 감시장치를 너무 사용하지 않는 학습자는 자신이 가지고 있는 언어적 지식을 의식적으로 사용하지 않으며, 그들이 유발하는 오류에 대해서도 그다지 신경을 쓰지 않는다. 이 경우 거리낌 없이 말을 하게 되어 유창성 개발에는 도움이 될 수 있으나, 너무 지나치면 잘못된 언어체계가 고정되는 화석화 현상을 유발할 수 있다. 따라서 우리의 교육적 목표는 학습자들이 그들의 감시장치를 적절하게 사용할 수 있도록 하는데 있다.

9.3.3. 이해 가능한 언어입력(The Comprehensible Input) 가설

Chomsky의 LAD와 UG 이론은 언어습득을 위한 생득적인 면을 강조하기 때문에 LAD와 UG의 작동을 위한 언어입력의 최소한의 역할만을 인정한다. Krashen의 이해 가능한 언어입력 가설은 Chomsky의 LAD와 UG 이론(언어학습의 선천성)에 근거를 두고 있다. 하지만 Krashen은 성공적인 외국어 습득에 있어서 언어입력의 중요성을 강조하였다. Krashen에 의하면, 외국어를 성공적으로 습득하기 위해서는 학습자가 현재 가지고 있는 언어적 수준(i)보다 한 단계 높은 수준(+1)의 언어입력(*i* + 1), 즉 이해 가능한 언어입력(comprehensible input)이 학습자에게 제공되어야 한다고 주장하였다. 학습자의 현재 수준보다 너무 높은 단계(예: *i* +2, *i* +10)의 언어입력은 학습자에게 좌절감을 안겨줄 수 있다. 따라서 한 단계 높은 수준의 언어입력이 제공될 때, 학습자는 이를 이해할 수 있을 뿐만 아니라 발화를 생성하기 위한 도전 의식을 유발시킨다. 또한, 이러한 한 단계 위의 언어입력은 학습자에게 인위적으로 제공되기 보다는 일상적인 대화 상황을 통해서 자연스럽게 제공되어야 한다는 것이 Krashen의 주장이다. 이해 가능한 언어입력 가설의 주요 내용을 정리하면 다음과 같다.

① 입력가설은 학습이 아닌 습득과 관련이 있다.
② 학습자가 가지고 있는 현재의 수준보다 한 단계 위(*i* +1)의 언어를 이해함으로써 언어를 습득하게 된다. 학습자의 현 수준에서 이해가 어려운 한 단계 위의 언어적 정보는 의사소통이 이루어지는 당시 상황 및 외적인 정보에 의존하여 이해할 수 있다.
③ 의사소통을 하는 가운데 충분한 언어입력이 주어져야 하며, 학습자가 그 언어입력을 이해할 때 자동적으로 *i* +1 이 된다.
④ 언어 사용의 유창성은 자연적으로 나타나는 것이지 직접 가르쳐서 나타나는 것은 아니다.

또한, 외국어 학습자는 외국어에 노출된 후 일정 시간이 지나야 발화를 하게 되는 침묵의 시기(silent period)를 갖는다. 이 기간 동안 외국어 학습자는 주어진 언어입력을 이해하고 규칙을 발견하며 발화를 위한 준비를 하게 된다. Krashen은 이 침묵의 시기가 없이는 언어습득이 불가능하다고 하였는데, 이러한 맥락에서 이해 가능한 언어입력(*i* + 1)은 외국어를 습득하는데 매우 중요하다.

■ Silent period: Hitomi and the Ball

Krashen's position is that input is the important determiner of acquisition, the main factor which dictates how successfully it will occur. What then of output? The story of Hitomi and the Ball reveals his views on this:

1. Krashen tells the story of a four-year-old Japanese girl called Hitomi, who lived with her parents for a while in a apartment neighboring on Krashen's. Hitomi spoke no English on arrival in the US, and Krashen tells of his attempts to get Hitomi to speak in the early months of her stay. He would say things like *Hitomi, say 'hi'*, but here would be no reaction. He tried Hitomi, say '*ball*', and even *I won't give you the ball till you say the ball*. All these attempts met with silence. Hitomi was more or less silent for five months ('more or less' because children in these circumstances do produce set phrases, like *Leave me alone*. They have picked such phrases up as entire units, without really understanding how they are made up.) Eventually, after five months, language came tumbling out. One characteristic Krashen notes about Hitomi's speech is that it resembled the speech of his own children, particularly in the way it developed from shorter to longer utterances. By the time Hitomi returned to Japan, her English was, Krashen says, approaching that of his own children. There are indeed similarities between L1 and FL acquisition!
2. Ervin-Tripp (1974) describes a group of 31 English speaking children attending school in Geneva, where French was the language of instruction. Ervin-Tripp's observations go back to the time the children arrived and first began being exposed to French. 'Some of the children,' she notes, 'said nothing for many months ... My own children began speaking six and eight weeks after immersion in the school setting.'

Do you have any thought about these examples reveal regarding learner output?

from Johnson, p. 2008, p. 87

9.3.4. 자연 순서(The Natural Order) 가설

많은 학자들은 어린이들이 모국어를 배우는데 있어서 예측 가능한 일정한 순서가 있다고 주장한다. Brown(1973)에 의하면, 어린이들은 먼저 기능어(function word)를 배운다. 예를 들어, 진행형의 'ing'(예: He is playing baseball)와 복수를 나타내는 어미인 '-s'(예: two dog***s***) 등과 같은 특정 문법적 형태소 및 기능어를 먼저 배우고, 삼인칭 단수 어미인 '-s'(예: He lives in New York)와 소유격 의미의 '-s'(예: John'***s*** hat) 등은 나중에 배운다는 것이다. 이렇듯 Krashen은 어린이들이 모국어를 습득하는데 있어서 어떤 항목은 좀 더 일찍 배우고 어떤 항목은 나중에 습득하는 것과 같은 일정한 순서가 있다고 하면서, 외국어를 습득하는데 있어서도 일정한 순서가 있다고 주장하였다. Dulay와 Burt(1974), Ervin-Tripp(1974), 그리고 McLaughlin(1985) 등은 학습자의 모국어가 무엇이든지 간에 영어를 제2외국어로 습득하는 습득 순서와 영어를 모국어로 습득하는 습득 순서 간에 똑같지는 않지만 유사한 점이 많다는 것을 발견하였다.

또한, 자연 순서 가설을 뒷받침해 주는 한 예로 목표어의 완벽한 언어체계에 이르기 전에 학습자들은 중간 단계를 거치는데, 모국어 습득자와 외국어 습득자 모두 유사한 오류 유형을 보여준다는 것이다. 외국어 습득자들이 이 중간 단계에서 보여주는 언어체계를 '중간언어(interlanguage)'라고 하는데, 이 중간언어는 완벽한 언어체계를 향해 계속적으로 발전해 나가는 의미에서 학습자들이 만들어내는 오류를 '발달적 오류(developmental error)'라고도 한다. 예를 들어, 모국어이든 아니면 외국어이든 영어의 부정문을 학습하는 학습자들은 다음과 같은 단계를 거치는데 약간의 차이는 있지만 많은 유사점이 있다는 것을 발견하게 된다.

〈표 9-1〉 영어 부정문의 습득 단계 비교

	모국어로서의 영어 부정문	외국어로서의 영어 부정문
1 단계	No singing song. No the sun shining.	They no have water. I no sing it.
2 단계	I no want envelop. He no bite you. He don't want it.	He don't like it. I don't can explain. Somebody is not coming in.
3 단계	He doesn't want it. Paul didn't laugh.	It doesn't spin. He didn't found it. She doesn't wants it.

일반적으로 부정문을 만들기 위해서 크게 3단계를 거치는데, 첫 단계에서 학습자는 부정을 나타내는 단어를 문두에 또는 문중에 위치시킨다. 이때 모국어 습득에서는 부정을 의미하는 단어를 문장의 구성 요소로 보지 않기 때문에 문두에 위치시키지만, 외국어의 경우에는 문장의 구성 요소로 인식하여 문장 중에 위치시킨다는 점에서 서로 차이가 있다. 두 번째 단계는 부정어를 주어와 동사 사이에 위치시키게 되는데, 이때는 학습자들이 부정을 나타내는 단어를 문장의 구성 요소로 인식하지만 인칭과 시제에 따른 굴절은 사용하지 못한다. 그런 후 마지막 단계에서 이제 학습자들은 *do* 동사, *be* 동사 그리고 수와 시제에 따라 적절하게 부정어에 굴절 변화를 일으킨다.

하지만, 외국어 학습에 있어서 이러한 자연적인 순서와 교사에 의한 의식적인 문법 체계의 교수 순서 간에 충돌이 일어날 수 있다. 따라서, 교사에 의한 의식적인 교수 상황에서도 자연적인 순서를 반영하여 습득이 이루어질 수 있도록 지도한다면, 학습자의 외국어 습득이 보다 효과적으로 일어날 수 있도록 도움을 제공할 수 있을 것이다.

9.3.5. 정의적 여과기(The Affective Filter) 가설

정의적 요인은 학습자가 학습하고자 하는 목표어에 대한 태도를 포함하여 동기, 자신감, 불안 등의 요소와 매우 밀접한 관계를 맺고 있다. Krashen은 학습자가 학습에 대한 높은 정도의 동기와 자신감을 가지고 있을 때, 그리고 학습에 대한 불안 정도가 낮을 때, 학습자가 받아들이는 언어입력의 양은 증대한다고 하였다. 반면에, 학습에 대한 불안 정도가 높을 경우 학습자가 받아들이는 언어입력의 양은 감소하는 상관관계가 있다는 것을 보여 주었다. 정의적 여과기 가설 모형을 그림으로 나타내면 다음과 같다.

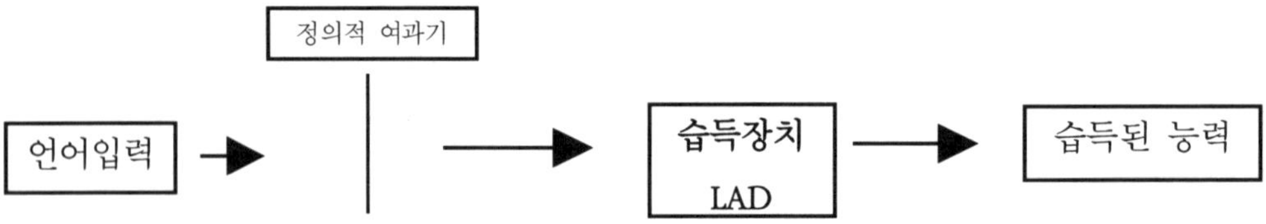

〈그림 9-8〉 정의적 여과기 작동원리

위 모형에서 본 바와 같이, 언어습득을 위해서 최적의 태도를 갖는 학습자는 정의적 여과기가 낮을 것이라고 가정한다. 정의적 여과기가 낮게 설정된 언어학습 환경에서 학습자들의 불안 정도는 낮게 나타나며, 이런 경우 학습자들의 방어적 심리는 이완된다. 따라서 정의적 여과기의 수준이 낮으면 언어습득장치에 도달하는 언어입력의 양은 증가하고, 반면에 정의적 여과기의 수준이 높으면 언어습득장치에 도달하는 언어입력의 양은 감소한다. 그런데 정의적 여과기의 작동을 결정짓는 요인은 학습자 내부에 존재하는 것이 아니라 학습자 외부에 존재한다는 것이다. 외국어 습득을 위한 일차적인 변수는 언어입력이지만, 정의적 여과기는 이러한 언어입력이 언어습득장치에 도달하는 것을 촉진시키거나 방해하는 역할을 한다. 따라서 언어학습 환경에서 학습자들이 낮은 수준의 정의적 여과기를 작동할 수 있도록 학습자의 자아를 위협하지 않는 우호적인 학습 환경을 창출하는 것이 매우 중요하다.

- Criticisms of the input hypothesis

1. Consciousness: McLaughlin (1978, 1980) sharply criticized Krashen's fuzzy distinction between subconscious (acquisition) and conscious (learning) process, claiming that an SLA theory that appeals to conscious/subconscious distinction is greatly weakened by our inability to identify just

what that distinction is.

2. No interface : Gregg (1984) eloquently refuted the claim of no interface - no overlap - between acquisition and learning. Arguing that there is no evidence to back up the claim, Gregg showed that implicit and explicit learning can indeed complement each other.
3. No explicit instruction : Studies repeatedly showed that Krashen's "zero option" (don't ever teach grammar) cannot be supported. Explicit strategy training (Cohen, 2011) and FFI can indeed aid the successful SLA.
4. *i* + 1 : As shownn in decades of learning psychology (Ausubel, 1968) and in Vygotsky's (1987) Zone of Proximal Development (ZPD), the notion of *i*+1 is simply a reiteration of a general principle of learning. Gregg (1984) and White (1987) also noted that we are unable to define either *i* or 1.
5. Speech will emerge : In the claiming that speech will naturally emerge when the learner is "ready", the input hypothesis diminishes the learner's own initiative in seeking input. Seliger (1983) distinguished between High Input Generators (HIGs). Learners who are good at initiating and sustaining interaction, and Low Input Generators (LIGs) who are more passive, reticent, and less assertive. HIGs were superior learners in Seliger's (1983)'s study.

from Brown, 2014, pp. 289-290

9.4. 언어흡입(Input Intake) 모형

Van Patten과 Cardierno(1993)는 언어입력 그 자체만으로 성공적인 외국어 습득을 보장할 수 없다고 주장하였다. 그들에 따르면, 성공적인 외국어 습득은 주어진 언어입력을 학습자가 얼마나 자신의 것으로 흡입(intake)하였는가에 달려있는데 그들이 제시한 모형은 다음과 같다.

〈그림 9-7〉 언어흡입 모형

일반적으로 학습자에게 제공되어 이용 가능한 모든 언어적 자료를 '언어입력(input)'이라고 하며, 학습자가 보여주는 문어적, 구어적 표현 모두를 '언어출력(output)'이라고 한다. 그러나 현실적으로 언어입력 모두가 그대로 언어출력으로 나타나는 것은 아니다. 위 모형에 의하면 언어출력까지 3가지 과정이 일어나는데, 첫째는 언어입력이 학습자 내면에 흡입되는 과정, 둘째는 흡입된 언어입력이 보다 발전된 언어체계로 전환되는 과정, 그리고 마지막으로 완전한 발화가 나타나는 과정이다. 일반적으로 언어입력과 언어출력이 서로 다르게 나타나기 때문에 학습자 내면에서 일어나는 흡입 과정에 많은 관심을 기울일 필요가 있다.

Chaudron(1985)은 언어흡입(intake)이란 학습자 내면에 실제로 흡입된 언어입력이라고 하면서, 이 흡입 과정은 주어진 언어입력 가운데 규칙을 발견하고, 부호화하고, 특정 언어적 특징에 주의를 기울이며, 이를 보다 더 발전시키기 위한 전략을 구사하는 매개 과정이며, 또한 올바른 언어습득을 위한 가설검증 과정이라고 하였다. 따라서 학습자에 따라 언어입력이 언어흡입 되는 정도는 다르다고 볼 수 있으며, 모든 언어입력이 자동적으로 언어흡입이 되는 것은 아니다. Krashen이 주장했듯이, 중요한 점은 학습자 내면에서 언어흡입이 잘 일어나기 위해서는 학습자가 이해 가능한 범위 내에서 이해 가능한 언어입력(comprehensible input)이 제공되어야 한다는 것이다.

9.5. 이해 가능한 언어출력(The Comprehensible Ouput) 가설

Krashen(1985)의 언어입력 가설, 그리고 Van Patten과 Cardierno(1993)의 언어흡입(intake) 모형은 학습자 내면에서 일어나는 과정에 대해 너무 집중하기 때문에 외국어 학습에서 언어출력(output)이 담당하고 있는 역할에 대해서는 그다지 중요성을 두지 않는다. 그러나 Swain(1985) 그리고 Swain과 Lapkin(1996)은 그들의 이해 가능한 언어출력(comprehensible output) 가설에서 학습자들이 만들어내는 언어출력 역시 외국어 습득 과정에서 매우 중요한 역할을 담당하고 있다고 주장하였다. 그렇다면, 실제로 말을 많이 하는 학습자는 외국어 습득에서 어떤 이점이 있는가? 이해 가능한 언어출력 가설에서는 학습자들이 말할 수 있는 기회를 가능한 많이 갖는 것이 중요하다고 주장한다. 왜냐하면, 학습자들이 받아들이고 이해하는 언어입력 만으로는 외국어를 완전하게 습득할 수 없다고 생각하기 때문이다. 즉, 언어적 항목의 완전한 습득이 되지 않은 상태에서도 상대방의 말을 이해하는 것은 가능하지만, 언어적 표현을 사용하여 자신이 전달하고자 하는 의미를 표현하기 위해서는 언어적 항목에 대한 완전한 습득이 요구된다.

또한, 이해 가능한 언어출력 가설이 갖는 가장 직접적인 이점은 학습자가 말을 많이 함으로써 궁극적으로는 자신에게 돌아오는 언어입력의 양을 증대시킬 수 있다는데 있다. 이를 좀 더 구체적으로 표현하면 다음과 같다.

① 언어습득이 진행되고 발전하는데 이해 가능한 언어입력이 큰 비중을 차지한다.

② 습득된 언어능력의 결과로서 언어출력이 가능하다.

③ 언어 화자(speaker)가 말을 할 때 청자(listener)는 화자에게 다시 말을 함으로써 언어입력을 장려한다. 이것이 바로 '대화'이다

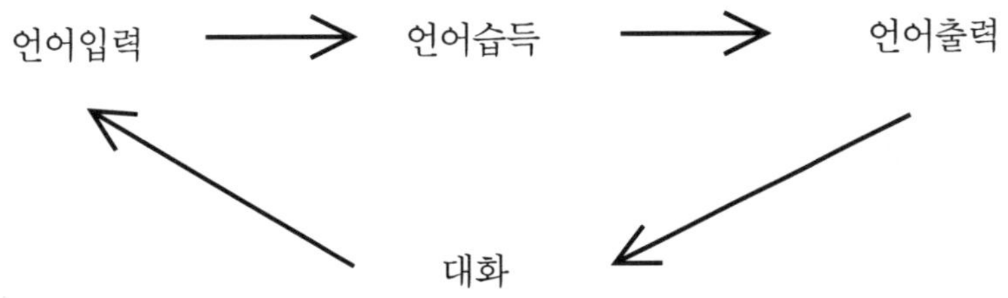

〈그림 9-9〉 언어출력이 언어습득에 기여하는 방법

언어출력의 또 다른 이점은 학습자들이 다양한 방식으로 생성된 자신의 발화를 살펴보고 수정함으로써 스스로 자신의 발화에 대해서 오류를 수정할 수 있는 기회를 갖을 수 있다는데 있다. 언어출력은 학습자들이 자신의 내면에 잠정적으로 설정한 언어 규칙에 대한 가설이 올바른지를 시험할 수 있도록 해 준다. 언어 규칙을 활용하여 발화를 함으로써 상대방으로부터 긍정적인 피드백, 또는 부정적인 피드백을 받음으로써 가설검증의 옳고 그름을 확인할 수 있다. 그러나 이 가설에서 중요한 점은 언어입력의 중요성을 고려하지 않고, 언어출력만을 중요하게 다루지 않는다는 점이다. Swain(1985, p. 128)은 이해 가능한 언어출력이 갖는 언어적 이점에 대해서 다음과 같이 주장하였다.

> Output may stimulate learners to move from the semantic, open-ended, non-deterministic, strategic processing prevalent in comprehension to the complete grammatical processing needed for accurate production. Output, thus, would seem to have a potentially significant role in the development of syntax and morphology.

한편, Gass와 Selinker(2001)는 이해 가능한 언어출력이 외국어 학습 과정에서 수행하는 역할에 대해 다음 4가지를 제시하였다.

① 가설검증 과정(hypothesis-testing): 학습자는 언어출력을 통해서 자신이 형성하고 있는 언어적 가설을 시험하게 되는데, 언어출력은 목표 언어에 대한 가설검증의 구체적인 결과물로서 나타난다.

② 피드백 수용(receiving feedback): 가설검증의 타당성에 대해 피드백을 받을 수 있는 근거를 제시한다. 목표 언어를 사용하는 과정 중에서 학습자는 자신의 언어에서 나타나는 오류를 인식할 수 있고, 또한 자신의 언어적 약점에 대해서 외부에서 피드백을 받을 수 있는 구체적인 근거가 된다.

③ 자동화 발달(developing automaticity): 학습자 자신의 언어적 가설의 결과물에 대한 피드백을 받으면서, 학습자는 특정 문장 구조나 발음, 어휘 등을 자신의 수준에 맞추어 계속적으로 연습할 수 있는 기회를 갖게 되며 궁극적으로는 자동화에 이르게 된다.

④ 의미 중심에서 통사적 구조 중심으로 전이(sifting from semantic to syntactic processing): 학습자가 전달하려는 의미는 학습자 내부에서 일어나는 언어적 현상과 관련이 있다. 이러한 의미는 구체적인 언어출력 형태로 실제 언어사용 맥락에서 구현된다. 언어 형식은 통사적인 형식을 띄기 때문에 학습자는 언어출력을 통해서 언어 형식이라는 통사적인 면에 더 초점을 맞추게 된다.

언어출력이 갖는 역할에 대해 다시 정리해 본다면, 언어출력은 학습자들이 이미 배웠던 내용을 보다 생산적이고 구체적인 방법으로 나타내는 역할을 한다. 또한, 언어출력은 목표 언어에 대한 가설검증의 구체적인 결과물로서 나타나며, 가설검증의 타당성에 대해 피드백을 받을 수 있는 구체적인 근거를 제시한다. 특히, 학습자 자신의 수준에 맞추어 특정 문장 구조나 발음, 어휘 등을 계속적으로 연습하고 이에 대한 피드백을 받아 자신이 설정한 가설을 검증해 나가면서 궁극적으로는 자동화에 이르게 된다. 이러한 과정을 거치면서 학습자들은 현재 자신의 목표어 수준을 인식하고, 자신의 목표어 언어체계를 지속적으로 수정하고 보완해 가면서 궁극적으로 완전한 목표어 언어체계에 도달하는 것으로 이해된다. 이러한 맥락에서 본다면, 언어입력은 단순히 언어출력을 위한 전제 조건이기 보다는, 언어출력이 나타내기 전에 학습자 내면의 언어적 체계를 변화시키기 위한 방편으로 인식될 필요가 있다.

9.6. McLaughlin의 자동화 이론

McLaughlin(1987)과 McLaughlin 등(1983)은 Krashen이 구별하였던 학습과 습득의 개념을 통제(controlled)와 자동(automatic)의 개념으로 설명하였다. 일반적으로 통제적인 학습은 학습양에 있어서 한계가 있고 일시적이지만, 자동적인 학습은 학습 양도 많고 영구적이다. 자동과 통제의 개념은 다시 선언적 지식(declarative knowledge)과 절차적 지식(procedural knowledge)

으로 연관시켜 볼 수 있다. 테니스를 처음 배우는 상황에 비유하여 설명해 보면, 초기 단계에서는 라켓 잡는 법, 라켓으로 공을 치는 법, 공을 네트 너머로 넘기는 법, 서브를 넣는 법, 공을 받는 법 등등 모든 동작은 개별적인 항목으로 통제적인 학습에 속하며, 이들 테니스에 대한 개별적인 지식들은 선언적 지식이라 할 수 있다. 그러나 테니스 게임을 진행하기 위해서는 이런 개별적인 항목 모두가 잘 조화되어 동시에 그리고 자동적으로 일어나야 한다. 일반적으로 통제적인 학습으로 배운 선언적 지식들은 적절한 연습 과정을 거치지 않는다면 상호 조화되지 않고 통합되지 않는다. 따라서 개별적인 선언적 지식들은 서로 잘 조화되고 자동적으로 처리될 수 있도록 절차적 지식으로 전환될 필요가 있다. 이때 선언적 지식이 절차적 지식으로 전환되는 과정을 '자동화(automization)'라고 한다.

통제와 자동, 이때 중요한 개념이 '채널역량(channel capacity)'이다. 채널역량은 학습자들이 특정 과제를 수행하면서 얼마나 많은 양의 의식적인 주의 집중을 할 수 있는지를 보여주는 역량 상태를 의미한다. 예를 들어, 자동차를 처음 운전한다고 할 경우, 기어 하나를 바꾸는데도 온 주의 집중이 이루어져 앞을 본다든지, 앞 차와 적절한 거리를 유지한다든지, 또는 교차로의 보행자를 주시한다든지 등의 안전과 직결된 다른 사항에 대해서는 주의를 기울일 여유가 생기지 않는다. 마찬가지로, 영어 학습에서 처음으로 시제(tense)라는 문법적 항목에 대해서 배울 때 학습자는 시제를 사용하는 규칙을 사용하여 올바른 문장을 생성하기 위해서 모든 주의력을 집중시킨다. 그러나 시간이. 지나고 학습자들이 시제라는 문법적 항목에 대해서 어느 정도 익숙해진다면, 학습자들은 초기에 기울였던 만큼의 주의 집중을 기울이지 않아도 된다. 이제 학습자들의 채널역량은 다른 문법적 항목에 주의를 기울일 수 있을 정도로 주의력의 여유가 생긴 것이라 할 수 있다.

학습자들이 수행하는 학습 과제는 하위 수준의 기술과 상위 수준의 기술로 구분될 수 있다. 앞서 언급한 시제와 같은 문법적 항목은 하위 수준의 기술에 속한다면, 상호 의사소통을 하면서 메시지를 이해하는 것은 상위 수준의 기술에 속한다. 초기 학습 상황에서는 하위 수준의 기술에 채널역량이 집중되기 때문에, 의사소통 상에서 주고받는 메시지를 이해하기 위해서 주의를 기울일 만한 여유가 생기지 않는다. 그러나 학습이 진행되면서 하위 수준의 언어적 항목에 대해서 어느 정도 자동화가 이루어진 후에는 주의력의 여유가 생기게 된다. 따라서 이제는 상위 수준의 기술, 즉 상대방과 주고받는 메시지를 이해하는데 주의력을 집중시킬 수 있게 된다.

하지만, McLaughlin(1987)은 자동화 그 자체만으로는 복잡한 인지 기술을 습득하는데 한계가 있다고 주장하였다. 그는 학습자들이 보다 복잡한 인지 기술을 습득하기 위해서 선언적 지식을 절차적 지식으로 전환시키는 자동화 과정 이외에, '재구조화(restructuring)'라는 새로운 과정이 일어나야 한다고 주장하였다. 그런데 재구조화는 기존의 자동화와는 다른 경로의 자동화가 일어나는 것을 의미한다. 재구조화는 자동화를 달성해 나가는 과정에서 학습자 내부의 인지구조에서 일어나는 질적인 변화를 의미한다. McLaughlin(1990, p. 152)은 재구조화 개념에 대해서 다음과 같이 언급하였다.

> Restructuring refers to the changes made to internalized representations as a result of new learning. Changes that reflect restructuring must be discontinuous or qualitatively different from a previous stage. …… Integrating new information into one's system necessitates changes to parts of one's existing system, thereby restructuring, or reorganizing, the system.

예를 들어, 숫자 2를 다섯 번 합산하여 그 합이 얼마인지를 계산하는 경우(예: 2+2+2+2+2=10), 이 과정은 연습이 동반된 자동화 과정을 통해서 합산에 걸리는 시간을 단축시킬 수 있다. 그러나 학습자들은 숫자를 더해가는 과정이 유일한 학습의 해결 방법이 아니라는 것을 곧 깨닫게 된다. 즉, 곱하기 공식을 이용하여 '2 X 5=10'이라는 사실을 발견하게 되고, 이 방법이 이전 방법보다 훨씬 빠르고 효과적이라는 것을 알게 된다. 이렇게 학습 과제(문제)를 해결하기 위해 접근하는 방식을 기존 방식과는 전혀 다르게 바라보는 것을 재구조화라고 한다. 이렇듯 재구조화는 학습자가 가지고 있는 기존의 지식 체계가 새로운 지식을 만나서 재조직되고, 또한 새로운 모습으로 변화되어 가는 과정이라 할 수 있다.

행동주의와 구조주의 언어학에서 바라본 언어 발달 또는 지식 습득은 마치 벽돌을 쌓듯이 새로운 지식이 들어오는 순서대로 하나씩 차곡차곡 쌓아가는 과정으로 이해하였다. 이 시기에는 어떤 지식이 먼저 들어오고 나중에 들어 오는지에 대해 관심이 많았다. 그렇지만, 인지주의에서는 우리가 받아들이는 새로운 정보, 지식, 기술 등을 단순히 우리들의 인지구조에 쌓아가면, 인간이 갖는 기억 용량의 한계에 곧 도달하게 된다고 생각하였다. 따라서 새로운 지식, 정보, 기술 등이 들어오면 기존의 지식 체계와 통합되어 전혀 다른 구조로 재탄생되는 재구조화 과정이 필요하다고 생각하였다. 이러한 재구조화 과정을 거치면서 학습자들은 지속적으로 정보를 저장할 수 있고, 또한 복잡한 인지 기술을 습득하게 되어 학습의 효율성을 높이게 된다.

그렇다면 언어학습에서 재구조화 개념을 어떻게 설명할 수 있는가? Lightbown(1985, p. 175)는 재구조화 과정과 그 필요성에 대해서 다음과 같이 언급하였다.

> Restructuring occurs because language is a complex hierarchical system whose components interact in nonlinear ways. Seen in these terms, an increase in error rate in one area may reflect an increase in complexity or accuracy in another, followed by overgeneralization of a newly acquired structure, or simply by a sort of overload of

complexity which forces a restructuring, or at least a simplification, in another part of the system.

Lightbown은 외국어 습득 과정에서 나타나는 재구조화 현상의 증거로서 *U-shaped behavior* 개념을 제시하였다. 영어를 외국어로 배우는 프랑스의 6학년, 7학년, 8학년 학습자들이 진행형인 ***-ing*** 형태를 배운 후, 학년이 올라가면서 그들이 만들어 내는 진행형 문장을 살펴보면 재구조화의 의미를 보다 정확하게 이해할 수 있다.

· Grade 6: He is taking a cake
· Grade 7: He take a cake.
· Grade 8: He is taking a cake.

1단계(6학년)에서는 학습자들이 오류를 나타내지 않고 정확하게 목표어 구조를 나타낸다. 하지만 2단계(7학년)에서 갑자기 잘못된 목표어 구조를 보여주다가, 다시 3단계(8학년)에서 목표어 구조를 정확하게 사용하게 된다. 이를 도식으로 나타내면 다음과 같다.

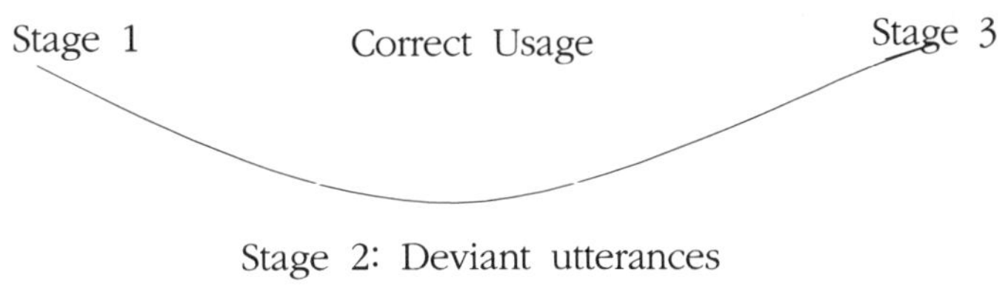

〈그림 9-10〉 U-shaped Behavior 도식표

언어습득은 쉬운 규칙에서 시작하여 어려운 규칙을 습득해 나가는 단계적 축적 과정, 또는 선형적인 발달 단계를 거치는 것이 아니다. 오히려 언어 각 부분 사이의 단순화와 복잡화의 과정이 나선형 방식으로 반복되어 나타나고, 그리고 점차 언어의 부족한 부분을 채워가면서 언어의 전체를 습득해 나가는 과정이라 할 수 있다. 또한, 학습자 내부 인지구조의 복잡한 질적인 변화 과정을 통해서 어느 순간에 목표어를 완벽하게 구사하는 등의 외국어 습득 과정이 일어나는데, 이러한 과정이 재구조화 과정을 통해서 가장 잘 구현된다고 볼 수 있다.

■ Declarativization and proceduralization: the jobs to be done

For the learning Pathway (DECPRO)

(a) How to develop initial declarative knowledge in the learner. What is the best way to give learner an understanding of how the language works?

(b) How to proceduralize that knowledge, once imparted. Changing 'knowledge about' into 'knowledge how to' is (we realize today) an immense problem.

(c) How to maintain declarative knowledge (because, as we have argued; (i) it is important to keep it, and (ii) there is a tendency for it to disappear.

For the Acquisition Pathway (PRODEC)

(a) How to give initial procedural knowledge. What sort of activities will help learners to acquire?

(b) How to declarativize that knowledge, once developed. Turning procedural knowledge into declarative knowledge.

(c) How to maintain procedural knowledge.

from Johnson, 2013, 106

9.7. 경쟁(Competition) 모형

MacWhinney(2001)는 언어의 기능적 접근 방식(functional approach)에 의해서 경쟁 모형(competition model)을 제시하였다. 경쟁 모형에 의하면, 모든 언어적 수행은 언어의 외적인 형식(form)과 이들 외적인 언어 형식이 수행하는 내적인 기능(function)을 서로 일치(matching) 시키면서 언어를 습득한다. 외적인 언어 형식은 주로 통사적 속성에 의해서 표시되며, 언어의 내적 기능은 주로 의미에 의해서 표시된다. 예를 들어, 'Horses eat hay.'라는 문장에서 어순(word order), 즉 동사 뒤에 위치한 'hay'와 같은 정보는 언어 형식에 해당되며, 기능적인 면에서 본다면 'horses'는 주어(subject)가 되고 'hay'는 목적어(object)가 된다는 점을 알려준다. 또한, 'horses'의 복수형은 언어 형식에 속하고, 기능적인 면은 2마리 이상의 말을 의미한다는 것을 알려준다. 이렇듯 경쟁 모형은 언어 형식과 이들 언어 형식이 수행하는 언어 기능을 서로 일치시키면서 언어를 배운다고 생각한다.

그런데 언어 형식과 언어 기능을 서로 일치시키는데 몇 가지 실마리(clue)들이 사용된다. 언어학습 과정에서 사용 가능한 여러 가지 실마리 중에서 어느 실마리에 더 무게(clue strength)를 둘 것인지가 중요하다. 위 예문에서 'horses'가 주어의 기능을 수행하고 있다는 것을 어떤 실마리를 통해서 알 수 있는가? 바로 어순(word order)인데, 이는 어순에 의해서 동사 앞에 위치한 명사는 주어 기능을 담당한다는 점 때문이다. 어순이라는 실마리를 사용하여 언어의 형식과 기능을 일치시키기 위해서는 어순 자체가 고정된 언어에서 효과적이다.

그렇다면, 한국어의 경우에서도 어순이라는 실마리를 통해서 특정 어휘가 주어의 기능을 수행하고 있다는 점을 알 수 있는가? 그렇지는 않다. 한국어의 경우에는 '격 표시(case marker)'가 어순보다 더 중요한 실마리가 된다. 예를 들어, '나는 밥을 먹었다.' 라는 문장에서 주격 조사 '-는' 때문에 '나'가 주어 기능을 수행하고 있다는 사실을 알 수 있다. 따라서 경쟁 모형은 주어진 언어입력을 통해서 언어 형식과 그 기능을 일치시키는 데는 여러 실마리를 사용할 수 있는데, 언어학습 과정은 이들 다양한 실마리들 간에 경쟁이 이루어진다는 점에 초점을 맞추고 있다. 가장 대표적인 실마리로는 다음 4가지를 들 수 있다.

① 어순(word order)
② 격 표시(case marker)
③ 일치(agreement)
④ 생물성(animacy (volitional action))

다음 문장을 살펴보면서 각 실마리들의 중요도가 어떻게 다르게 부과될 수 있는지 살펴보고자 한다(Saville-Troike, 2006, p. 79).

① The cow kicks the horse.
② The cow kick the horse.
③ Him kicks the horse.
④ The fence kicks the horse.

②번 문장의 경우, 'The cow'와 'the horse' 중 어느 것이 주어가 될 수 있는가? 어순에 의해서 'The cow'가 동사 앞에 위치하기 때문에 주어가 된다는 점을 알 수 있다. 하지만 주어와 동사 간의 일치(agreement)라는 실마리를 사용한다면, 이 문장은 비문법적인 문장이 된다는 점을 알 수 있다. ③번 문장은 격 표시(case marker)에 의해서 비문법적인 문장을 된다는 점을 알 수 있다. 'Him'은 목적격으로서 동사 앞의 주어 위치에 올 수 없다. 그렇다면 ④번 문장은 어떻게 해결할 수 있는가? 'The fence'는 왜 주어가 될 수 없는가? 바로 주체적인 행위를 할 수 있는가를 의미하는 '생물성(animacy)'이라는 실마리를 사용해야 한다. 'kick'은 행위를 수반하는 행위동사(action verb) 이기에 동사 앞에 위치한 명사는 행위를 수반할 수 있는 생물성이 내재되어 있어야 한다. 따라서 'The fence'는 생명력이 없는 사물이기 때문에 주어 위치에

올 수 없다. 이렇듯 경쟁 모형에서는 서로 다른 문장에 서로 다른 실마리에 무게를 두면서 언어 형식과 그 기능을 일치시켜 나가는 과정을 통해서 언어가 습득된다고 생각한다.

9.8. 문화이식(Acculturation) 가설

1970년대 후반 Schumann(1978a, 1978b)은 외국어를 학습하고 있었던 Alberto라는 성인을 대상으로 사례 연구를 근거로 해서 사회 · 언어학적인 관점에서 '문화이식(acculturation)'이라는 외국어 습득 이론을 발전시켰다. Schumann은 성인 외국어 학습자였던 Alberto의 사례 연구를 통해 피진어가 가지고 있는 언어적 체계와 *Alberto*가 보여 주었던 중간언어체계 간에 매우 유사한 점이 많다는 것을 발견하였다. Schumann은 이를 근거로 모든 성인 외국어 학습자가 외국어 학습 초기에 피진어와 비슷한 중간언어 단계를 거치는 것은 매우 보편적인 현상이라고 주장하였다. 그러나 Alberto의 언어적 체계는 가장 기본적인 피진어 단계에서 더 이상 발전하지 못하고 불완전한 상태에서 화석화(fossilization) 되었다. Schumann은 Alberto의 언어체계가 왜 더 이상 발전하지 못하였는가에 대한 원인을 파악하기 위해 면담 및 설문조사 등의 조사방법을 사용하였다. 그 결과, Alberto가 목표어에 대해 가지고 있었던 사회 · 심리적 거리, 즉 목표어 문화권에 대해서 동화(assimilation)하고자 하는 의지가 약했던 점이 화석화 현상의 가장 큰 원인이 되고 있음을 발견하였다.

따라서 Schumann은 성인 학습자가 외국어를 보다 성공적으로 습득하기 위한 조건으로 '문화이식(acculturation)'이라는 개념을 소개하였다. 즉, 성인 외국어 학습자가 초기의 피진어 단계를 뛰어넘어 외국어를 성공적으로 습득할 수 있는지의 여부는 학습자가 목표어 집단과 어느 정도로 동화될 수 있는지에 달려 있다는 점이다. Shumann은 학습자가 목표어에 대해 갖는 사회 · 심리적 거리감 정도에 따라 외국어 학습이 촉진될 수도 있고 장애가 될 수도 있다고 주장하면서, '성공적인 외국어 학습은 곧 문화 학습'이라고 주장하였다. 만약 학습자가 목표어에 대해 느끼는 사회적 거리가 멀다면 이는 심리적 요인이 병행되어 외국어를 습득하는데 장애 요인이 된다.

■ The pidgin in Alberto

Here are four characteristics of pidgins, taken from Schumann (1978a). Below them are four examples of Alberto's language. You should find it quite easy to match the characteristics with the example.

1. Pidgins often simplify word order. In a pidgin spoken in the Melanesian Island, for example, questions and statements have the same word order. So *You are building a house* and *Are you building a house?* are both *Yu wokim haus* in this pidgin. Statements and questions would be distinguished by intonation.
2. Pidgins often do without 'function word' - word expressing grammatical relations. The pidgin used by immigrant workers in Australia, for example, dispenses with all the complicated ways of expressing negation we use in standard English (*do not, did not, will not* and so on.). You simply put the word *no* in front of the verb - *I no come*, for example.
3. The vocabulary of the pidgin is often rather restricted (underlexicalization), and speakers have to be quite inventive to find ways of expressing ideas using available words. Two West African pidgin examples: the word for *calf* is know *pikin* (baby cow), and *puppy* is *dok pikin* (baby dog).
4. Getting rid of complicated 'endings' (inflectional morphemes). One West African pidgin, for example, has one word *cop* for tall the English forms associated with the verb *eat*. So cop can mean *eat, ate, eaten* and *eating*.

Now here is Alberto:

A. *One boy is .... playing two plate* [cymbals]
B. *This is a chicken* [statement] and *This is apple?* [question]
C. *I talk to you Spanish and Yesterday I talk with one friend.*
D. *I no drink, smoke.*

Results and conclusion : Alberto was unsuccessful with negative placement, question inversion, supplying grammatical morphemes apart from plural "-s", auxiliaries apart from "can". In general, Alberto can be characterized as using a reduced and simplified form of English, resembling pidgin.

from Johnson, 2013, p. 93

9.8.1. 문화충격(Culture Shock)

문화이식(acculturation)은 제2언어 학습자가 목표 언어의 문화권에 적응 또는 동화해 가는 과정을 의미한다. 언어에는 그 언어가 속한 문화적인 요소들이 내재되어 있기 때문에 언어를 배운다는 것은 곧 그 언어가 사용되는 공동체의 문화를 배우는 것과 같다. 이런 맥락에서 '외국어 학습은 곧 문화 학습'이라고도 한다. 언어와 문화는 불가분의 관계이기 때문에 목표 언어의 문화를 제대로 이해하지 않고는 목표어를 성공적으로 학습할 수 없다. Lambert(1967)에 의하면, 일반적으로 새로운 문화권에 들어가서 새로운 문화와 언어를 배우는데 다음과 같이 전형적인 4가지 단계를 거치게 되는데, 외국어 문화와 언어를 배우는데 가장 중요한 단계는 2, 3단계라 할 수 있다.

· 1단계: 행복 단계(euphoria)
· 2단계: 문화충격(culture shock)
· 3단계: 점진적 회복 단계(gradual recovery)
· 4단계: 완전 회복 단계(full recovery)

한편, Lambert(1967)는 문화충격의 현상을 '아노미(anomie)' 라는 개념을 이용하여 설명하고자 하였다. Lambert에 의하면, 아노미 단계는 3단계인 점진적 회복 단계의 첫 단계로서 2단계의 문화충격과 연결시켜 설명하고자 하였다. 아노미 단계는 학습자가 자신의 모국어 문화에 얽매여 있지도 않고, 그렇다고 목표어 문화를 완벽하게 학습하여 적응한 단계도 아니다. 이러한 중간 단계가 바로 학습자들이 인지적, 정의적 긴장감과 압박감을 같이 느낄 수 있는 두 문화 간의 적절한 거리(optimal distance)가 되어서 외국어 학습이 가장 잘 일어나는 시기가 된다.

9.8.2. 사회적 거리(Social Distance)

개인, 집단 및 국가 간의 거리감이나 실제적인 사회적 거리의 정도, 집단 간 또는 계층 간의 사회적 거리가 멀면 멀수록 상호 간의 이해도 및 친근감 등이 낮아진다. 사회적 거리는 같은 집단 내의 계층 간 또는 다른 집단 간에 느껴지는 심리적 관계를 설명하는데 효과적인 개념이다. 학습자는 외국어 학습을 하면서 이질적인 목표어 문화를 접하게 되는데, 자신의 모국어 문화와 비슷한 문화는 별로 문제시 되지 않으나 이질적인 문화를 접하게 되면 그만큼 사회적 거리는 멀어진다. 이때 멀어진 사회적 거리는 심리적 요인이 병행되어 외국어 학습에 부정적인 영향을 끼치게 된다.

한편, Schumann(1976)은 외국어를 배우고 있는 사회집단(L_2Group)과 목표 언어를 사용하고 있는 사회집단(TL Group) 간의 관계에서 사회적 거리라는 개념을 이용하여 외국어 학습의 성패 요인을 설명하고자 하였다. 일반적으로 좋은 언어학습 상황(good language learning situation)은 두 집단 모두가 동등한 위치에서 적극적인 태도를 가지고 외국어 학습에 임하는 경우이다. 따라서 사회적 거리가 멀수록 외국어 학습에서 어려움이 예상된다. 좋은 언어학습 상황과 나쁜 언어학습 상황에 관한 Shumann의 모델(1976, pp. 139-141)에 의하면, 학습자가 목표어에 대해 갖는 사회·심리적 접촉 정도에 따라 외국어 학습이 촉진될 수도 있고 장애가 될 수도 있다. Schumann이 제시한 학습자와 목표어 집단의 관계에 따라 외국어 학습에 촉진 및 장애가 될 수 있는 요인을 정리해 보면 다음과 같다.

① 사회적 우위성(social dominance): 외국어 학습자 집단이 목표어 집단에 비해 정치, 사

회, 경제적으로 우위의 위치에 있을 때 외국어를 학습하는데 장애가 될 수 있다. 반대로 목표어 집단이 더 우위에 있을 때도 외국어 학습에 장애 요인이 될 수 있다. 따라서 두 집단이 서로 동등한 위치에 있을 때 외국어 학습이 보다 효율적으로 이루어진다.

② 융합 전략(integration strategies): 동화(assimilation) 또는 보존(preservation)을 지칭하는 것으로, 학습자 집단이 목표어 집단에 동화되고자 한다면 외국어 학습이 보다 용이할 수 있다. 그러나 학습자 집단이든 목표어 집단이든 자국의 문화를 보존하고자 하는 생각이 강하면 사회적 거리감이 멀어져 외국어 학습에 장애가 될 수 있다.

③ 폐쇄성(enclosure): 학습자 집단과 목표어 집단이 학교, 교회, 공공기관 등의 사회적 시설물을 서로 공유하면 외국어 학습이 촉진될 수 있다.

④ 응집성(cohesiveness)과 규모(size): 각 집단 내의 결속이 강하고 어느 한 집단이 다른 집단에 비해 상대적으로 커지면 타 집단과의 관계가 멀어져 외국어 학습에 장애가 될 수 있다.

⑤ 일치(congruence): 양 집단 간의 문화가 서로 유사하면 상호 접촉이 용이하여 외국어 학습에 도움이 된다.

⑥ 거주 기간(length): 목표어 집단에 거주하는 기간이 길수록 외국어를 배우는데 유리해 진다.

■ A sorry tale

Shapira (1978) provides another example of fossilization, to equal Alberto's. She studied Zoila, a twenty five year old Guatemalan woman. Zoila was a native speaker of Spanish who had lived in the United States for three years at the time of the study, working as a housekeeper in English speaking families. Shapira plotted Zoila's progress with ten selected morphemes. The sad conclusion: during the 18 months observation period, there appears to have been little, or quite insignificant, development in the acquisition of any the 10 grammatical morphemes studied. The title of Shapira's paper is "The non-learning of English: a case study of an adult."

from Johnson, 2013, p. 93

9.8.3. 인식된 사회적 거리와 최적 거리 모형

앞서 제시된 사회적 거리 개념은 일반적 의미의 두 문화 간의 차이가 큰지, 아니면 작은지에 따라 언어학습에 미치는 영향을 설명하기 위해 사용되는 개념이다. 그렇다면, 두 문화 간의 사회적 거리를 어떻게 측정할 것인지에 대한 실제적 문제가 제기된다. 두 문화 간의 차이를 객관적으로 계량화할 수 있는 수단이 있는가? 그리고 두 문화 간의 사회적 거리감은 일반적 의미에서 접근하기 보다는 외국어 학습자 개개인이 느끼는 거리감에서 접근하는 것이 더 타당해 보인다. 왜냐하면, 그 거리감은 학습자 개개인마다 다르게 나타날 수 있기 때문이다.

이러한 문제를 해결하기 위해서 Action(1979)은 '인식된 사회적 거리(perceived social distance)' 개념을 제시하였다. 우리 인간은 자신의 세계관 및 세계를 바라보는 여과기를 통해서 문화적 환경 및 문화적 차이를 인식하고 행동하는 경향이 있다. 따라서 두 문화 간의 차이를 포괄적 그리고 일반적 의미에서 바라보는 사회적 거리 개념보다는 개인적 관점에서 접근하는 인식된 사회적 거리가 더 적절하다고 볼 수 있다. Action에 의하면, 학습자들은 외국어 학습 과정에서 목표어 문화와 자국의 문화 간의 차이를 자신의 가치관, 세계관 등에 근거하여 인식하게 된다. 이러한 점이 외국어 학습 과정에 미치는 영향은 학습자 개개인마다 다르게 나타난다.

Action은 PDAQ(Professed Difference in Attitude Questionnaire) 검사지를 개발하여 학습자 개개인이 느끼는 사회적 거리감을 계량화하여 우수한/나쁜 언어 학습자의 전형을 보여주고자 하였다. PDAQ는 크게 3가지 영역에서 학습자 개개인이 느끼는 거리감을 측정하고자 하였다.

① 자기 자신과 자기 나라 사람과의 거리감
② 자기 자신과 목표어 국가 사람들과의 거리감
③ 자기 나라 사람과 목표어 국가 사람들과의 거리감

Action은 PDAQ 검사지를 사용한 연구를 통해서 우수한 언어 학습자들은 전형적으로 목표어 문화권과 적절한 사회적 거리감이 있다는 것을 발견하였다. 학습자들이 자신의 문화 또는 목표어 문화에 너무 가깝거나 또는 멀리 있는 것으로 인식되는 경우, 나쁜 언어 학습자 범주에 속하게 된다.

Action의 인식된 사회적 거리는 앞에서 Lambert(1967)가 제시한 아노미 현상과 연결시켜서 설명할 수 있다. 외국어 학습의 성공은 외국어 학습 과정 중 학습자가 느끼는 아노미 현상, 즉 무소속감을 느끼는 것과 함께 나타난다. 학습자는 외국어를 학습하기 위해서 자신의 문화로부터 어느 정도 떠나 있으며, 그렇지만 아직 목표어 문화에 완전하게 동화되지 못한 단계, 즉 회복기가 시작되는 문화이식 단계에서 언어학습의 성공 및 언어의 유창성이 이루어진다는 점이다. 따라서 아노미 현상이 나타나는 단계는 성공적인 언어학습을 위한 적정 거리를 제공할 뿐만 아니라, 언어학습에 필요한 적정 수준의 인지적, 정의적 긴장감을 제공해 주는 이점이 있다. 만약, 언어를 완전히 학습하지 못하고 3단계를 지나게 되면 외국어를 성공적으로 배울 수 있는 기회는 그만큼 낮아진다.

한편, Brown(1980)은 성인 외국어 학습자가 언어 발달과 문화적 적응 간의 균형을 이루지 못해 외국어를 성공적으로 학습하지 못한 점을 설명하기 위해서 '최적 거리 모형(optimal distance model)' 개념을 제시하였다. 세련된 언어적 수단을 획득하기 전에 비언어적 수단을 포함하여 문화적으로 미리 동화된 성인 학습자들은 더 이상 자신의 언어능력을 발달시키지 못하여 화석화 현상이 나타나는 경우가 많다. 이는 세련된 언어적 능력의 터득 없이도 아무런 불편 없이 일상생활 속에서 살아갈 수 있는 방법을 터득했기 때문이다. 따라서 최적 거리 모형은 어쩌면 '문화적 결정적 시기(cultural critical period)'로 볼 수 있다. 결국 목표어 문화와 언어를 학습해 나가는 혼란스러운 상황 속에서도 계속 학습해 나가는 동기 부여가 중요한데, 이를 위한 적절한 긴장감이 필요하다. 최적 거리 모형은 다음 〈그림 9-11〉과 같다.

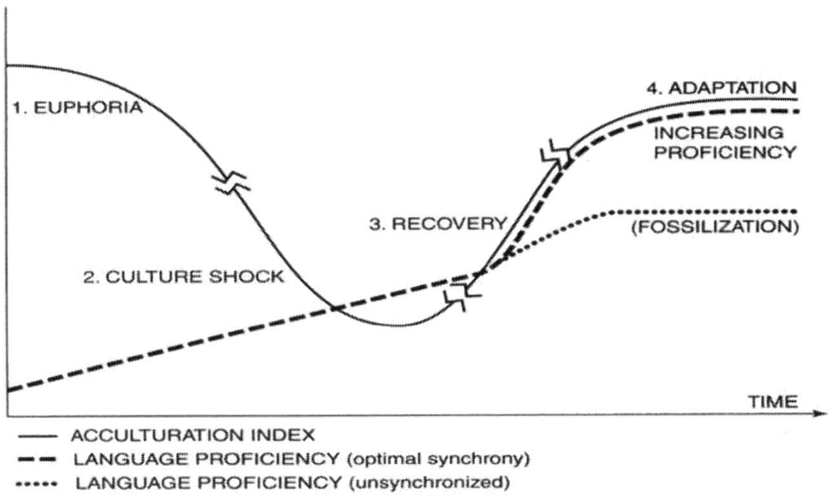

〈그림 9-11〉 최적 거리 모형

9.9. Gardner의 사회·교육 모델

사회 · 교육 모델은 Gardner(1985)에 의해서 제안되었으며, 이 이론은 사회적 요인과 개인적 요인이 어떻게 상호 융합되어 학습자의 외국어 학습에 영향을 미치는가를 규명하는 데 그 목적이 있다. 외국어 학습 과정에서 학습자가 갖는 개인적인 요인들, 즉 외국어 학습에 대한 동기와 적성이 중요하게 여겨지는데, 이들 요인은 사회적 요인에 의해서 영향을 받는다. 개인적인 요인에 대해 영향을 미치는 사회적 요인에는 크게 통합성(예: 학습자가 L2 학습에 내재된 목표어 관련 문화를 어떻게 받아들일 것인가와 관련된 요인들)과 학습 상황에 대한 태도(예: 교사 및 교과과정에 대한 학습자의 태도 등)가 있다. 개인적인 요인과 사회적인 요인이 외국어 학습 과정에 영향을 미치는 과정을 모형으로 나타내면 다음과 같다.

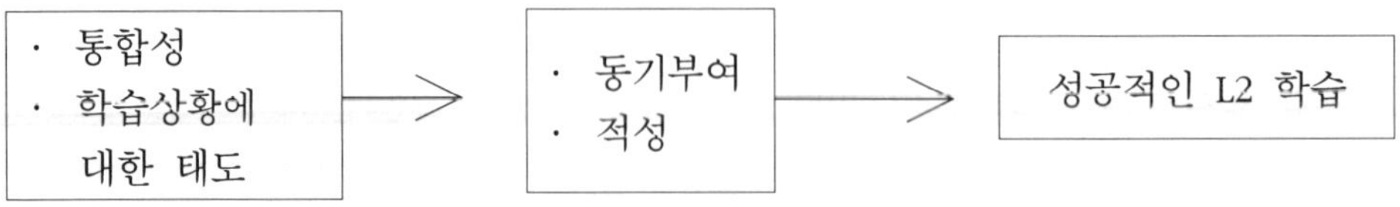

〈그림 9-12〉 Gardner의 사회 · 교육적 모형

Gardner에 의하면, 통합성과 태도가 학습자의 동기 부여와 적성에 영향을 미치고, 학습자의 동기 부여와 적성의 결과로 성공적인 외국어 학습 여부가 결정된다. 그렇다면 통합성과 태도와 같은 사회적 요인은 어디에서 형성되는 것인가? Gardner는 이러한 사회적 요인은 학습자가 경험하는 사회적 환경에서 비롯된다고 생각한다. 예를 들어, 학습자가 속해 있는 사회는 외국어 학습 그 자체, 즉 원어민 또는 목표어 문화에 대한 어떤 가치체계를 갖고 있다. 그런데 이들 가치체계는 그 사회 구성원들의 외국어 학습에 대한 시각과 가치관에 영향을 미친다. 따라서 성공적인 외국어 학습은 학습자 자신의 학습동기, 가치관 및 태도보다는 부모를 포함하여 학습자를 둘러싼 다른 사람들의 외국어 학습에 대한 가치관과 태도에 의해서 외국어 학습의 성공 여부가 결정된다.

외국어 학습에 대해 어느 한 사회가 갖는 가치는 학습자가 속해 있는 사회적 공동체의 본질과 관련이 깊다. 예를 들어, 벨기에나 인도와 같은 나라에서는 두개 이상의 언어를 사용해야 할 필요성이 분명하게 나타난다. 따라서 제2외국어는 일상적인 생활을 영위하기 위한 필수적인 의사소통의 수단이 된다. 그리고 유럽과 미국에 살고 있는 언어적 소수민들은 더 넓은 사회, 즉 언어적 다수민과의 접촉을 위해 해당 제2외국어를 학습해야 할 필요성에 직면하게 되어 외국어 학습에 대한 사회적 가치는 높을 수밖에 없다. 그러나 영국에서의 프랑스어 학습, 우리나라에서의 영어 학습 등과 같은 상황은 목표어가 내부적(internal) 의사소통이 아니라 외부적(external) 의사소통을 위해 사용되기 때문에 학습자가 느끼는 의사소통적 필요성은 낮게 나타난다. 하지만 우리나라와 같은 영어 학습 상황에서, 영어는 사회 전반에 걸쳐서 중요한 수단이 되기 때문에 영어 학습에 대한 필요성은 더 높게 느껴질 것 같다. 따라서 영어 학습에 대한 사회적 가치는 높게 나타날 것이며, 궁극적으로 이는 학습자들에게 영어 학습에 대해서 높은 동기 부여가 될 것이다.

학습자들이 외국어를 어떻게 학습·습득해 나가는지에 대해서는 많은 학자들이 관심을 가지고 지속적으로 연구를 진행하고 있다. 외국어 학습·습득 과정에 대한 체계적인 이해를 위해서는 많은 학자들이 제안한 이론들을 개별적으로 이해하고 접근하기 보다는 상호 밀접한 관련성 속에서 외국어 학습·습득 과정을 살펴볼 필요가 있다. 이러한 과정을 통해서, 외국어 학습·습득 과정을 신뢰성 있게 설명할 수 있는 통찰력을 얻을 수 있으리라 생각된다.

1. 정보처리 이론이 인간의 언어학습에 함축하고 있는 바가 아닌 것은?

① 인간의 기억 용량은 매우 한정되어 있다.
② 학습자의 자아를 위협하지 않는 우호적인 학습 환경을 조성하는 것이 중요하다.
③ 학습자의 주의를 끌 수 있는 정보를 학습자에게 제공하는 것이 중요하다.
④ 학습내용과 학습자의 기존 인지구조에 저장되어 있는 정보와 연결시키는 것이 중요하다.
⑤ 반복과 같은 인위적인 노력은 정보를 단기기억장치에 기억하고 저장하는데 효과적이다.
⑥ 인간은 컴퓨터와 같이 무한한 정보를 저장할 수 없기에 유의적인 학습방법을 채택한다.

2. Krashen은 학습이 일어날 수 있는 3가지 조건을 제시하였는데 이에 속하지 않는 것은?

① 시간이 많아야 한다.
② 언어 규칙을 알고 있어야 한다.
③ 규칙을 내재화시킬 수 있는 방법을 알고 있다.
④ 언어 형태에 초점을 맞춘다.

3. Krashen의 언어학습 이론에 대한 설명 중 틀린 것은?

① 외국어 학습에서 가장 중요한 요인은 이해 가능한 언어입력이다.
② 학습보다는 습득을 더 중시한다.
③ 학습자의 자아가 위협받지 않는 학습 환경을 중시한다.
④ 생득적 개념의 LAD의 존재에 대해서는 부정적인 입장이다.
⑤ Internal syllabus의 개념을 인정한다.

4. 다음 Schumann의 "문화이식"과 관련이 없는 용어는?

① 사회적 거리 ② 동화 ③ 피진어
④ 화석화 ⑤ 사회적 성향 ⑥ 사회적 접촉

5. __________은 목표언어에 대한 가설검증의 구체적인 결과물이며 가설검증의 타당성에 대해 피드백을 받을 수 있는 근거가 된다.

① 의미교섭 ② 유의적 학습 ③ 언어출력
④ 언어입력 ⑤ 언어흡입 ⑥ 가지치기

6. Long과 Young이 주창한 수정된 상호작용 모형과 전혀 관련이 <u>없는</u> 것은 어느 것인가?

① 사회적 거리　　② 이해 가능한 언어입력
③ 의미절충　　④ 사회적 측면의 상호작용
⑤ 단순화된 언어입력　　⑥ 이해력 증대

7. 정의적 여과기 가설에 대한 설명 중 <u>틀린</u> 것은 어느 것인가?

① 학습자가 느끼는 불안 정도가 낮으면 학습자가 받아 들이는 언어입력의 양은 증대한다.
② 학습자의 자아를 위협하지 않는 학습환경과 밀접한 관련이 있다.
③ 정의적 여과기의 작동은 학습자 내부 요인에 의해 결정된다.
④ 학습자의 동기, 태도, 자신감 등이 언어학습에 매우 중요한 요인이 되고 있음을 의미한다.

8. Krashen의 모니터 가설에 대한 설명 중 <u>틀리게</u> 설명하고 있는 것은 어느 것인가?

① 학습을 통해 배운 지식을 활용하여 모니터 역할을 한다.
② 모니터를 자주 사용하는 학습자는 오류와 실수에 신경을 쓰지 않고 말을 너무 많이 한다.
③ 학습보다는 여전히 습득이 더 외국어를 배우는데 더 중요하다는 것을 암시한다.
④ 유창한 발화의 근원은 습득된 지식이다.
⑤ 모니터를 너무 사용하지 않는 학습자는 화석화 현상을 유발할 수 있다.

9. Despite ample learning opportunities, the adult learner did not progress beyond the early stages in acquiring English structures. The reason is that she/she was socially distant from the English speaking community and had little desire for integration. What is the main idea/hypothesis here?

① input hypothesis　　② UG　　③ internal syllabus
④ acculturation　　⑤ anomie

10. Which one is <u>not</u> correct about Krashen's assertions toward the language learning?

① Spontaneous utterances are from acquired knowledge, not from learned knowledge.
② Learning can be transferred to acquisition through practice.
③ Krashen emphasizes unconscious, and inductive language learning.
④ Krashen accept the existence and role of LAD.
⑤ Comprehensible input is the most important factor for the successful language learning.

11. It refer to the amount of attention that students can use while they are conducting certain tasks.

① declarative knowledge ② procedural knowledge
③ automatization ④ restructuring
⑤ channel capacity ⑥ foreigner talk

12. Which one is not correct about Krashen's input hypothesis?

① Importance of input which contains structures a bit beyond learner's current level of competence.
② Comprehensible input is the most important factor for the successful language learning.
③ It is related with implicit learning rather than explicit learning.
④ Input should be provided through the grammar instruction in the classroom.
⑤ Comprehensible input facilitates the operation of LAD.

13. About this term, ____________, McLaughlin explained like this, "the component of a task are coordinated, integrated, or recognized into new unit, thereby allowing the ..... old components to be replaced by a more efficient procedure."

① restructuring ② social distance ③ implicit learning
④ acquisition ⑤ culture shock

10장

외국어 습득 과정의 주요 특징에 관한 논의

10장
외국어 습득 과정의 주요 특징에 대한 논의

단원 핵심 용어				
· 언어능력	· 의사소통능력	· 외연의미	· 내포의미	· 내적교수요목
· 언어수행	· 상호작용능력	· 생물학적인 시간표	· 보모의 말	· 연습/모방
· 창의적 언어구성	· 습관형성	· 언어발달의 보편성	· 가설검증 과정	· 과잉일반화
· 외적교수요목	· 내적언어처리 메카니즘	· 인지적 스타일	· 수용적 활동	· 일반화
· 발달적 패턴	· 전략적 능력	· 화용적 능력	· 심리·생리학적 기제	

외국어 습득 과정에 대한 연구가 많이 이루어지고 있지만, 실제 우리들이 갖고 있는 지식은 제한적이다. 하지만, 우리가 갖고 있는 이런 제한적인 지식은 외국어 습득 과정에 대한 보다 체계적이고 심층적인 연구를 하도록 동기 부여를 해준다. 외국어 습득 과정에 대한 지속적인 연구는 현재 우리가 갖고 있는 지식과 경험에 추가할 수 있는 새로운 통찰력을 얻을 수 있는 원천이 되며, 이는 궁극적으로 학습자들을 효과적으로 교수할 수 있는 보다 나은 교수법을 찾도록 해 줄 것이다.

10.1. 외국어 습득 과정에서 파생되는 주요 용어에 대한 논의

10.1.1. 언어능력(LC)과 언어수행(LP)

Chomsky(1965)에 의하면, '언어능력(LC: linguistic competence)'이란 모국어 화자가 자신의 모국어에 대해서 갖고 있는 완벽한 지식체계를 의미한다. 일반적으로 모국어를 습득하고자 하는 어린이들의 국적은 동일하기 때문에, 언어능력은 동질적인 언어사회(homogeneous speech community)의 한 구성원이 자신의 모국어에 대해서 갖고 있는 완벽한 규칙체계를 지칭할 때 사용된다. 그리고 동질적인 언어사회의 구성원들은 그 사회에서 사용되는 모국어를 완전하게 사용할 줄 아는 이상적인(ideal) 화자와 청자가 된다. 따라서 Chomsky는 모국어 화자가 자신의 모국어에 대해서 내재적으로 가지고 있는 완벽한 지식을 '언어능력'으로 정의하였다.

한편, Chomsky는 화자가 자신이 갖고 있는 언어능력을 활용하여 구체적인 언어사용 맥락에서 언어를 사용하는 것을 '언어수행(LP: linguistic performance)'으로 정의하였다. 하지만 Chomsky는 다음 글에서 언어능력이 반드시 언어수행으로 나타나지 않는다고 주장하면서 언어수행은 불완전하다고 주장하였다. 따라서 연구의 주 대상은 불완전한 언어수행보다는 완전한 언어능력에 초점이 맞추어져야 한다고 주장하였다.

> Linguistic theory is concerned primarily with an ideal speaker-listener, in a completely homogeneous speech community, who knows its language perfectly and is unaffected by such grammatically irrelevant conditions as memory limitation, distractions, shifts of attention and interest, and errors in applying his knowledge of the language in actual performance. (p. 3)

실제 언어사용 맥락에서 화자는 여러 변인들 — 정신적 피로, 육체적 피로, 무의식적인 말더듬, 기억의 한계, 주의나 관심의 변화, 화제의 변화, 문법 규칙에서의 이탈, 기타 외부 요인들 — 로 인해서 완벽한 언어능력을 갖추었다 할지라도 완전한 언어수행을 구현하지 못한다. Chomsky는 이러한 언어수행을 통해서 얻어지는 언어자료들은 일관성과 신빙성이 없어서 화자·청자의 참된 언어능력을 반영하지 못하므로, 인간이 가지고 있는 언어능력의 본질은 언어수행보다는 언어능력에서 찾아야 한다고 주장하였다. 이렇듯 Chomsky가 바라본 언어능력은 행위적이기 보다는 지식적이라 할 수 있다. 따라서 언어능력은 언어의 구조에 관한 추상적이고도 총체적인 지식이며, 유한의 법칙을 활용하여 무한의 문법적 문장을 생성하고 이해할 수 있는 능력을 의미한다.

이러한 점 때문에 Chomsky는 언어능력을 구체적인 상황에서 언어가 실제로 사용되는 언어수행과는 엄밀히 구별하였다. 따라서 언어능력은 화자가 내재적으로 지니고 있는 추상적이고 완벽한 언어 지식을 의미하며, 언어가 사회적 및 상황적 맥락에서 실제로 사용되는 것과는 거리가 있음을 의미한다. 하지만 Chomsky는 이러한 문법적 능력은 후천적인 학습을 통해서 획득되는 것이 아니라 생득적인(innate) 것으로 보았다. Chomsky(1989)가 의미한 문법적 개념은 다음과 같다.

① 어떤 문장이 문법적인지 아니면 비문법적인지를 구별할 수 있는 능력

② 전에 들어보지도 못하고 말해 보지도 못한 수많은 문장을 듣고 이해할 수 있으며 생성해 낼 수 있는 능력

③ 표면상으로는 서로 다른 문법적 구조를 지니고 있지만, 이들 문장이 의미하는 바는 서로 같다는 것을 알 수 있는 능력

예) The hunter killed the bear.
The bear was killed by the hunter.

④ 표면 구조상 한 문장이 둘 또는 그 이상의 의미로 해석될 수 있는, 즉 문장의 애매성(ambiguity)을 알 수 있는 능력

예) Flying planes can be dangerous.
· 날고 있는 비행기는 위험할 수 있다.
· 비행기를 타는 것은 위험할 수 있다.

Chomsky의 언어능력은 언어에 대한 지식체계, 즉 문법성, 정확성에 초점을 맞추다 보니, 언어가 사회적 맥락에서 의사소통을 목적으로 사용됨으로 인해서 언어의 기능적인 면에서 다양성을 보일 수 있다는 점을 파악하는데 한계가 있을 수밖에 없었다. 따라서 사회 · 언어학자들은 Chomsky가 주장했던 언어능력보다 더 넓은 개념의 언어능력을 재설정해야 할 필요성이 있으며, 또한 모국어 습득이 아닌 외국어 습득 과정에서 적용될 수 있는 새로운 개념의 언어능력을 주장하였다. 이 새로운 개념의 언어능력이 바로 '의사소통능력(CC: communicative competence)'이다.

10.1.2. 의사소통능력(Communicative Competence)

1) Hymes의 의사소통능력

Hymes(1972)는 언어의 실제적 사용을 강조하기 위해 Chomsky의 언어능력과 구별하여 '의사소통능력(communicative competence)'이라는 새로운 개념을 제시하였다. Hymes에 의하면, Chomsky의 언어능력은 동질적인(homogeneous) 언어사회 내에서 이상적인 화자-청자들이 자신들의 모국어에 대해 갖고 있는 완벽한 지식체계를 다루기 때문에 언어의 실제적인 사용 측면을 다루는데 제한이 있다. 특히, 다양한 모국어 배경을 갖고 있는 외국어 학습자들이 외국어를 학습하는 상황을 설명하는데 한계가 있었다. 이러한 맥락에서 Hymes는 다양한 모국어 배경을 갖고 있는 학습자들이 외국어를 학습하는 상황에서 흔히 나타날 수 있는 이질적인 언어사회(heterogeneous speech community), 그리고 목표어를 완벽하게 학습하지 못한 단계이

기 때문에 비이상적(non-ideal)인 화자-청자의 개입, 그리고 사회적 맥락에서 언어가 실제로 사용되는 언어 행위 등을 설명하기 위해서 새로운 개념의 제시가 필요하였다. 따라서 Hymes는 Chomsky가 제시한 언어능력 이외에 언어수행의 영역으로 정의되었던 사회·문화적인 요인을 포함한 좀 더 넓은 의미의 언어능력을 재설정할 필요가 있어서 '의사소통능력'이라는 개념을 제안하였다. 의사소통능력은 실제 언어사용 상황에서 학습자가 의사소통을 적절하게 이끌어 나갈 수 있는 능력을 의미한다.

사회·언어학적인 관점에서 Hymes가 제안하였던 의사소통능력의 일반적인 개념 4가지는 다음과 같다.

① 문법적으로 가능한 구조로 표현되고 있는가를 다루는 영역
② 문법인 구조이지만 실제 사회적 상황에서 사용이 가능한지를 다루는 영역
③ 실제 언어사용의 맥락에서 적절한가를 다루는 영역
④ 사용된 언어가 실제로 사회 구성원들에 의해 받아들여질 수 있는가를 다루는 영역

2) Canale과 Swain의 의사소통능력

Canale과 Swain(1980)은 가장 중요한 언어능력은 문법적이기보다는 언어가 사용되는 상황에서 적절한 발화를 생성하고 이해할 수 있는 능력이라고 하면서, 다음 4가지의 하위 구성 요소가 의사소통능력을 구성하고 있다고 보았다.

① 문법 능력(grammatical competence): 어휘 항목의 지식, 형태소, 통사, 문장의 의미 및 음운 등의 규칙에 관한 지식을 의미한다. 문법 규칙을 설명하기 위한 것이 아니라 이런 규칙에 맞게 단어를 배열하여 문장으로 구성하는 방법을 이해하고 사용할 수 있는 능력을 의미한다.
② 담화 능력(discourse competence): 독립된 개별적인 문장이 아니라 일련의 문장들을 연결한 담화(discourse) 속에서 전체적인 의미를 이해할 수 있는 능력을 뜻한다. 때로는 문장과 문장 사이의 관계가 명확하지 않은 경우가 많은데, 이때는 세상에 관해 알고 있는 여러 지식을 사용하여 문맥에 따라 그 언어 표현 속에 내재되어 있는 의미를 추론할 수 있는 능력까지 포함한다. 즉, 여러 문장이 연결된 가운데 전체적인 의미를 파악하는 것과 함께, 특정 상황에 적절한 말이나 글을 구성할 수 있는 능력을 지칭한다.
③ 사회·언어학적 능력(socio-linguistic competence): 서로 다른 언어사용 상황에서 적절한 언어사용을 위한 사회·언어학적 규칙에 관한 지식을 뜻한다. 외국어 학습자들은 이 규칙을 잘 알고 있어야 하며, 상황에 따라 적절한 표현을 사용할 줄 알아야 한다. 이는 언

제 침묵을 지켜야 하는지, 언제 존댓말을 사용해야 하는지, 언제 주저하는 태도로 말을 해야 하는지 등의 특정한 상황에서 말을 어떻게 해야 하는가를 아는 능력이다.

④ 전략적 능력(strategic competence): 언어수행의 변수 혹은 불충분한 언어능력 때문에 의사소통의 단절(또는 좌절)을 보완하기 위해 취해지는 언어적, 비언어적 소통 전략에 관한 지식으로 성공적인 의사소통을 결정짓는 중요한 요소가 된다. 예를 들어, 단어가 생각나지 않을 경우 어떻게 의사소통을 지속할 것인지, 상대방의 말을 이해하지 못했을 경우 어떻게 할 것인지, 그리고 대화를 지속하기 위해서 말을 바꾸어서 한다든지, 돌려서 말을 한다든지, 또는 반복하고, 주저하고, 회피하는 전략을 사용하는 예를 생각해 볼 수 있다.

10.1.3. 의사소통능력의 범주

사회·언어학적 견지에서 살펴본 의사소통능력은 Chomsky의 언어능력을 일부분으로 받아들이면서, 동시에 사회·문화적인 맥락과 규범에 적합한 문장을 생성할 줄 아는 능력까지를 포함한다. 사회·언어학적 측면에서 의사소통능력은 다음과 같은 능력들을 포함하고 있다.

1) 문법 규칙에 대한 지식

문법 규칙에 대한 지식은 생성된 발화가 문법적인지 아니면 비문법적인지 그 정확성을 결정해 주는 기준이 된다. 만일 생성된 발화가 문법적이라면 그 발화는 문법이나 구문의 형식적인 규칙 등의 언어로써 갖추어야 할 모든 외적인 요인들이 맞게 구성되어 있다는 것을 의미한다. 우리가 갖고 있는 문법적 지식은 어휘 항목에 관한 지식, 형태소, 통사적 구조, 문장, 음운 등의 언어 규칙에 대한 지식 등을 포함한다.

2) 적절한 언어사용에 대한 지식

적절성(appropriateness)은 언어형식의 정확성(accuracy)과는 차이가 있다. 만약 언어를 올바르게 사용할 수 있는 사용 규칙을 모른다면 문법 규칙은 쓸모가 없다. 아래 두 문장의 예를 살펴보면 적절한 언어사용이 무엇을 의미하는지를 알 수 있다.

(a) I'm Elizabeth Taylor.
(b) This is Elizabeth Taylor.

두 문장 모두 문법적으로 아무런 문제가 없다. 모두 "나는 Elizabeth Taylor입니다."라는 뜻을 갖고 있지만, 서로 대면하여 이야기할 때는 (a) 문장의 사용이 적절하고, 전화상으로는 (b) 문장이 적절하다. 실제 언어 행위에서 언어를 사용할 때 어떤 표현이 옳고 그른가를 판단하기 위한 협의의 문법성을 따지기보다는 용인성(acceptability)을 따져 보아야 한다. 그리고 그 표현이 사용될 때의 여러 가지 외적인 요인들, 즉 대화가 이루어지고 있는 장면이나 상황의 특성, 대화자 사이의 사회적 관계, 대화의 주제 등이 고려되어야 한다.

3) 사회적 규범에 대한 지식

의사소통에 참여하는 사람들은 대화의 전개에 따른 사회적 규범을 파악하는 것이 중요하다. 발화 구조를 지배하는 통사적, 음운적 규칙은 잘 알고 있으면서도 그 상황에서 용인(acceptable)될 수 있는 발화 규범을 모르면 심각한 소통 장애를 유발할 수 있다. 따라서 대화 참여자들은 사회가 그 구성원들에게 설정해 놓은 규범(적절한 행위에 대한 공유된 믿음)을 이해할 필요가 있다. 예를 들어, 사무실에서 “It's too stuffy.”라는 말을 비서가 사장에게 했다면 단순한 서술문으로 이해할 수 있다. 하지만 반대로 사장이 비서에게 이 말을 했다면 이는 “방안이 답답하니 창문을 열어라.” 라는 무언의 명령문으로 이해될 수 있다. 이와 같이 언어 표현은 지시적인 면 이외에 사회적 의미를 갖는다. 여기서 사회적 의미란 언어 표현의 1차적 ‘외연의미(denotation)’ 이외에 ‘내포의미(connotation)’를 갖는 것으로, 이는 언어의 내재적 속성으로 존재하는 것이 아니라 그 표현이 사용된 사회적 상황에 의해 결정된다. 한편, 한영목(1992)은 실제 언어활동에서 화자가 자신의 의사를 가장 효율적으로 나타낼 수 있는 언어 표현을 선택하는 과정에는 크게 두 가지 여과 과정이 있다고 하였다. 첫째는 비문법적 표현을 걸러내는 것이고, 둘째는 언어 행위가 이루어지고 있는 사회적 상황에 적절하지 못한 표현을 걸러내는 과정이다. 이를 도표로 나타내면 다음과 같다.

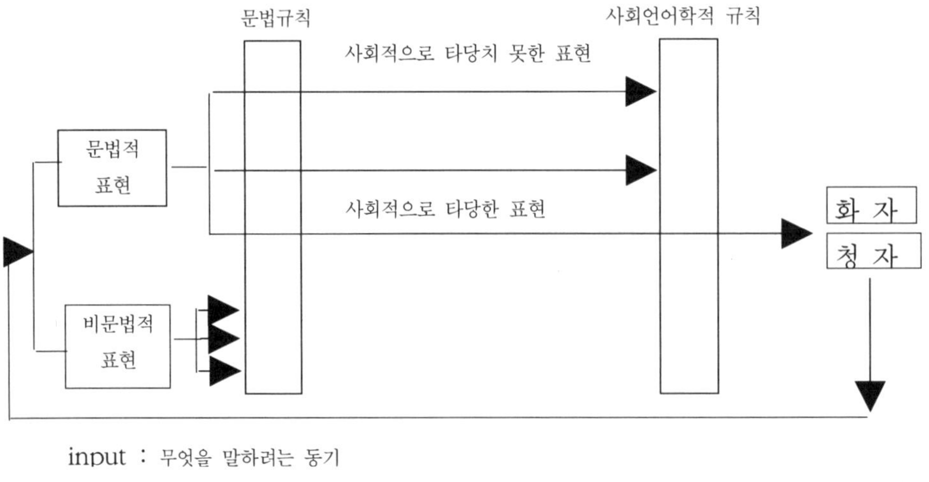

〈그림 10-1〉 적절한 언어사용의 절차 도식표

4) 담화분석에 대한 지식

언어를 가르칠 때 단지 문장의 차원에서만 언어를 생각해서는 안 되고, 더 나아가 담화(discourse)의 성격과 결부된 자료들을 언어교육의 자료로 사용하여야 한다. 하나의 문장만 가지고서는 그 문장의 완전한 의미를 파악할 수 없다. 따라서 한 문장의 완전한 의미를 파악하기 위해서는 그 문장이 사용된 전체적 문맥과 화자-청자 간의 언어적 환경을 동시에 이해하여야 한다. Widdowson(1979)은 담화를 '배합된 문장의 사용(the use of sentence in combination)'이라고 정의하면서 개별적인 문장 하나의 의미를 파악하는 관심에서 벗어나서 문장을 배합하여 쓰는 담화능력을 강조하였다. 언어는 화자-청자와의 연속되는 담화 속에서 사용되기 때문에 문장과 문장 사이의 관련성이 중요하고, 이러한 전체적 맥락 안에서 의미를 파악하여야 한다. 따라서 담화분석(discourse analysis)에 대한 지식이란 특정 문장뿐만 아니라 앞에 나온 문장과 다음에 계속되는 양 문장 사이에 언어로 표시되어 있는 의미를 정확하게 이해할 수 있는 능력을 의미한다. 담화 상의 의미를 제대로 파악하기 위해서 문장 하나의 의미보다는 문장과 문장이 연결된 대화의 규칙을 이해하고 사용할 수 있는 능력을 갖추는 것이 매우 중요하다.

10.1.4. 상호작용능력(Interactional Competence)

상호작용능력은 일반적 의미의 언어능력을 지칭하기 보다는, 상호작용에 참여하고 있는 참여자들이 상호작용의 상황을 인식하고, 그러한 가운데 언어능력이 어떻게 구현되는가를 아는 능력이라 할 수 있다(Young, 1999). 따라서, 상호작용능력은 구체적인 언어사용 상황, 면대면(face-to-face) 상호작용 상황, 상호작용에 참여하는 참여자, 그리고 문어체보다는 구어적 언어의 사용이라는 상호작용 측면과 매우 밀접한 관련이 있다. 이러한 상호작용 가운데, 참여자들은 어휘, 통사, 의미, 문법 등의 언어적 지식을 포함하여, 어떻게 대화를 이끌어 나가고, 대화 중에서 어떻게 상호작용을 지속해 나가는지에 대한 실제적인 언어 지식을 습득해 나간다. 따라서 상호작용능력에서는 학습자들이 구성해 내는 어떤 의미(또는 언어능력)라도 이는 상호작용이 일어나는 사회적 실제성이라는 측면과 분리하여 생각해 볼 수 없다.

앞서 살펴본 의사소통능력의 구성 요소(문법 능력, 사회 언어적 능력, 담화 능력, 전략적 능력)들이 학습자들 내부에서 서로 상호작용하는 심리적인 측면에 초점을 맞추고 있는 반면에, 상호작용능력 측면에서의 상호작용은 실제 사람들이 면대면(face-to-face)으로 상호작용에 참여하는 사회적 측면이 강조된다. 이러한 맥락에서 중시되는 또 하나의 개념이 '구성(construction)'이다. 구성이라는 개념에 대해서, Jacoby와 Ochs(1995, p. 171)는 "the joint creation of a form, interpretation, stance, action, activity, identity, institution, skill, ideology, emotion, or other culturally meaningful reality."와 같이 정의를 내렸다. 즉, 구성이란 성공적인 상호작용이 이루어지기 위해서는 상호작용에 참여하는 모두에게 책임이 있으며, 결국 습득되는 언어 지식 또한 상호작용에 참여하는 모든 참여자의 노력과 협동에 의해서 이루어진다는 것을 함축하고 있다. 과거에는 성공적인 상호작용을 위해서 참여자 개개인의 책임을 중시하는 입장이었지만, 상호작용능력에서는 상호작용에 참여하는 모든 구성원들의 동등한 책임을 강조하고 있음을 알 수 있다.

최근에 많은 관심을 끌고 있는 상호작용능력은 앞서 Canale과 Swain(1980)이 제시했던 의사소통능력과 전혀 다른 의미의 언어능력으로 해석되기 보다는, 의사소통능력의 보다 확장된 의미로 해석하는 경향이 강하다. 이런 맥락에서 Johnson(2004, p. 98)은 Bachman의 언어능력 중 화용적 능력(pragmatic competence)에 상호작용능력을 추가하는 모델, 그리고 Canale과 Swain이 제시한 의사소통능력의 4가지 하위 구성 능력에 상호작용능력을 추가하는 모델을 제시하였다.

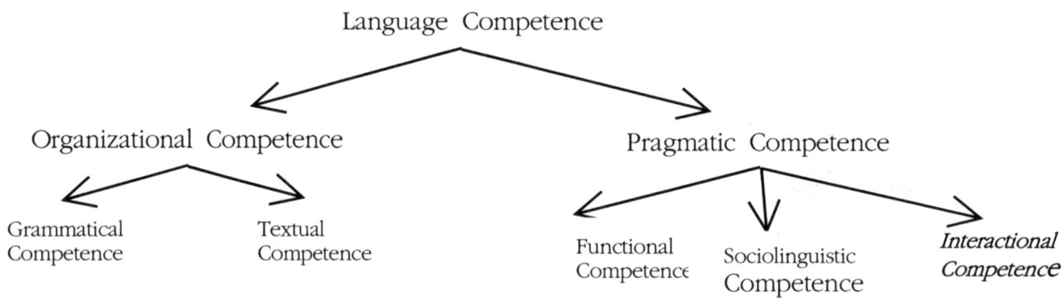

〈그림 10-2〉 Bachman의 모델과 상호작용능력

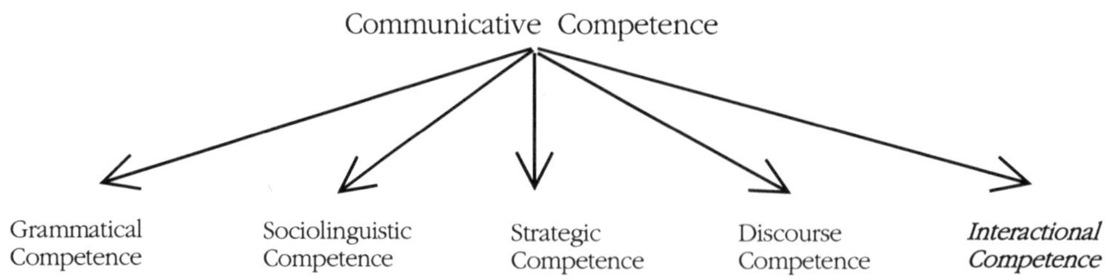

〈그림 10-3〉 Canale & Swain 모델과 상호작용능력

10.1.5. ESL과 EFL

영어가 점차 국제어가 됨에 따라(EIL: English as an International Language), 제2언어로서의 영어(ESL: English as a Second Language)와 외국어로서의 영어(EFL: English as a Foreign

Language) 간의 구별이 모호해지고 있다. 일반적으로 ESL과 EFL 간에는 어떤 차이가 있는가? 두 개념에 대한 기본 정의를 살펴보면 다음과 같다.

먼저, ESL은 영어가 모국어로 사용되는 문화권 내에서, 즉 한국인, 일본인, 아랍인 영어 학습자들이 미국, 영국, 캐나다 또는 호주에서 영어를 배우는 경우를 지칭한다. 또한, 필리핀 및 인도 등과 같이, 영어가 교육, 행정, 사업, 그리고 정치 등의 분야에서 이미 공용어(official language)로서 수용되고 널리 사용되는 경우도 ESL로 분류될 수 있다. 또한, 스칸디나비아처럼 영어가 어떤 공식적인 지위를 갖고있지 않지만 영어의 높은 지명도 때문에 그 국가 구성원들의 영어 능력이 원어민처럼 능숙한 경우, 학습자들이 그 국가에 체류하면서 영어를 배우는 것도 ESL로 분류될 수 있다.

EFL은 영어가 그 사회의 의사소통 도구로 사용되는 경우는 아니며, 일반적으로 학습자들이 자신의 문화권 내에서 영어를 학습하는 경우를 지칭한다. 하지만 최근 다양하게 변화하는 다음과 같은 세계적인 추세는 EFL을 명확하게 정의를 내리는데 어려움을 유발한다. 첫째, 세계 각국의 이민자들이 늘어나면서, 다양한 이민자들이 영어권 또는 비영어권 국가 내에서 그들만의 공동체 사회를 구축하는 경우가 많아지고, 또한 그들이 속해있는 주류 사회와의 의사소통을 위해서 영어를 사용하는 경우가 많아지고 있다. 둘째, 정보통신 기술의 발달로 인해서, 영어 방송매체 등의 보급은 영어에 대한 접근이 다른 어느 때보다도 손쉽게 이루어진다.

세계적으로 확대되고 있는 영어 사용 상황은 과거에 비해서 매우 다양해지고 있어서 언어 교사 및 교수법 등에 있어서도 많은 인식의 변화가 생기고 있다. 따라서 ESL 및 EFL과 관련하여, 어느 하나의 모델이 언어학습 현장에 더 효과적으로 적용될 수 있을 것이라는 총체적 일반화는 매우 위험해 보인다. 언어학습 전반에 걸쳐서 언어 교사, 교수법, 교육현장, 언어 정책 등의 다양한 변수들을 조심스럽게 검토할 필요가 있다.

10.1.6. 언어 제국주의(Linguistic Imperialism)

영어가 교육, 상업, 정치 등의 다양한 분야에서 국제어로서 그 위치가 공고해 짐에 따라, Ricento(1994)는 영어의 확산이 영어 학습자가 자신의 모국어로 읽고 쓰는 능력을 습득하는데 장애 요인이 되고 있으며, 영어를 배우지 못한 학습자는 사회, 경제적으로 불이익을 당하고 있는 상황이 나타나고 있다고 주장하였다. 따라서 영어가 보통 사람들의 일상생활 및 미래 삶의 필요에 부합하지 못하고 있다고 주장하였다. 이러한 문제를 지적하기 위해서, '언어 제국주의(linguistic imperialism)' 및 '언어 차별주의(linguicism)' 라는 용어가 나오게 되었다. 이러한 용어들이 대두되면서, 영어와 다른 소수 언어들 간의 문화적 불평등 및 영어교육의 잠재적 위험성에 대해 많은 사람들의 주의를 환기시켰다.

그리고 언어 제국주의와 관련된 핵심 논쟁은 영어의 보급으로 인한 다양한 토착어의 소멸, 또는 토착어가 갖는 가치에 대한 평가 절하이다. 하지만, 영어의 제국주의적 확산에 맞서 토착어 및 소수 언어의 보존에 대한 관심이 높아지고 있다. 이는 다언어(multilingual)적인 상황을 인정하고, 소수 민족의 언어를 보존하고자 하는 노력으로 연결된다. 이러한 노력의 내면에는 모든 사람들이 자신의 모국어를 발전시키고 향상시킬 권리와 함께, 그들의 후손들이 자신의 모국어로 교육을 받을 수 있는 권리를 인정하는 노력과 일맥 상통한다. 따라서 영어를 가르치고자 하는 언어 교사들은 영어 학습자들의 모국어와 그들의 문화를 존중하며, 영어(외국어)의 가치체계를 학습자들에게 일방적으로 강요하지 않는 것이 중요하다는 것을 명심할 필요가 있다.

10.1.7. 영어 전용(English Only) 정책

'영어 전용(English only)' 정책은 미국에서 영어를 교육 현장의 공식 언어로 제정하기 위해서 행해진 많은 운동을 지칭한다. 미국 정부 및 교육 당국은 영어를 공식 언어로 제정 및 선포한 적이 없지만, 많은 주(States)에서 국가를 통일하고, 이중언어(bilingual) 교육과 둘러싼 많은 논란을 끝내기 위해서 영어 전용 정책이 필요하다고 주장하면서 많은 논란을 촉발시켰다. 세계 각국에서 많은 이민자들이 미국으로 이주함에 따라 그들을 대상으로 영어를 가르칠 필요성과 함께, 영어로 의사소통하는 통일감과 조화를 이루고, 그리고 하나의 미국인으로서 애국심을 고취 시키고자 하는 바램에서 일부 정치인들이 이 법안을 제정하고자 노력하였다. 하지만, 소수 민족의 언어와 문화의 차별, 심지어는 소수 언어의 학살이라는 심각한 문제를 갖고 있어서, 궁극적으로 영어 전용 정책은 성공하지 못했다.

10.2. 외국어 습득 과정에서 파생된 주요 논의점

10.2.1. 언어학습의 선천성(Nature)과 후천성(Nurture)

생득론자(nativists)들은 인간의 언어학습은 LAD/UG와 같은 생득적 요인에 의해서 이루어진다고 주장하였다. 인간은 태어날 때부터 언어에 대한 선천적(nature) 지식을 갖고 있거나, 또는 언어학습에 대한 생물학적인 시간표(biological timetable)가 정해져 있어서 후천적인 요인의 작용이 없어도 언어를 성공적으로 배울 수 있다는 것이다. 예를 들어, 언어를 학습해 나가면서 어린이 또는 언어 학습자들이 보여주는 언어 발달 단계는 이미 생물학적으로 결정되어 있어서(predetermined) 보편적 또는 유사한 발달 단계를 보여준다. 만약 언어입력 및 언어학습 환경과 같은 후천적(nurture) 요인의 영향이 크다면, 서로 다른 언어적 환경에서, 그리고 서로 다른 언어입력을 받으면서 언어를 배워가는 어린이 또는 언어 학습자들이 보여주는 언어 발달 단계는 각기 서로 다르게 나타날 것이다. 하지만 언어 학습자들이 보여주는 언어 발달 단계는 매우 유사하게 나타나는데, 이는 후천적 요인보다 더 강하게 작용하는 어떤 생득적 요인의 작용 때문이라고 추론해 볼 수 있다. 이를 입증할 언어적 자료를 찾기 위한 학자들의 노력으로 '내적교수요목(internal syllabus)'이라는 용어가 제시되었다.

LAD/UG가 선천적인 언어습득과 관련이 있다면 과학자들은 가까운 미래에 언어 유전자를 찾을 것으로 기대되지만, 그렇다고 인간의 언어학습 과정을 전적으로 생물학적이고 생득적인 요인에 근거하여 설명하기에는 무리가 따른다. 무엇보다도 LAD/UG의 실체를 과학적으로 검증하기가 쉽지 않다는 점이다. 그리고 후천적으로 제공되는 언어입력이 언어학습 과정에 미치는 효과는 선천적인 언어학습 과정에 대해 근본적인 의문을 제기하기도 한다. 언어학습 환경에 따라, 그리고 학습자들이 취하는 학습전략에 따라, 학습의 효율성 및 속도가 다르게 나타난다는 점은 우리로 하여금 언어학습의 후천성을 받아들일 수밖에 없게 만든다.

특히, 환경적 요인 중의 하나인 언어입력은 언어학습 과정에 지대한 영향을 미치고 있다는 것을 알 수 있다. 한 예를 들어, 밀림에서 방치된 '늑대소년'의 발견과 함께 그에 대한 인간 언어의 가르침과 실패에 대한 설명은 인간 언어습득의 선천성과 후천적 요인이라 할 수 있는 언어입력 간의 관계에 대해서 다시 생각하게 만든다. 앞서, 언어학습의 선천성을 주장하는 생득론자들은 외부 환경적인 요인보다는 언어학습의 생물학적인 시간표 개념을 더 중시하였다. 하지만 늑대소년의 경우는 그들이 갖는 믿음의 근간을 흔들어 놓았다. 늑대소년이 인간 언어를 성공적으로 배우지 못한 이유는 무엇인가? 이에 대한 합리적인 해석은 생득론자들이 주장하는 LAD/UG 개념 이외에 환경적 요인인 언어입력이 갖는 최소한 역할을 인정하는 것도 하나의 방편이 된다. 즉, 결정적 시기 동안에 어린이들이 받아들이는 언어입력은 LAD/UG의 작동이 촉발(ignite)될 수 있도록 해 준다고 볼 수 있는데, 언어입력이 갖는 이러한 최소한의 역할을 인정하는 것이다.

하지만 언어학습의 선천성과 후천성을 명확하게 논의하기 위해서는 다음 사항에 대해서 명확한 논의가 이루어져야 한다. 첫째, 언어학습의 생물학적인 시간표와 같이 선천적으로 제공되는 언어학습의 예와 후천적 교육에 의해서 학습되고 내재화되는 언어학습의 예는 어떤 것이 있는가? 둘째, 학습의 효율성과 성공은 학습자들이 처해 있는 학습 환경에 의해서 결정될 수 있는데 이러한 예는 어떤 것들이 있는가? 셋째, 언어는 다른 사람과 상호작용에 의해서 습득될 수 있는데, 다른 사람과 상호작용을 통해서 습득되는 경우와 학습자 개개인이 창의적으로 습득해 나가는 언어학습의 예는 어떤 것이 있는가?

분명한 것은 '보모의 말(caretaker speech)'과 같이 어린이와 학습자에게 제공되는 단순화된 언어입력은 어린이들이 쉽게 받아들이고 이해하기 쉽도록 구조적으로 단순화된 언어입력이라 할 수 있다. 이러한 단순화된 언어입력은 학습자들이 언어를 배우는데 긍정적인 영향을 미친다. 만약 특정 유형의 언어입력이 언어학습에 영향을 미치는 중요한 요인이 된다면, 이는 어떤 유형의 언어입력이 외국어 학습을 촉진 시켜줄 수 있을 것인지에 대한 실마리를 제공해 주는데, 단순화된 언어입력은 학습자들이 모방을 위한 적합한 모형이 될 수 있다. 이와 같이 환경적 요인 역시 생득적 요인과 함께 언어학습에 지대한 영향을 미치고 있다는 사실을 인정해야 한다.

10.2.2. 언어학습에서 연습과 모방의 문제

행동주의자들은 모방과 연습 등의 방법은 습관형성(habit-formation)에 이르게 하는 훌륭한 학습 원리라고 주장한다. 실제로 우리는 모방과 연습이 언어를 배우는데 있어서 매우 효과적인 방법이라는 점에 대해서는 의심할 여지가 없다. 그렇다면 어린이들은 자신의 모국어를 배우면서 얼마나 많이 연습과 모방을 하는가? 이 질문에 대한 대부분의 학자들은 어린이 역시 자신의 모국어를 배우면서 많은 연습과 모방을 하고 있다는 사실을 인정한다. 예를 들어, 어린이들은 다음과 같이 자신이 배우고 있는 언어를 연습한다. "what color … what color blanket… what color mop… what color glass … Mommy's home sick … Mommy's home sick … Where's mommy home sick… Where's Milkey sick … Milky sick …" 이렇게 어린이들이 혼자 말로 언어를 연습하는 것은 이상한 일이 아니다. 위 예에서 보듯이, 어린이의 연습은 언어습득을 위한 그들의 노력이며 언어습득을 보여주는 한 단서가 된다.

그러나 생득론자들이 주장하는 언어습득 이론에 의하면, 어린이들은 행동주의에서 강조하는 반복, 모방, 강화를 통해서는 언어가 완전하게 습득되는 것이 아니다. 또한, 어린이들은 어떤 언어 요소에 많이 노출되었다고 해서 그 언어 요소를 먼저 습득하는 것이 아니라고 생각한다. 어린이들은 단순한 언어 규칙을 먼저 습득한 후 이를 토대로 보다 복잡한 언어 규칙을 터득해 나간다. 다음에 제시되는 어린이와 어머니의 대화는 언어가 단순히 반복, 모방에 의해 습득되지 않는다는 것을 보여준다.

어린이: *Nobody don't like me.*
어머니: No, say "Nobody likes me."
어린이: *Nobody don't like me.*
(Repeated 8 times)
어머니: No, now listen carefully; say "nobody likes me."

어린이: Oh! *Nobody don't likes me.*

어린이: My teacher *holded* the baby rabbits and we patted them.
성인 : Did you say your teacher held the baby rabbits?
어린이: Yes.
성인 : What did you say she did?
어린이: She *holded* the baby rabbits and we patted them.
성인 : Did you say she held them tightly?
어린이: No, she *holded* them loosely.

행동주의에 따르면, 틀린 문장을 발화한 학습자에게 부정적 강화를 제공하면 학습자는 틀린 문장을 수정해서 후에 올바른 문장을 발화해야 하는데 위 예문은 강화 원리가 제대로 적용되지 못하고 있음을 보여준다.

단순한 반복과 연습이 단지 언어습득으로 연결되지 않는다는 것은 또 다른 경우에서도 나타난다(McNeill, 1970). 일본 어린이의 경우, 어머니가 후치사 '-wa'를 다른 후치사 '-ga' 보다 두 배 정도 많이 사용하였다. 하지만 실제로 일본 어린이들은 후치사 '-ga'를 다른 후치사 '-wa'보다 많이, 자주, 그리고 더 정확하게 사용한 것으로 나타났다. 그 이유는 무엇일까? 행동주의 원리로 본다면 더 많이 반복적으로 사용된 '-wa'를 더 정확하게 사용해야 하지만 반대의 결과가 나타났다. 이에 대해 McNeill은 주어 표지(subject marker)로 사용되는 '-ga'가 어린이에게 있어서는 '-wa'보다 문법적으로 중요하고, 또한 심층구조(deep structure)에서도 더 유의적인 것으로 인식하고 있어서 더 먼저 습득한 것으로 보인다고 설명하였다. 유의성, 중요성 등을 배제한 기계적인 반복과 연습은 결코 언어습득에 도움이 되지 않는다는 것을 보여준 예라 할 수 있다.

행동주의자들은 반복과 연습을 통한 습관형성이 언어를 습득하게 한다고 주장하지만, 위 예에서 보는 바와 같이 자극의 빈도수와 연습 횟수는 언어습득을 위해 그다지 중요하지 않다. 따라서 생득론자들은 언어습득을 위해서 기계적인 반복 연습보다는 유의적인 학습활동을 통해 학습자가 언어 규칙을 유추하고 일반화할 수 있도록 하는 것이 매우 중요하다고 주장하였다.

10.2.3. 언어 발달 단계의 보편성 문제

학습자들이 서로 다른 언어적 환경에서 언어를 습득해 나가더라도 그들이 보여주는 언어 발달 단계는 유사하거나 보편성(universal)이 나타난다. 언어 발달 단계의 보편성이 나타나는 가장 큰 이유는 언어 발달 과정에 대한 생물학적인 시간표(biological timetable)가 이미 태어날 때부터 정해져 있다는 것인데, 이를 설명하기 위한 개념으로 '내적교수요목(internal syllabus)'이 사용되었다. 또한, 학습자들이 보여주는 언어 발달 단계의 유사성을 설명하기 위해서 Ellis(1994)는 '발달적 패턴(developmental patterns)', Krashen(1977)은 '자연 순서 가설(natural order hypothesis)'이라는 용어를 제시하였다. 이러한 맥락에서 학자들은 실제적 언어 데이터에 근거해서 학습자들이 보편적인 순서(단계)에 따라 형태소, 부정문 및 의문문, 그리고 관계절을 습득하고 있음을 발견하였다.

하지만 보편성에 대한 정확한 이해가 필요하다. 보편성이라는 용어는 유사하거나 비슷한 경우를 지칭하는 것이지, 모든 학습자들이 똑같은 발달 단계를 보여주었다는 의미로 사용되지 않는다. 특히, 인지주의에서 학습자들이 보여주는 언어 발달 단계의 보편성 의미는 학습자들이 보여준 언어 발달 단계들에 대한 평균적 의미를 지칭한다. 예를 들어, 시험을 치룬 한 집단의 특성을 보여주는 가장 좋은 수학적 수치는 그룹 평균(group mean)이다. 정상 분포도(normal distribution)에서 최하위 및 최상위 집단에 속한 학습자들은 평균과는 가장 거리가 먼 학습자들로서 발달 단계로 본다면 평균적 의미의 발달 단계와는 상당히 거리가 있음을 의미한다. 따라서 우리가 논의하고자 하는 언어 발달 단계의 보편성 의미는 학습자 개개인이 보여주는 독특하고 다양한 발달 단계로 이해하기 보다는, 전체적인 경향을 보여주는 집단의 평균적 의미에서 이해될 필요가 있다.

10.2.4. 습관형성과 창의적 언어구성

인간의 언어학습 과정은 행동주의에서 바라보는 습관형성(habit-formation), 그리고 인지주의에서 바라보는 규칙형성(rule-formation), 즉 창의적 언어구성(creative construction)에 의해서 설명될 수 있다. 먼저, 행동주의에서 바라보는 학습의 의미는 학습자들이 반복, 연습, 모방, 암기 등을 통해서 습관형성에 이르게 하는 것이다. 이런 맥락에서 모국어 습득도 습관형성이며, 외국어 학습 역시 습관형성이라 할 수 있다. 따라서 외국어를 학습하는 학습자들은 새로운 습관을 형성해야 하는데, 문제는 모국어라는 이미 형성된 습관과 서로 상충되는 경우가 있다는 것이다. 이미 형성된 모국어 습관이 외국어라는 새로운 습관을 형성하는데 도움이 될 수 있지만, 때로는 장애 요인이 될 수 있다는 점을 앞서 살펴보았다. 따라서 행동주의에서는 외국어 학습 과정 중 모국어의 간섭 요인을 극복하기 위한 방안(예: 대조분석 제안)은 교수법적 측면에서 매우 중요하게 다뤄진다.

그렇다면 인간의 언어학습 과정을 습관형성이라는 측면에서 충분히 설명할 수 있는가? 대부분의 학자들은 행동주의에서 주장하는 모방, 연습, 암기, 반복 등의 학습 방법이 분명 모국어 및 외국어 학습 과정에서 효과적이고 여전히 학습 현장에서 널리 사용되고 있다는 점에 대해서는 인정하고 있다. 하지만 행동주의 원리만으로 모국어와 외국어 학습 과정을 완벽하게 설명하는 것은 불가능하다고 주장한다. 특히, 인간 언어의 창의적 사용에 대해서는 행동주의 학습 원리인 반복과 연습만으로 설명하기에는 충분하지 않다.

한편, 인지주의에서 바라보는 언어학습 과정은 규칙발견과 규칙형성이다. 어린이와 언어 학습자들은 언어학습 과정 중에서 지속적으로 언어 규칙을 발견하고, 또한 언어 규칙에 대한 가설검증(hypothesis-testing) 과정을 거친다. 즉, 어린이와 언어 학습자들은 언어 규칙을 발견하고, 형성하고, 수정하고, 재형성해 나가는 일련의 과정을 지속적으로 행한다. 이러한 과정을 '창의적 언어구성(creative construction)'이라 한다. 예를 들어, 어느 단계에서 어린이들은 'goed' 라는 표현을 사용하는데, 이런 표현은 어린이들이 지금까지 발견한 언어 규칙에 근거하여 만들어낸 자신만의 표현에 해당된다. 다른 규칙동사의 여러 예에서 과거형을 만들기 위해서 동사 뒤에 *-ed* 형을 붙인다는 규칙을 *go* 라는 동사에도 그대로 적용한 예라 할 수 있다. 왜냐하면, 어린이 주변의 성인은 *goed* 라는 표현을 어린이에게 사용하지 않기 때문이다. 창의적 언어구성 과정에서 규칙 적용이 적절하게 일어났다면, 이는 '일반화(generalization)'라 할 수 있으며, *goed*와 같이 규칙이 잘못 적용되어 나타났다면 이는 '과잉일반화(overgeneralization)'라 한다. 과잉일반화는 결국 학습자가 생성한 오류이지만, 이러한 오류는 학습이 진행됨에 따라 오류 수정이 이루어진다는 특징이 있어서 '발달적 오류(developmental error)'로 불린다.

습관형성이든 창의적 언어구성이든 어느 하나의 이론으로 인간의 언어학습 과정을 충분하게 설명하는 것은 불가능해 보인다. 왜냐하면, 인간의 언어학습 과정에는 다양한 요인들이 작용하기 때문이다. 생득적 요인이라 할 수 있는 LAD/UG에 의한 규칙형성 과정이 행동주의에서 제안한 습관형성 이론에 비해서 좀 더 설득력이 있어 보이지만, 학습자를 둘러싼 언어적 환경이 학습자들의 언어학습 과정을 촉진시킬 수 있다는 점도 인정할 수밖에 없다. 언어학습 과정에는 학습자 자신의 인지 능력, 사회 · 정의적 능력, 그리고 학습자가 사용하는 학습전략 등 다양한 요인들이 내재되어 있다. 이러한 다양한 요인들에 대한 고려가 적절하게 이루어질 때 인간의 언어학습 과정을 좀 더 설득력있게 설명할 수 있을 것이다.

10.2.5. 자연적인 언어학습 환경과 인위적인 언어학습 환경

학습자가 외국어 학습 과정에서 무엇인가를 의식적으로 배우고자 할 때에 학습이 일어나는 것인가? 아니면 자연적인 의사소통 상황에 접할 때 활발하게 작동된다고 생각되는 '내적 언어처리 메카니즘(internal processing mechanism)'의 결과로서 외국어 습득이 효과적으로 일어나는 것인가? 두 질문이 전혀 새로운 것은 아니지만 외국어 습득 과정에 미치고 있는 그 중요성에 대해서는 다시 인식할 필요가 있다.

전통적인 외국어 교수 상황에서 의식적인 요인들이 갖는 영향력은 매우 강력하였다. 예를 들어, 교사는 학습자들에게 학습할 대화문을 구체적으로 제시하고, 학습자들은 문장 구조를 연습하며, 그리고 대화 중에 제시된 어휘들을 기계적으로 암기하는 방식으로 수업이 진행되었다. 이와 대조적으로 의사소통 상황 속에서 이루어지는 무의식적인 언어습득 환경은 종전의 의식적으로 행해진 학습활동과는 다른 수업 활동을 필요로 한다. 즉, 학습자들은 언어의 형태에 초점을 맞추기 보다는 소통상에 전달하고자 하는 의미에 초점을 맞추게 된다. 이러한 무의식적인 언어습득 환경에서 학습자의 언어능력은 내적 언어처리 메카니즘에 의해서 발달하게 된다.

따라서 효과적인 외국어 습득이 이루어지기 위해서 학습자들은 의사소통적 상호작용에 노출될 필요가 있다. 최근의 외국어 습득과 관련된 연구들은 외국어 수업 현장에서 이러한 의사소통 중심의 경향을 뒷받침해 주고 있다. 과거 구두 · 청각식(audio-lingual) 교수법에 익숙하였던 교사들도 습관형성을 위한 언어 교수법으로는 자유롭게 의사소통할 수 있는 언어사용 능력을 개발하는데 한계가 있다는 것을 인식하고 있다. 따라서 학습자들은 의사소통의 목적으로 언어를 사용할 수 있는 기회를 갖는 것이 필요한데, 소통상에 필요한 의미를 적절하게 전달하기 위해서 학습자들은 언어의 개별적인 각 요소들을 창의적이고 전체적인 언어체계 내로 통합할 수 있어야 한다.

최근 연구 결과에 의하면, 학습자들은 의사소통적 상호작용을 통해서 그들에게 제공되는 언어입력(input)을 대상으로 언어 규칙을 창의적으로 구성할 수 있는 기회를 갖는다. 과거 언어기능 학습 모형(skill-learning model)에서 외국어를 가르치기 위해서 의식적인 학습활동을 매우 즐겨 하였다. 하지만 최근 강조되고 있는 의사소통적 상호작용은 학습 과제의 구성 요인에 대한 부분적인 연습보다는 주어진 학습 과제에 대한 전체적인 연습을 추구한다. 이러한 의사소통적 상호작용은 학습자의 내적 언어처리 메카니즘의 작동을 촉진시켜 주며, 이는 교사의 통제와 학습자의 의식적인 면을 초월해서 지식을 창출하고 통합할 수 있는 상황을 만들어 준다.

일부 교사와 연구자들은 자유롭게 의사소통할 수 있는 학습자의 언어능력 발달은 전적으로 의식적인 학습보다는 무의식적인 습득이 일어날 때 더 효과적이라는 입장을 취하고 있다(Krashen은 이를 습득(acquisition)이라고 칭함). 이러한 믿음은 외국어 학습의 대부분이 비록 인위적인 교실 상황에서 이루어진다 할지라도, 교사는 듣기, 읽기, 토론, 의사소통 과제, 그리고 역할극 등과 같은 의사소통 중심의 활동을 통해서 학습자들이 언어를 사용할 수 있는 상황에 노출될 수 있는 기회를 많이 만들어 내는데 초점을 맞출 필요가 있다고 생각한다. 학습자들은 의사소통적 상황에서 전달하고자 하는 의미를 이해하는데 주의를 기울이기 때문에 가능한 의식적인 연습과 수정 같은 언어 형식에 초점을 기울이는 학습활동을 지양하게 된다. 이러한 의사소통 중심의 학습 맥락은 학습자들이 무의식적이고 자연적으로 언어의 규칙체계를 내재화시킬 수 있도록 해준다. 이러한 방식으로 언어가 습득될 때 학습자들은 보편적이고 유사한 언어 발달 단계를 보여준다.

교사와 연구자들은 습득 위주의 교수법이 다양한 외국어 학습 과정에서 어느 정도 효과가 있고 실제로 실행 가능한지를 탐색하고 있다. 이러한 맥락에서 교사들이 취할 수 있는 현실적인 방안은 다양한 종류의 의사소통적 활동들을 보다 광범위한 방법론적인 체제 내의 주요 구성 요소로 포함시키는 것이다(Lightbown, 2000). 이를 위해서 '소통 전(pre-communicative) 활동'과 '소통(communicative) 활동'으로 구분하여 학습활동을 적용해 볼 수 있다. 소통 전 활동은 학습자들이 실제로 언어를 사용하는데 필요한 하위 기술들을 습득하는데 초점을 맞추고 있지만, 학습자들이 실제로 의사통적 상호작용에 참여하지는 않는다. 소통 전 활동과 소통 활동을 좀 더 자세하게 설명하면 다음과 같다.

① 소통 전 활동(pre-communicative activities): 외국어를 사용하는데 필요한 부분적인 기능들을 훈련하는 활동으로 구성된다. 학습자들은 설명 또는 문법 연습과 같은 인지적 기법을 통해서, 그리고 반복, 모방, 암기 등과 같은 습관형성에 관련된 기법을 통해서 발음이나 문형 등을 연습하게 된다. 학습자들은 의식적으로 학습할 언어적 항목에 주의력을 기울이게 된다.

② 소통 활동(communicative activities): 학습 과제를 전체적으로 연습하는 형태를 띠게 된다. 학습자들은 개별적으로 이전에 학습한 언어 항목들을 의미 전달에 필요한 전체적인 체계 내로 통합시킨다. 창의적 언어구성이라는 관점에서 소통 활동의 목적은 자연적인 언어학습 과정을 통해서 언어를 습득할 수 있는 학습자의 능력을 개발시키는데 있다. 따라서 학습자의 주의력은 언어 형태보다는 의사소통에 필요한 의미 전달에 초점을 맞추게 된다.

이들 두 활동은 일종의 연장선에서 양 끝에 위치한다고 할 수 있다. 소통 전 활동은 동사의 변형을 암기하는 것과 같이 언어의 형태에 초점을 맞춘 활동이라 할 수 있고, 소통 활동은 흥미로운 토론에 참여하는 것과 같이 언어의 의미에 초점을 맞춘 활동이라 할 수 있다. 하지만 어떤 활동이 소통 전 활동 또는 소통 활동에 속하는지에 대해서는 명확한 구분이 어렵다. 하지만 이들 두 활동이 언어학습 현장에 적절히 사용된다면 학습자의 외국어 습득에 도움이 되는 것은 분명해 보인다.

■ The effects of formal instruction

In the formal instruction, teachers attempts to affect the course of learning, mainly by such means as: controlling the learners' exposure to the language; making them become aware of significant features and patterns; providing opportunities for practicing the language; ensuring that learners receive feedback about their performances. Within this general framework, an immense variety of teaching approaches is possible, and it is obvious that some teachers have developed more successful approaches than others. However, it is not at all clear what factors determine their success.

There have been a number of studies comparing the effectiveness of different methodologies, such as grammar-translation or audio-lingual methods. These have been inconclusive, probably because no single methodology is intrinsically better than others in all situations. Also, attempts to make fair comparisons are hindered by the fact that results are influenced by such a vast number of factors are related to the methodology as such. These include the personality and skill of individual teachers, the ability and motivation of different learning groups, the availability of time and resources, and so on. In fact, one of the clearest conclusions to emerge is that, at least in the present stage of our knowledge about possible methodologies, these other factors together play a more significant roile than the choice between one methodology and another.

from Littlewood, 2001, p. 60

10.2.6. 언어학습 과정 중의 발화 활동 의미

학습자들에게 외국어를 가르치기 위해 가장 널리 사용되는 교수법 중의 하나는 학습자들에게 외국어로 직접 말을 하게 하도록 요구하는 것이다. 수업 현장에서 교사는 기계적인 반복에서부터 자유토론에 이르기까지 학습자들이 언어를 생성하도록 다양한 정도의 통제력를 발휘할 수 있다. 이러한 발화 중심의 활동에 내재된 중요한 요점은 학습자들이 외국어를 생성해 내는 연습을 통해서 언어 규칙체계를 내재화시킨다는 것이다.

하지만 자연적이고 무의식적으로 이루어지는 외국어 습득 과정을 관찰하다 보면, 학습자들로 하여금 외국어를 의도적으로 생성하게 하는 연습이 언어를 배우는데 가장 중요한 방법이 되는지에 대해서는 의문을 갖게 한다. 자연적으로 이루어지는 외국어 습득 과정을 관찰함으로써 우리가 얻은 증거에 의하면, 학습자의 내적 언어처리 메카니즘은 언어를 외적으로 발화하지 않을 때 더 효과적으로 작동하고 있다는 것이다. 예를 들어, 외국어를 배우는 첫 단계에서 종종 침묵의 시기(silent period)가 발견되는데, 일반적으로 이 시기의 학습자들은 외국어를 발화하지 않는다. 학습자들이 발화를 하지 않는 침묵의 시기이지만, 학습자들은 언어 규칙체계를 내재화시키고 있으며, 그리고 그들이 말할 준비가 되었을 때 발화를 하게 된다. 학습자들이 언어 규칙을 내재화시킨 후 이러한 규칙체계를 반영하여 발화를 한다는 사실은 창의적 언어구성이 발화의 생성보다 선행한다는 점을 암시해 준다. 왜냐하면, 발화를 생성할 수 있도록 해주는 언어의 규칙체계가 없다면 발화 그 자체가 불가능하기 때문이다.

따라서 우리가 만약 의도적이고 의식적인 발화 연습을 하지 않더라도 창의적 언어구성이 일어날 수 있다는 점을 받아들일 수 있다면, 우리는 수용적 활동(receptive activities)들이 갖는 실제적인 역할을 보다 많은 영역에 적용시켜 볼 수 있다. 그렇게 함으로써 우리는 언어를 이해하는데 도움이 되는 특별한 기술뿐만 아니라 언어를 사용하는데 내재된 일반적인 언어능력을 보다 쉽게 이해할 수 있다. 이런 맥락에서 우리는 언어 교수법과 관련해서 매우 유용한 결론을 도출해 낼 수 있는데, 듣기와 읽기와 관련된 수용적 학습활동들이 교실에서도 많은 이점들을 제공해 해줄 수 있다는 점이다. 예를 들어, 이러한 수용적 활동들은 학습자 자신의 흥미와 동기에 부합할 수 있는 학습 자료들을 접할 수 있도록 해주며, 학습자들에게 명확한 학습 목표를 설정하는 데 도움이 되는 광범위하고도 다양한 학습 과제를 고안할 수 있도록 해준다. 또한, 대단위 수업이지만 학습자들이 동시에 학습활동에 참여할 수 있는 이점을 제공해 준다.

침묵의 시기 동안에 학습자들이 계속적으로 언어 규칙을 내재화시킨다는 점은 대단위 수업에서 이루어지고 있는 말하기 활동에 대해 우리들이 취할 수 있는 교수법적 측면에서 매우 중요하다. 예를 들어, 50분 외국어 수업에서 교사 한 사람이 40여 명의 학습자를 대상으로 말하기 활동을 한다고 가정할 때, 50분 모두를 말하기 활동 시간으로 사용한다 하더라도 학습자 개개인들은 충분히 말할 수 있는 기회를 갖지 못한다. 통상적으로 주요 학습 내용을 전달하고 설명하는데 수업 시간의 반을 사용하고 나머지 시간 동안에 말하기 연습을 할 경우, 학습자에게 질문을 하고, 질문에 대한 학습자의 답변에 대해서 반응을 보이고 수정하는데 실제로 학습자 개개인들에게 할당되는 시간은 30여 초 정도에 불과하다. 만약, 교사가 외국어 학습의 성공 여부는 학습자들이 얼마나 많은 시간 동안에 발화 연습을 하였는가에 달려 있다고 믿고 있다면, 앞에서 제시한 수업 상황에서 학습자 개개인들이 갖는 말하기 시간은 언어학습을 위해서 충분하지 못하다는 좌절감에 사로잡히게 될 것이다. 하지만 학습자들이 침묵하는 가운데에서도 그들의 언어능력을 개발시키고 있다는 점을 받아들일 수 있다면 앞에서 언급한 좌절감은 줄어들게 될 것이다. 따라서 외국어 학습에서 중요한 점은 학습자들이 얼마나 많이 발화를 하였는가에 달려있지 않다. 오히려, 외국어 습득의 성공 여부는 학습자들이 받아들이는 언어입력에 대해서 상호작용하면서, 그리고 내면적으로 언어 규칙을 발견하는데 얼마나 많은 주의력을 기울이는가에 달려 있다고 할 수 있다.

일부 교사들과 언어학자들은 교실 상황에서 영어를 배우고 있는 학습자들도 자연적인 상황에서 외국어를 배우고 있는 학습자들과 같이 침묵의 시기가 필요하다고 주장한다. 이 시기 동안에 학습자들은 외국어로 말해야 하는 어떤 부담도 갖게 해서는 안 된다는 것이다. 오히려,

침묵의 시기 동안에 교사는 학습자들이 이해 가능한 언어입력(comprehensible input)에 노출될 수 있도록 해주어야 한다. 예를 들어, 교사는 학습자들이 구체적인 상황을 통해서 그들에게 전달되고 있는 의미를 분명하게 이해할 수 있도록 해주며, 또한 필요하다면 학습자들이 비언어적인 방법으로 그리고 모국어로 반응을 보일 수 있도록 해 주어야 한다. 이러한 방식은 학습자들이 언어 규칙을 내면에 내재화시킬 수 있는 기초를 놓게 되며, 발화를 할 준비가 되어있지 않음에도 불구하고 발화를 해야 하는 불안감과 부담감에서 해방될 수 있도록 해준다. 만약 학습자들이 내재화된 언어 규칙을 활용하여 발화할 준비가 되었다면, 이제는 그들이 발화를 할 수 있도록 권고해야 한다.

■ The learners' L1: to speak or not to speak?

It is a common situation in the world today that FL teachers are native speakers of their learners' target language, and are teaching students who share a common L1. This would be the case, for example, when an English-speaking American goes to teach English in Korea, to learners who have all have Korean as their L1.

An issue: how important is it that such teachers should speak the L1 of their learners? Some would say it is essential, and that our American should only be allowed to teach English in Korea if she speaks Korean. Others say it is less crucial.

Ponder both sides of this issue. Think of how knowing Korean will help the American teacher. But think also of ways in which it will be of restricted value, and of how many factors other than knowing the learners' L1 will be impotant to her. Your conclusion?

from Johnson, 2013, p. 70

10.2.7. 내적교수요목과 외적교수요목 간의 조화

일반적으로 공식적인 교육기관에서 외국어를 가르치는 교육 과정에는 '외적교수요목(external syllabus)'이 존재하는데, 이는 교사 또는 교재의 내용에 따라 학습해야 할 언어적 항목을 제시하는 것을 의미한다. 외국어 학습에 관한 최근 연구에 의하면, 외국어 교사들은 '내적교수요목(internal syllabus)'에 대한 이해가 필요하다는 것을 암시해 주고 있다. 내적교수요목은 학습자들의 내적 언어처리 메카니즘에 의해서 언어적 항목과 규칙들을 습득할 때 거치는 습득 단계가 생득적으로 이미 결정되어 있음을 의미한다. 따라서 내적교수요목과 외적교수요목 간에는 충돌이 일어날 수 있다. 그 결과로서, 학습자들이 교실에서 배우는 언어 항목의 습득 순서는 자연적인 상황에서 학습자들이 외국어를 배울 때 보여주는 보편적인 발달 순서와 맞지 않을 수 있다.

학습자들이 보여주는 보편적인 언어습득 순서는 다음 2가지 중의 하나를 의미한다.

① 학습자는 언어적 항목 B(예를 들어, 3인칭 단수 뒤에 붙는 -s)를 습득할 준비가 되기 전에 언어적 항목 A(예를 들어, 복수를 나타내기 위해 명사 뒤에 붙는 -s)를 습득한 준비가 되어 있다.

만약 우리가 이러한 습득 순서에 대해서 충분한 지식을 갖고 있다면, 우리는 외적교수요목을 적절하게 수정함으로써 학습자들에게 가르치는 언어적 항목의 순서가 자연적인 습득 순서를 그대로 반영할 수 있도록 조정할 수 있다. 그러나 우리는 이러한 방식이 학습자의 발화에서 오류를 완전히 제거할 수 있을 것이라고는 기대하지 않는다. 왜냐하면, 자연적인 언어습득이란 어느 단계에서 특정 언어적 항목을 완벽하게 학습을 한 후 다음 단계로 이동해 가는 것이 아니라, 언어학습이 진행되면서 특정 언어적 항목에 대한 정확성이 점차 증대되는 점증적이고 나선형 방식의 발달 과정을 거치기 때문이다.

② 특정 문장의 변형(예를 들어, yes/no 답변을 요구하는 의문문, 또는 부정문)을 학습하는데, 보편적인 습득 순서는 일반적으로 A, B, C... 단계를 거친다.

이러한 습득 순서가 외적교수요목에서 그대로 구현될 수 있도록 조정하는 것은 매우 어렵다. 교실이라는 수업 현장에서 교과 내용을 학습자에게 전달하는 역할은 교사가 담당하는데, 초기 자연적인 학습 상황에서 생성된 언어적 항목을 교실에서 가르친다고 할지라도 서로 다른 교사가, 그리고 서로 다른 수업 현장에서 가르치는 언어적 항목은 다소 다를 수 있다. 그러나 보편적인 습득 순서에 대한 지식은 어떤 오류가 발생할 것인지에 대해 예측을 하는데 도움을 준다.

따라서 외국어를 습득하면서 학습자들이 보여주는 보편적인 습득 순서에 대해 교사 입장에서 취할 수 있는 방법은 다음 3가지가 있을 것 같다.

첫째, 학습자에게 가르치는 교수 항목의 순서는 가능하다면 학습자들이 보여주는 습득 순서를 반영하도록 함으로써 외적교수요목(external syllabus)과 내적교수요목(internal syllabus) 간에 나타나는 차이로 인해 충돌을 일으키기 보다는 오히려 상호 간에 보완하도록 하는 것이다.

둘째, 앞에서 언급한 첫째 사항이 여의치 않다면 학습자들이 외국어를 학습하면서 생성해 낼 수 있는 오류들을 예측해 보는 것이다. 그리고 이러한 오류들은 외국어 습득 과정 중에서 필연적으로 나타나는 것으로 여길 것인지, 아니면 추가적인 교수를 통해서 이들 오류들은 제거될 수 있는 것인지를 결정해야 한다.

셋째, 교과 과정에 의해 정해진 순서에 따라 학습자에게 언어 항목을 가르쳐야 한다는 생각을 포기하는 것이다. 대신에, 외부에서 제공되는 언어입력을 처리하면서 학습자 자신이 선호하는 경로에 따라 또는 학습자의 내적교수요목에 그대로 따라가면서 외국어를 배우도록 하는 것이다.

앞에서 언급한 바와 같이, 외국어 습득 과정에서 학습자들이 보여준 보편적 습득 순서에 대한 지식은 교실적 언어학습 상황에서 나타나는 오류를 어떻게 다룰 것인지에 대한 우리들의 인식 변화에 많은 영향을 미치게 되었다. 과거에는 오류란 교사와 학습자 모두에게 학습의 실패 또는 잘못된 학습의 결과를 나타내는 것으로 인식되었다. 오류는 바람직하지 않은 것이기 때문에 즉각적으로 수정 또는 제거되어야 한다는 생각이 지배적이었다. 그러나 최근에는 학습자들이 보여주는 오류는 더 이상 부정적인 것으로 인식되지 않고, 외국어를 습득하면서 나타날 수밖에 없는 필연적인 것으로 인식되었다. 또한, 학습자들은 외국어를 습득해 나가면서 그들의 언어능력을 발달시켜 나가는데, 이때 학습자들이 보여주는 오류는 학습자의 현재 언어 발달 단계를 보여주는 매우 중요한 언어적 증거로 인식되고 있다.

따라서 학습자들이 어느 과제에서는 언어 규칙을 올바르게 활용하여서 오류를 보여주지 않지만, 다른 과제에서는 언어 규칙을 잘못 적용하여 오류를 생성할 수 있다. 하지만 이러한 현상을 매우 자연스러운 것으로 인식한다는 것이다. 따라서 과거 오류에 대해 부정적인 입장이 최근에 들어와서는 매우 긍정적인 면으로 변화되고 있음을 알 수 있다. 이러한 오류에 대한 인식의 변화는 교실에서 이루어지는 학습활동 가운데 학습자들이 보여주는 오류에 대해, 교사는 수정을 요구할 것인지, 아니면 그대로 무시할 것인지에 대해 선별적으로 접근하게 된다. 교사는 이전에 학습자들이 습득한 지식과 관련이 없거나 의사소통 상에 치명적인 장애를 가져오지 않는 학습자의 오류에 대해서 학습자에게 수정을 요구하지 않아도 된다. 또한, 교사의 수정으로 인해서 학습자들이 의사소통을 하면서 전달하고자 하는 의미에 집중할 수 없다면, 이 경우에도 역시 교사는 학습자의 오류에 대해서 수정을 하지 않는 것이 교육적으로 더 효과가 있다.

10.2.8. 언어학습 과정에서 단순화된 언어입력의 의미

학습자들이 의사소통을 위한 수단으로서 외국어를 어떻게 사용하는가에 대한 연구를 살펴보면, 학습자들은 언어체계에 대한 불완전한 지식을 활용함에도 불구하고 의사소통의 목적을 충분히 달성하고 있다는 것을 발견하게 된다. 이러한 사실은 학습자들이 보여주는 오류에 대해서 보다 관용적인 입장을 취하도록 해준다. 그러나 외국어를 가르치는 교사의 입장에서 몇 가지 고려해야 할 사항이 있다.

외국어 관련 교과목에서 갖고 있는 교수 목표는 특정 언어 항목을 완벽하게 학습하는 것으로 설정되어 있다. 즉, 공식적인 교육기관에서 사용하고 있는 교육 과정의 특징은 외국어의 기본 문형들 그리고 의사소통적 기능을 구성하고 있는 여러 언어 목록들을 제시하기 위한 순서가 단계적으로 정해져 있다는 것이다. 이들 각각의 언어 항목은 건물을 짓는데 사용되는 벽돌과 같은 것으로 건물을 짓기 위해 벽돌 하나씩 쌓아 올리는 것과 같이, 학습자들은 외국어 학습을 진행하면서 점차 언어체계에 대한 총체적 지식을 구성해 나간다. 이상적인 학습자는 다음 언어적 항목으로 옮겨가지 전에 이전 언어적 항목에 대해서는 완벽한 정확성을 획득할 정도로 학습하게 된다.

하지만 자연적이고 무의식적으로 이루어지는 외국어 습득 과정은 좀 더 다른 방식으로도 설명이 가능하다는 것을 알게 된다. 자연적인 방식으로 외국어를 습득하는 학습자들은 언어체계의 각 부분을 차례대로 학습해 나가는 단계별 발달 과정(step-by-step progression)을 거치지 않는다. 학습자들은 처음 시작 단계에서 의미 전달에 차이를 가져올 수 있는 기본적인 언어적 요소들을 제외한 나머지들은 생략하고 보다 단순화된 언어체계를 사용하면서 외국어 습득을 시작하게 된다. 하지만 언어체계가 발달해 나가면서 학습자들은 의미 전달에 섬세한 차이를 가져 오는데 필요한 언어적 요소들을 점차 습득하게 된다. 이런 과정을 통해서 외국어 습득의 초기에 사용되었던 단순화된 언어체계는 의사소통을 위한 수단으로서 보다 정교화하게 된다.

이러한 사실을 교실에서 이루어지는 학습활동과 연계시켜 본다면, 교사들의 수업 목표를 보다 단순하게 설정할 필요가 있다는 것을 암시해 준다. 즉, 교사는 학습자들이 각각의 언어적 항목들을 완벽하게 학습하는 방식으로 수업 목표를 설정할 필요가 없다는 것이다. 대신에 전체적인 언어체계가 점증적인 단계를 거치면서 보다 더 정교화되고, 의사소통적인 잠재력을 증대시켜 나갈 수 있는 방향으로 수업 목표를 설정할 필요가 있다. 이를 위해서 교사가 취할 수 있는 교수전략은 다음과 같다.

① 교사는 외국어 학습의 초기 단계에서부터 학습자들이 그들의 언어체계에 대해서 자신감을 가지도록 하며, 그들의 언어체계가 의사소통적 목적을 위해서 사용될 수 있도록 권고해야 한다. 이를 위해서 교사는 난이도 정도에 따라 정선된 의사소통적 활동과 관련된 광범위한 목록들을 선별하여 제시할 필요가 있다.

② 만약 학습자들이 외국어를 사용하여 의사소통을 하는 가운데 어려움에 직면하였다면 교사는 학습자들이 의사소통전략(communication strategies)을 사용하도록 권고해야 한다.

물론 학습자들이 의사소통전략을 많이 사용한다면 그들의 발화는 이국적인 면(foreignness)을 증대시킬 수 있지만, 의사소통 상의 목적을 잘 실현시킬 수 있는 방법이 된다. 또한, 교사는 서로 다양한 상황에 맞추어 효과적으로 사용될 수 있는 여러 의사소통전략의 이점을 학습자들에게 안내하고 교육할 필요가 있다.

③ 학습자들의 언어수행 정도를 평가하는데 있어서, 교사는 언어 형태의 정확성보다는 의사소통적 효과성을 더 중요하게 다루어야 한다. 그렇다고 해서 언어적 형태의 정확성이 중요하지 않다는 것을 의미하는 것은 아니다. 외국어 학습자들의 발화가 갖는 소통적 효과를 살펴본 여러 연구들의 결과는 교사들이 교실 상황에 적용할 수 있는 평가 방향의 표준을 제공해 준다. 교사는 교실 상황에서 학습자들에게 전반적인 의사소통 체계에 대해서 평가를 할 때 사용될 수 있는 기법들의 목록들을 지속적으로 개발하고 확장시킬 필요가 있다.

앞에서 언급한 두 가지의 언어 발달 단계가 상호 배타적이라고는 생각하지 않는다. 교사는 효과적인 외국어 학습을 위해서 학습자들이 언어의 각 항목을 단계적으로 학습해 나간다는 전통적인 생각을 자신이 실행하는 교과 과정의 주 체제 안에 통합하여 사용할 수 있으며, 이와 동시에 학습자들의 전반적인 의사소통능력이 발달될 수 있도록 부수적인 학습활동의 기회를 제공할 수 있을 것이다. 이는 앞에서 언급한 의사소통 전 활동(언어적 항목의 단계별 발달 단계 중시)과 의사소통 활동(전반적인 의사소통을 위한 맥락 제공)이라는 체제 내에서 실현될 수 있다.

10.2.9. 언어학습 과정에 영향을 미치는 다양한 요인들 고려

동일한 조건에서 외국어 습득을 시작하였더라도 학습자들이 도달하는 언어 숙달도에 있어서 차이가 나타나는 것은 분명하다. 학습자들이 보여주는 숙달도의 차이를 설명하는데 있어서 전통적으로는 주로 지능(intelligence)과 적성(aptitude)이 중요한 요인이 된다고 생각하였다. 분명 어떤 학습자들은 다른 학습자들보다 외국어를 보다 잘 학습한다. 그리고 Gardner와 Lambert(1972)는 태도(attitude)와 동기(motivation) 역시 학습자들이 보여주는 숙달도의 차이를 설명할 때 매우 중요한 요인이 될 수 있다고 주장하였다. 그 이후로 많은 연구들의 결과는 다양하고 복합적인 심리적인 요인들이 외국어 습득 과정에 지대한 영향을 미치고 있다는 것을 보여 주었다.

하지만 이러한 심리적 요인들에 대한 우리들의 지식은 충분하지 않기 때문에 교수 목적을 위해서 너무 성급하고 비현실적인 결론을 도출하지 않도록 주의해야 할 필요가 있다. 예를 들어, 심리적 요인들에 대한 우리들의 지식이 충분하여 학습자들의 인성(personality) 또는 인지적 스타일(cognitive style)에 대한 측정을 정확하게 할 수 있다면, 그 측정 결과에 따라 각각의 학습자에게 적합한 교사를 배정하고 적절한 교수법을 활용함으로써 외국어 습득의 효과를 극대화시킬 수 있다. 그러나 이러한 상황은 이론적으로 가능할 뿐 가까운 미래에도 가능할 것 같지는 않다. 따라서 일반적인 측면에서 도출할 수 있는 몇 가지 결론의 예를 제시하면 다음과 같다.

① 외국어를 학습하는 가장 중요한 목적은 의사소통의 필요성을 충족시키는데 있다. 따라서 교사는 학습자들이 현재 배우고 있는 언어를 사용하여 의사소통을 할 때 갖게 되는 소통적 가치가 매우 크다는 사실을 인식시켜 주어야 한다. 예를 들어, 학습자들이 학습하고 있는 언어와 그 언어가 사용되는 사회적 맥락이 서로 관련이 될 수 있도록 해주며, 교실에서도 언어가 사용될 수 있는 의사소통적 상황을 많이 만들어 준다. 또한, 학습자들은 자신의 인성적 성향과 개인적인 필요성을 언어로 표현하기 위해 필요한 도움을 받을 필요가 있다. 그리고 가능하다면, 교사는 학습자들이 원어민과 자주 접촉할 수 있도록 일정을 조정할 수 있다.

② 학습자들이 원어민 공동체 사회에 대해서 긍정적인 태도를 갖고 있을 때 외국어 습득을 보다 효과적으로 할 수 있다. 따라서 교사는 원어민 공동체 사회에 대해서 학습자들이 막연하게 갖고 있는 편견이 제거될 수 있도록 도움을 제공해야 한다. 학습자들이 갖고 있는 보편적인 관심사와 원어민 공동체 구성원들이 갖고 있는 보편적인 관심사 또한 상호 관련이 있고 공통점이 있다는 것을 알려줄 필요가 있다. 이는 적절한 교재를 활용함으로써, 또는 원어민과 직접 접촉함으로써 성취될 수 있다.

③ 외국어 학습자들은 목표어 국가를 처음 방문하였을 때 소위 문화충격(culture shock)이라는 불편하고 불안한 느낌을 경험하게 된다. 가능하다면 원어민과 첫 접촉에서는 이러한 느낌을 경험할 수 있다는 것을 학습자들에게 교육시키고, 따라서 이러한 상황에 대해서 적절하게 대처할 수 있도록 적절한 교재와 전략 훈련을 통해서 학습자들을 준비시킬 필요가 있다.

④ 학습자들은 교실에서 목표어를 사용하여 자신을 적절하게 표현하지 못할 것 같은 불안감을 갖고 있어서 목표어의 적극적인 사용을 주저한다. 이는 학습자들의 외국어 학습에 대해서 부정적인 영향을 미친다. 따라서 학습자들이 보여준 언어수행에 대해서 너무 지나친 비평은 삼가는 것이 좋다. 또한, 학습자 개개인들이 스스로 발화하고 연습할 수 있는 사적인 공간을 마련해 주는 것도 효과적이다. 하지만 지나치게 발화 위주에 초점을 맞추고 있는 학습활동은 지양하는 것이 좋으며, 학습자의 자아를 보호하고 동료 친구들과 서로 협력할 수 있는 우호적인 학습 분위기를 만드는 것도 매우 중요하다.

⑤ 외국어를 성공적으로 학습하는 학습자들은 종종 자신에게 맞는 학습전략을 적절하게 사

용한다. 예를 들어, 언어 항목을 연습하고, 실제로 사용할 수 있는 기회를 찾는다든지, 또는 다른 학습자에게 주어진 질문에 대해서 가능한 답변을 미리 입안에서 중얼거려 본다든지 등의 학습전략을 사용하게 한다. 따라서 교사는 외국어 학습자들이 이러한 학습전략을 사용할 수 있도록 격려해야 한다.

앞에서 언급한 5가지 결론은 교사들이 외국어 학습에 영향을 미치는 다양한 심리적 요인들을 인식하도록 하며, 그리고 이러한 심리적 요인들이 그들의 교수 방식에 영향을 줄 수 있다는 점을 부각하기 위해서 제시되었다. 심리적인 요인들이 외국어 습득에 어떻게 영향을 미치는지에 대한 교사의 지식은 학습자의 필요에 부합한 언어 항목을 선택하고, 동료 친구들과 상호 협력할 수 있는 학습활동들을 계획하고 준비하고 실행하는데 도움이 될 수 있다. 물론, 교사 개개인은 위에서 제시된 내용과는 다르게 교수 방식을 적용시킬 것이고, 또한 서로 다른 결론을 도출시킬 수 있을 것으로 생각된다. 한편, 오류에 대한 교사의 태도 변화 또는 학습자의 주도적인 참여 등과 같은 교수 방식의 실현은 보다 효율적인 외국어 습득을 유도하는데 도움이 될 것으로 생각된다.

■ Brown's principles of SLA

Domains	Principles
1. L1 acquisition	Understanding the process of child L1 acquisition is important to understanding L2 acquisition in both adults and children.
2. Age	Age is a critical factor in SLA, with significant differences in SLA across age levels.
3. Neurolinguistics	The development and structure of the human brain is a significant factor in looking across ages as well as within any given age.
4. Learning	Models of SLA and pedagogical approaches must factor in an understanding of how human beings learn any skill or acquire any knowledge.
5. Individual differences	A wide variation in individual learning styles and personality factors is a necessary consideration in establishing the causes of success in SLA.
6. Strategies	The extent to which L2 learners utilize their strategic competence is crucial to the rate and efficiency of SLA, and to the ultimate degree of success.
7. Sociolinguistics	Socio-cultural factors are crucial to a learner's success in constructing one's identity, interacting with other users of the L2, and co-constructing meaning in the context of a community of users of the L2.

Domains	Principles
8. Communicative competence	In the related principle, L2 learners are invariably called upon to internalize structural, discoursal, pragmatic, stylistic, and non-verbal properties of communication in order to effectively comprehend and produce the L2 in varying contexts.
9. Learner language	The interlanguage development of an emerging L2 involves strategically using accumulated knowledge of one's own universe, the L1, the L2, and communicative context, and will by the nature of human learning, involve errors, variation, and periods of stabilization.
10. Instruction	The manner/method of classroom instruction is crucial to ultimate attainment in an L2, and focus on form, whether incidental or explicit, self-stimulated or teacher-stimulated, is crucial to the acquisition of fluent use of the L2.

from Brown, 2014, p. 287

10.3. 성공적인 외국어 습득을 위한 함축성

많은 학자들이 외국어 습득 과정에 대해서 지속적으로 연구를 진행하고 있다. 학자들의 다양한 이론과 주장들은 서로 간에 밀접한 관련을 맺고 있으며, 그러한 조합 가운데서 외국어 습득 과정을 보다 설득력 있게 설명할 수 있을 것으로 생각된다. 한편, Lightbown(1985, pp. 176-180)은 외국어 습득 과정에 대한 연구를 통해 얻은 일반적인 결론들을 다음과 같이 제시하였다.

① 성인과 청소년들도 어린이들과 마찬가지로 '습득'할 수 있다.
② 학습자는 자신의 모국어 간섭으로 인해서 오류를 유발할 뿐만 아니라, 모국어로서 영어를 습득하는 어린이들이 보여주는 것과 유사한 오류를 생성한다. 이는 체계적인 중간언어 형성이라는 점을 뒷받침해 준다.
③ 언어습득에는 예측 가능한 순서가 존재한다. 따라서 어떤 언어적 항목은 다른 언어적 항목이 습득되기 전에 반드시 먼저 습득될 필요가 있다.
④ 단순히 연습을 많이 한다고 해서 언어를 성공적으로 습득하는 것은 아니다.
⑤ 언어 규칙을 안다는 것과 실제 의사소통 상황에서 언어를 적절하게 사용하는 방법을 아는 것과는 별개의 문제이다.

⑥ 학습자가 보여준 오류에 대해서 명시적으로 명확하게 수정해 주는 것은 학습자의 언어 행위를 변화시키는데 별다른 영향을 미치지 않는다.
⑦ 성인 외국어 학습자들은 원어민과 같은 수준의 언어체계에 도달하기 전에 언어 발달이 중단되어 화석화 현상이 나타나는 경향이 많다.
⑧ 하루에 1-2시간 정도의 학습으로는 원어민과 같은 수준의 언어체계에 도달하는 것은 불가능하다.
⑨ 언어는 매우 복잡한 현상이기 때문에 실제로 성공적인 외국어 습득을 위해서 언어학습 과정 중에서 학습자들이 해야 할 일은 매우 많다.
⑩ 유의적인 맥락에서 언어를 이해하고 사용할 수 있는 능력은 그렇지 않은 맥락에서 언어를 사용하는 능력, 또는 복잡하고 정확한 언어를 사용하는 능력보다 훨씬 더 우수하다.

외국어 습득 과정에 대한 지속적인 연구는 외국어 습득에 영향을 미치고 있는 여러 요인들에 대한 우리의 이해력을 넓혀 준다. 그러나 많은 연구 결과에도 불구하고, 외국어 습득의 전 과정을 이해하려는 우리들의 지식은 매우 제한적이라 할 수 있다. 우리들의 지식이 왜 제한적인지 몇 가지 예를 들면 다음과 같다. 첫째, 외국어 습득이 어떤 보편적인 순서에 따라 일어난다고 하지만 이에 대한 증거는 언어의 한 단편적인 부분만을 설명하고 있다. 둘째, 학습자들이 사용하는 전이, 일반화, 과잉일반화, 또는 단순화와 같은 학습전략은 어떤 언어 규칙에는 적용이 되지만 다른 언어 규칙에는 적용이 되지 않는 경우가 많다. 셋째, 외국어 습득 과정 중에 많은 영향을 미치고 있는 비언어적인(non-linguistic) 요인들에 대해서 우리들이 갖고 있는 지식 또한 제한적이고 완전하지 않다. 넷째, 무의식적인 습득 또는 의식적인 학습과 같은 개념 뒤에 내재되어 있는 심리적인 실체들, 그리고 이들 실체 간의 관계에 대해서 우리들은 어떤 명확한 이해를 갖고 있지 못하다. 위에서 언급한 이러한 요인들은 우리가 학습자들에게 외국어를 교수할 때 교사들이 신중하게 고려해야 할 매우 중요한 부분이 될 것이다.

■ Some small-but-fascinating findings from Naiman *et al.* (1978)

None of the findings below is particularly central to Naiman et al.'s good language learner study. But they are interesting pieces of information to have. Are you surprised by any of them? Do any of them need an explanation? What might it be?

1. Poor students tend to prefer written work, such as grammar exercises.
2. In the classes observed during the study, there was more oral than written work. However, there was still very little emphasis given to free discussion as opposed to the more structural activities

like class exercises, tests, reading etc.

3. The researchers were surprised that good learners did not do any of the following very much: correct themselves, repeat things without being asked to, ask the teacher questions. But the good learners did put up their hands a lot.
4. It is interesting to note that more bottom than top students wanted to be asked [questions by teachers] more frequently. This may indicate that they feel neglected or that they recognize the need for greater participation.
5. Teachers most often corrected students mistakes in an explicit way, sayhing exactly what was wrong rather than giving hints. Very few explanations of why something was wrong were given. When a leaner got something right, the correct response was often repeated by the teacher, as a reinforcement.
6. It is interesting to see that not only top students had a favorable attitude towards their teacher ... but also bottom students.
7. How to find out about attitudes: a brief, but carefully designed, interview with a student may indicate a great deal more about his overall attitude towards language learning, and therefore the probability of his success, than the results of an involved attitude battery.

from Johnson, 2013, pp. 144-145

본 장에서는 외국어 습득 과정에 대한 선험 연구 결과들을 근거로 도출될 수 있는 몇 가지 통찰력에 대해서 논의를 해 보았으며, 또한 교사들이 실제로 외국어를 교수하는데 있어서 도움이 될 수 있는 몇 가지 함축적인 점을 제안하였다. 본 장에서 제시된 몇 가지 함축성 및 통찰력은 학습자들이 외국어 습득을 보다 성공적이고 효과적으로 수행할 수 있도록 교사들이 참고할 만한 처방전 역할을 담당하리라 생각된다. 언어습득 전 과정에 대한 우리의 지식은 제한적이지만, 앞으로 이루어질 많은 연구를 통해서 우리들의 지식은 점차 증대될 것으로 생각된다. 이는 궁극적으로 교사들의 외국어 교수 방식을 개선시키는데 긍정적인 영향을 미칠 것으로 생각된다.

단원 확인 문제

1. Chomsky의 언어능력에 대해 잘못 설명하고 있는 것은 어느 것인가?

① 구체적인 언어사용 맥락에서 언어가 사용되는 것에 대해 추상적으로 알고 있는 지식이다.
② 동질적인 언어 언어사회의 구성원들이 자신들의 모국어에 대해 갖고 있는 지식이다.
③ 표면상으로는 다른 문법적 구조이지만 이들 문장이 의미하는 바는 서로 같다는 것을 알 수 있는 능력이다.
④ 유한의 문법규칙으로 무한한 문장을 생성해 낼 수 있는 지식이다.
⑤ 언어수행은 참된 언어능력을 제대로 반영하지 못한다고 생각한다.

2. 의사소통능력에 대해 잘못 설명하고 있는 것은 어느 것인가?

① 비이상적인 화자와 청자가 개입된다.
② 이질적인 언어사회를 배경으로 한다.
③ 사회·문화적 맥락에서 유리시킨 언어에 대해서 내재적으로 가지고 있는 추상적 지식이다.
④ 한 언어가 문법적인/비문법적인가에 대해서도 관심을 갖는다.
⑤ 사회 구성원들이 언어 표현을 적절하게 받아들이는가에 대해 많은 관심을 보인다.

3. 인간 언어학습 과정에 대해서 잘못 설명하고 있는 것은 어느 것인가?

① 일반적으로 natural sequence 개념을 인정한다.
② 규칙형성을 통해서 언어를 학습하지만, 모방, 암기도 언어학습을 위해서 사용한다.
③ 일반적으로 학습자의 나이, 모국어는 natural sequence에 미치는 영향이 적다.
④ 언어능력은 한 순간에 완벽한 언어체계에 도달하는 것이 아니다.
⑤ Internal syllabus 개념 때문에 서로 다른 언어적 학습 환경에 따라 그 학습자의 언어 발달 경로는 달라진다.
⑥ 단순화, 일반화 과정은 언어를 보다 더 생산적으로 사용하기 위한 학습자의 노력이다.

4. 무의식적으로 일어나는 언어학습의 성격에 대해 바르게 설명하고 있는 것은?

① the conscious element is strong
② words are structures are practiced and memorized
③ acquisition-based approach
④ habit-forming techniques
⑤ form-oriented activities

5. 다음 중 기술하고 있는 바가 틀린 것은 어느 것인가?

① 언표내적 행위는 언어가 사용되는 사회적 맥락과 관련이 깊다.
② 사회적 규범에 대한 지식은 connotation과 관련이 깊다.
③ 담화는 하나의 문장에서 그 문장이 갖고 있는 완전한 의미를 파악하는 것을 중시하다.
④ 언어의 비지시적 표현은 대화자 간의 사회적 지위에 따라 영향을 많이 받는다.
⑤ 언어의 지시적 표현은 denotation과 관련이 깊다.

6. 어린이와 성인의 언어학습 환경에 대한 비교 설명 중 틀리게 기술하고 있는 것은?

① 어린이들이 받아들이는 언어입력은 성인이 받아들이는 언어입력에 비해서 훨씬 더 이해 가능한 것이다.
② 어린이가 받아들이는 언어입력은 “here-now” 개념이 중시된다.
③ 성인은 주로 비공식적인 언어학습 환경에서 외국어를 배우는 경향이 많다.
④ 성인은 어린이에 비해서 훨씬 더 추상적이고 복잡한 발화를 이해하도록 요구 받는다.
⑤ 일반적으로 어린이는 성인에 비해서 더 긴 침묵의 시간을 갖는다.

7. 다음 설명 중 틀리게 설명하고 있는 것은 어느 것인가?

① 교실에서 이루어지는 명시적 교수는 언어 형식에 대한 집중적인 교수가 가능하다.
② 교실에서 이루어지는 명시적 교수 상황에서 학습자의 언어 숙달도에 결정적인 영향을 미치는 요인은 학습자가 갖고 있는 지능, 적성 등과 같은 비언어적 요인이다.
③ 단순화된 언어입력은 어린이들이 언어의 규칙이나 의미를 파악하는데 도움을 준다.
④ 어린이들이 접하는 언어입력은 궁극적으로 *comprehensible input*와 관련이 있다.
⑤ 어린이들이 접하는 언어입력이 갖는 특징 중의 하나는 문장 구조가 보다 단순하다는 것이다.

8. Choose one which explains best about the following dialogue between them.

Child : Nobody don't like me.
Mother : No, say "No body likes me.
Child : OK, Nobody don't like me.
--- repeated 8 times
Mother : Listen carefully, "Nobody likes me."
Child : Oh, nobody don't like me.

① Child is intentionally focusing on correct language form.
② To correct child's error, practice is getting important in the future.

③ This dialogue implies that immediate feedback should be provided to correct child's error.
④ Child needs to learn the sentence one by one using more practice and imitation.
⑤ Repeated practice regardless of students' current language development stage is not so useful for them.
⑥ Interaction with native speakers is the only way to correct child's error.

참고문헌

참고문헌

김태영. (2004). Vygotsky 사회.문화 이론과 영어교육에의 시사점. *Journal of English Learning and Linguistics, 4*(3), 293-323.

나일주, 정인성. (1996). *교육공학의 이해*. 서울: 학지사.

박경자, 이희경. (2002). *영어습득의 이해*. 서울: 우용출판사.

박기표. (2000). 언어습득의 결정적 시기 가설. *영어교육, 55*(2), 179-200.

신성철, 박의재, 이정원. (1999). *현대영어교육*. 대전: 문경출판사.

정양수. (2023). *영어 교수·학습의 원리와 적용*. 충남대학교 출판문화원.

한영목. (1992). *언어와 사회*. 서울: 한신문화사.

황종배. (2006). *제2언어 습득론*. 서울: 경진문화사.

Action, W. (1979). *Second language learning and perception of difference in attitude*. Unpublished Ph.D dissertation. University of Michigan.

Adams, M. A. (1978). Methodology for examining second language acquisition. In A. Hatch (Ed.), *Second language acquisition: A book of readings*. Rowley, MA: Rowley Housing.

Albrechtsen, D., Henriksen, B., & Færch, C. (1980). Native speaker reactions to learners' spoken interlanguage. *Language Learning, 30*, 365-396.

Alpert, R., & Harber, R. (1960). Anxiety in academic achievement situations. *Journal of Abnormal and Social Psychology, 61*, 207-215.

Ausubel, D. A. (1968). *Educational psychology: A cognitive view*. New York: Holt, Rinehart & Winston.

Bachman, L. (1990). *Fundamental considerations in language teaching*. Oxford: Oxford University Press.

Bailey, C. J., Madden, C., & Krashen, S. (1974). Is there a "natural sequence" in adult second language learning? *Language Learning, 24*(2), 235-243.

Beebe, L. M. (1983). Risk-taking and the language learning. In H. W. Seliger & M. H. Long (Eds.), *Classroom oriented research in second language acquisition*. Rowley, MA: Newbury House Publisher.

Bialystok, E. (1990). The competence of processing: Classifying theories of second language acquisition. *TESOL Quarterly, 24*, 635-648.

Bohn, O. (1986). Formulas, frame structures, and stereotypes in early syntactic development: Some new evidence from L2 acquisition. *Linguistics, 24*, 185-202.

Brown, H. D. (1973). Affective variables in second language acquisition. *Language Learning, 23*, 231-244.

Brown, H. D. (1980). The optimal distance model of second language acquisition. *TESOL Quarterly, 14*, 157-164.

Brown, H. D. (2014). *Principles of language teaching and learning* (6th ed.). Pearson.

Burstall, C., Jamieson, M., Cohen, S., & Hargreaves, M. (1974). *Primary French in the balance.* Slough: NFER.

Burt, M. K. (1975). Error analysis in the adult EFL classroom. *TESOL Quarterly, 9*, 53-63.

Busch, D. (1982). Introversion-Extroversion and EFL proficiency of Japanese students. *Language Learning, 32*, 109-132.

Canale, M., & Swain, M. (1980). Theoretical base of communicative approaches to second language teaching and testing. *Applied Linguistics, 1*, 1-47.

Cancino, H., Rosansky, E. J., Schumann, J. H.(1978). The acquisition of English negatives and interrogatives by native Spanish speakers. In E. M. Hatch (Ed.), *Second language acquisition: A book of readings.* Rowley, Mass.: Newbury House.

Carroll, J. B., & Sapon, S. M. (1958). *Modern language aptitude test.* NY: The Psychological Corporation.

Chaudron, C. (1985). Intake: On models and methods for discovering learners' processing of input. *Studies in Second Language Acquisition, 7*, 1-14.

Chiara, T., & Oller, J. W. (1978). Attitudes and attained proficiency in EFL: A sociolinguistic study of adult Japanese speakers. *Language Learning, 28*, 55-68.

Chomsky, N. (1964). *Current issues in linguistic theory.* The Hague: Mouton.

Chomsky, N. (1965). *Aspects of the theory of syntax.* MIT Press.

Chomsky, N. (1989). Some notes on economy of derivation and representation. *MIT Working Papers in Linguistics, 10*, 43-74.

Coopersmith, S. (1967). *The antecedents of self-esteem.* San Francisco: W. H. Freeman & Company.

Corder, S. P. (1967). The significance of learners' errors. *International Review of Applied Linguistics, 5*(4), 161-170.

Corder, S. P. (1971). Idiosyncratic dialect and error analysis. *International Review of Applied Linguistics, 9*, 147-159.

Corder, S. P. (1977). *Error analysis and interlanguage.* Oxford: Oxford University Press.

Cromer, R. F. (1974). The development of language and cognition: The cognition hypothesis. In

B. Foss (Ed.), *New perspectives in child development.* Harmondsworth: Penguin Books.

Dechert, H. (1985). How a story is done in a second language. In C. Færch & G. Kasper (Eds.), *Strategies in interlanguage communication* (pp. 175-195). London: Longman.

de Villers, J. G., & de Villers, P. A. (1973). A cross-sectional study of the acquisition of grammatical morphemes in child speech. *Journal of Psycholinguistic Research, 2*(3), 267-278.

Dornyei, Z. (1995). On the teachability of communication strategies. *TESOL Quarterly, 29*(1), 55-85.

Dornyei, Z., & Skehan, P. (2003). Individual differences in second language learning. In C. Doughty and M. H. Long (Eds.), *The handbook of second language acquisition* (pp. 589-630). Oxford: Blackwell.

Duffy, T. M., & Bednar, A. K. (1991). Attempting to come to grips with alternative perspectives. *Educational Technology, September*, 12-45.

Dufeu, B. (1994). *Teaching myself.* Oxford: Oxford University Press.

Dulay, H. C., & Burt, M. (1973). Should we teach children syntax? *Language Learning*, 23(2), 245-57.

Dulay, H. C., & Burt, M.(1974). Natural sequence in child second language acquisition. *Language Learning*, 24, 37-53.

Ellis, R. (1985). *Understanding second language acquisition.* Oxford University Press.

Ellis, R. (1994). *The study of second language acquisition.* Oxford: Oxford University Press.

Ervin-Tripp, S. M. (1974). Is second language learning like the first? *TESOL Quarterly, 8*, 111-127.

Faerch, C., & Kasper, J. (1983). *Strategies in interlanguage communication.* London: Longman.

Fillmore, W. (1976). *Individual difference in second language acquisition.* Paper presented at a conference in California, November 9-11.

Fillmore, W. (1991). Second language learning in children: A model of language learning. In E. Bialystok (Ed.), *Communicative strategies: A psychological analysis of second language use.* Oxford: Blackwell.

Gardner, R. C. (1983). *Frames of mind: The theory of multiple of intelligence.* NY: Basic Books.

Gardner, R. C. (1985). *Social psychology and second language learning.* London: Edward Arnold.

Gardner, R. C., & Lambert, W. E. (1972). *Attitudes and motivation in second language learning.* Rowley, MA: Newbury House Publisher.

Gass, S. M., & Selinker, L. (2001). *Second language acquisition: An introductory course (2nd ed.).* Hillsdale, NJ: Erbaum Assoicates.

Girard, D. (1977). Motivation and young foreign language learner. *English Language Teaching Journal, 31*(2), 109-112.

Grigrenko, E., Sternberg, R., Ehrman, M. (2000). *A theory-based approach to the measurement of foreign language learning ability: The CANAL-F theory and test.* Modern Language Journal, 84, 390-405.

Guiora, A. Z., Action, W. R., Erard, R., & Strickland, F. W. (1980). The effects of bezodiazepine (valium) on permeability of ego boundaries. *Language Learning, 30,* 351-363.

Guiora, A. Z., Brannon, R. C., & Dull, C. Y. (1972). Empathy and second language learning. *Language Learning, 22,* 111-130.

Haastrup, K., & Phillipson, R. (1983). Achievement strategies in learner/native speaker interaction. In C. Færch & G. Kasper (Eds.), *Strategies in interlanguage communication* (pp. 140-58). Harlow, England: Longman.

Hakuta, K. (1974a). A report on the development of grammatical morphemes in a Japanese girl learning English as a second language. *Working Papers in Bilingualism* (Toronto), 3, 18-44. Reprinted in Hatch, (1978a).

Hakuta, K. (1974b). Prefabricated patterns and the emergence of structure in second language acquisition. *Language Learning, 24*(2), 287-297.

Hatch, E. (1983). *Psycholinguistics: A second language perspective.* Rowley, MA: Newbury House.

Hill, J. (1970). Foreign language acquisition and cerebral dominance revisited. *Language Learning, 20,* 237-248.

Honebein, P. C. (1996). Seven goals for the design of constructivist learning environment. In B. G. Wilson(Ed.), *Constructivist learning environment: Case studies in instructional design.* Englewood Cliffs, NJ: Educational Technology Publication.

Huang, J., & Hatch, E. M. (1976). A Chinese child's acquisition of English. In Hatch, (1978a.)

Hymes, D. (1972). On communicative competence. In J. B. Pride and J. Holmes (Eds.), *Sociolinguistics.* Harmondsworty: Penguin.

Jakobovits, L. A. (1970). *Foreign language learning: Psycholiguistic analysis of the issues.* Cambridge, MA: Newbury House Publisher.

Johnson, K. (2013). *An introduction to foreign language learning and teaching* (2nd ed.). New York: Routledge.

Johnson, M. (2004). *A philosophy of second language acquisition.* Yale University Press.

Jonassen, D. H. (1991). Objectivism and constructivism: Do we need a new philosophical paradigm? *ETR & D., 39*(3), 5-14.

Joos, M. (1967). *The five clocks.* New York: Harcourt, Brace and World.

Kellerman, E., Ammerlaan, T., Bongaerts, T., & Poulisse, N. (1990). System and hierarchy in L2 compensatory strategies. In E. Scarcella, S. Andersen & S. D. Krashen (Eds.), *Developing communicative competence in a second language* (pp. 168-178). New York: Newbury Housing.

Khalil, A. (1985). Communicative error evaluations: Native speakers' evaluation and interpretation of written errors of Arab EFL learners. *TESOL Quarterly, 19*, 225-351.

Klima, E., & Bellugi, U. (1966). Syntactic regularities in the speech of children. In J. Lyons & R. Wales (Eds.), *Psycholinguistics papers*. Edinburgh: Edinburg University. Press.

Krashen, S. D. (1973). Lateralization, language learning and the critical period: Some new evidence. *Language Learning, 23*, 63-74.

Krashen, S. D. (1977). The monitor model for adult second language performance. In M. K. Burt, H. C. Burt & M. Finocchiaro (Eds.), *Viewpoints on English as a second language*. New York: Regents Publishing Company.

Krashen, S. D. (1981). *Second language acquisition and second language learning*. Oxford: Pergamon Press.

Krashen, S. D. (1982a). *Principles and practice in second language learning*. Oxford: Pergamon Press.

Krashen, S. D. (1982b). Accounting for child-adult differences in second language rate and attainment. In R. C. Scarcella & M. H. Long (Eds.), *Child-adult differences in second language acquisition* (pp. 202-226). Rowley, MA: Newbury House Publisher.

Krashen, S. D. (1985). *The input hypothesis: Issues and implication*. London: Longman.

Krashen, S., & Scarcella, R. (1976). On routines and patterns in language acquisition and performance. *Language Learning*, 28, 283-300.

Labov, W. (1970). The study of language in its social context. *Studium Generale, 23*, 30-87.

Lado, R. (1961). *Linguistics across culture*. Ann Arbor: University of Michigan Press.

Lambert, W. E. (1967). A social psychology of bilingualism. *The Journal of Social Issues, 23*, 91-109.

Lantolf, (2000). Second language learning as a mediated process. *Language Teaching, 33*, 79-96.

Larsen-Freeman, D. E. (1975). The acquisition of grammatical morphemes by adults ESL students. *TESOL Quarterly, 9*(4), 409-420.

Lenneberg, E. (1967). *The biological foundations of language*. New York: John Wiley & Sons.

Leont'ev, A. N. (1979). The problem of activity in psychology. In Wertsch, J. V. (Ed.), *The concept of activity in Soviet psychology* (pp. 37-71). Armonk, NY: E. M. Sharpe.

Levelt, W. J. M. (1978). Skill theory and language teaching. *Studies in Second Language Acquisition, 1*(1), 53-70.

Lightbown, P. M. (1985). Great expectations: Second language acquisition research and classroom teaching. *Applied Linguistics, 6*, 173-189.

Lightbown, P. M. (2000). Classroom SLA research and second language teaching. *Applied Linguistics, 21*, 431-462.

Lightbown & Spada, (2011). *How languages are learned*(3rd ed.). Oxford: Oxford University Press.

Littlewood, W. (1987). *Foreign and second language learning: Language acquisition research and its implications for the classroom.* Cambridge: Cambridge University Press.

Littlewood, W. (2001). *Foreign and second language learning.* Cambridge: Cambridge University Press.

Long, M. H. (1985). Input and second language acquisition. In S. Gass & C. Madden (Eds.), *Input in second language acquisition.* Rowley, MA: Newbury House.

Long, M. H. (1990). Maturation constraints on language development. *Studies in Second Language Acquisition, 12*, 251-285.

Long, M. H. (1996). The role of the linguistic environment in second language acquisition. In W. C. Ritchie & T. K. Bhatia (Eds.), *Handbook of second language acquisition.* San Diego: Academic Press.

Lukmani, Y. (1972). Motivation to learn and language proficiency. *Language Learning, 22*(2), 261-273.

Lyons, L. (1968). *Introduction to theoretical linguistics.* New York: Cambridge University Press.

MacIntyre, P. D., & Gardner, R. C. (1991). Methods and results in the study of anxiety and language learning.: A review of the literature. *Language Learning, 41*, 85-117.

MacWhinney, B. (2001). The competition model: The input, the context, and the brain. In P. R. Robinson (Ed.), *Cognition and second language instruction* (pp. 69-90). Cambridge: Cambridge University Press.

McLaughlin, B. (1985). *Second language acquisition in childhood, Vol. 2: School-age children.* Hillsdale, NJ: Lawrence Erlbaum.

McLaughlin, B. (1987). *Theories of second language learning.* London: Edward Arnold.

McLaughlin, B. (1990). "Conscious" versus "subconscious" learning. *TESOL Quarterly, 24*, 617-634.

McLaughlin, B., Rossman, T., and McLeod, B. (1983). Second language learning: An information processing perspective. *Language Learning, 33*, 135-158.

McNeill, D. (1970). *The acquisition of language: The study of developmental psycholinguistics.* NY: Harper.

Meisel, J. (1980). Linguistic simplification: A study of immigrant workers speech and foreigner talk. In S. W. Felix (Ed.), *Second language development: Trends and issues.* Tubingen: Gunter Center.

Naiman, N., Frohlich, M., & Chamot, A. U. (1978). The good language learner. *Research in Education Series 7.* Toronto: Ontario Institute for Studies in Education.

Nattinger, J., & DeCarrico, J. (1992). *Lexical phrases and language teaching.* Oxford: Oxford University Press.

Nemser, W. (1971). Approximative systems of foreign language learners. *International Review of Applied Linguistics, 9*, 115-123.

Newmark, L., & Reibel, D. (1968). Necessity and sufficiency in language learning. *IRAL, 6*, 145-164.

Ochs, E. (1979). Planned and unplanned discourse. In Givon (Ed.), *Syntax and semantics, 12: Discourse and semantics*. New York: Academic Press.

Ohta, (2000).

Oller, J. W., & Ziahosseiny, S. M. (1970). The contrastive analysis hypothesis and spelling errors. *Language Learning, 20*, 183-189.

O'Malley, J. M., & Chamot, A. U. (1990). *Learning strategies in second language learning*. NY: Cambridge University Press.

Osgood, C. (1957). *Contemporary approaches to cognition*. Cambridge, MA: Harvard University Press.

Oxford, R. L. (1990). *Language learning strategies: What every teacher should know*. New York: Newbury House/Harper & Row.

Paribakht, T. (1985). Strategic competence and language proficiency. *Applied Linguistics, 6*, 132-146.

Peirce, B. (1995). Social identity, investment, and language learning. *TESOL Quarterly, 29*, 15-17.

Piaget, J. (1952). *The origins of intelligence in children*. New York: International University Press.

Pica, T., Young, R., & Doughty, C. (1987). The impact of interaction on comprehension. *TESOL Quarterly, 21*, 737-758.

Pimsleur, P. (1968). Testing foreign language learning. In A. Valdman (Ed.), *Trend in language teaching*. NY: McGraw Hill Book Co.

Porter, J. H. (1977). A cross-sectional study of morpheme acquisition in first language learners. *Language Learning, 27*(1), 47-62.

Prator, C. H. (1967). *Hierarchy of difficulty*. Unpublished classroom lecture. LA: University of California.

Ravem, R. (1974). The development of Wh-questions in first and second language learners. In J. Richards (Ed.), *Error analysis: Perspectives on second language acquisition* (pp. 134-155). London: Longmann.

Richards, J. C. (1971). Error analysis and second language strategies. *Language Learning, 17*, 12-22.

Richards, J. C. (1974). *Error analysis: Perspectives on second language acquisition*. Longman: Longman Group, Ltd.

Robinson, P. (2005). Aptitude and L2 acquisition. *Annual Review of Applied Linguistics, 25*, 46-73.

Sajavaara, K. (1981). *The nature of first language transfer: English as L2 in a foreign language setting*. Department of English, University of Jyyaskyla.

Savery, J., & Duffy, T. (1995). Problem based learning: An instructional model and its contructivist framework. *Educational Technology, 35*(5), 31-38.

Savignon, S. J. (1972). Communicative competence: An experiment in foreign language teaching. *Language Learning, 26,* 135-143.

Saville-Troike, M. (1984). *The ethnography of communication*. Oxford: Basil Blackwell.

Saville-Troike, M. (2006). *Introduction to second language acquisition*. Cambridge: Cambridge University Press.

Schmidt, (1983).

Schumann, J. (1976). Social distance as a factor in second language acquisition. *Language Learning, 26*, 135-143.

Schumann, J. (1978a). *The pidginisation process: A model for second language acquisition*. Rowley, MA: Newbury House.

Schumann, J. (1978b). The acculturation model for second language acquisition. In R. Gingras (Ed.), *Second language acquisition and foreign language teaching* (pp. 27-50). VA: Center for Applied Linguistics.

Scovel, T. (2001). *Learning new languages: A guide to second language acquisition*. Boston: Heinel & Heinle.

Seah, H. (1980). *Contrastive analysis, error analysis and interlanguage in relation to adult Chinese speakers learning English as a second language*. Unpublished doctoral dissertation. Simon Fraser University.

Seliger, H. W. (1978). Implications of a multiple critical period hypothesis for second language learning. In W. Richie (Ed.), *Second language acquisition research* (pp. 11-19). New York: Academy.

Selinker, L. (1972). Interlanguage. *International Review of Applied Linguistics, 10*, 201-231.

Sheorey, R. (1986). Error perceptions of native-speaking and non-native speaking teachers of ESL. *English Language Teaching Journal*, 40, 306-312.

Skehan, P. (1988). Language testing: Part I. *Language Teaching, 21*, 211-221.

Slobin, D. I. (1973). Cognitive prerequisites for the development of grammar. In C. Ferguson and D. I. Slobin (Eds.), *Studies of child language development*. New York: Holt, Rinehart & Winston.

Slobin, D. I. (1979). *Psycholinguistics* (2nd ed.). Glenview: Scott, Foresman.

Stenson, N. (1974). Induced errors. In. J. Schumann & N. Stenson (Eds.), *New frontiers of second language learning*. Rowley, MA: Newbury House.

Stevick, E. W. (1989). *Success with foreign language.* NY: Prentice-Hall.

Swain, M. (1985). Communicative competence: Some roles of comprehensible input and comprehensible output in its development. In S. Gass & C. Madden (Eds.), *Input in second language acquisition* (pp. 235-253). Rowley, MA: Newbury House.

Swain, M. (2000). The output hypothesis and beyond: Mediating acquisition through collaborative dialogue. In J. Lantolf (Ed.), *Sociocultural theory and second language learning* (pp. 97-114). Oxford, UK: Oxford University Press.

Swain, M., & Lapkin, S. (1996). Problems in output and the cognitive process they generate: A step towards second language learning. *Applied Linguistics, 16*, 371-391.

Tarone, E. (1980). Communication strategies, foreign talk, and repair in interlanguage. *Language Learning, 29.*

Tarone, E. (1981). Some thoughts on the notion of communication strategy. *TESOL Quarterly, 15,* 285-295.

Tarone, E. (1983). On the variability of interlanguage system. *Applied Linguistics*, 4, 143-163.

Tarone, E., & Yule, G. (1989). *Focus on the language learner.* Oxford: Oxford University Press.

Taylor, B. (1975). The use of overgeneralization and transfer learning strategies by elementary and intermediate students of ESL. *Language Learning, 25*, 73-108.

Van Patten, B., & Cadierno, T. (1993). Explicit instruction and input processing. *Studies in Second Language Acquisition, 15*, 225-243.

Vilgil, A., & Oller, W. (1976). Rule fossilization: A tentative model. *Language Learning, 26*, 281-295.

Vygotsky, L. S. (1986). *Thought and language* (2nd ed.). Cambridge, MA: MIT Press.

Wells, G. (1981). Becoming a communicator. In G. Wells et al. (Eds.), *Learning through interaction: The study of interaction development.* Cambridge: Cambridge University Press.

White, V. (1993). *Linguistics and second language acquisition.* New York: St. Martin's Press.

Whitman, R. (1970). Contrastive analysis: Problems and procedures. *Language Learning, 20,* 191-197.

Whitman, R., & Jackson, K. L. (1972). The unpredictability of contrastive analysis. *Language Learning, 22*, 191-197.

Widdowson, H. G. (1979). *Exploration in linguistics.* Oxford University Press.

Wilds, C. (1962). *Time requirement for foreign language achievement.* Washington D.C.: Foreign Service Institute.

Wode, H. (1976). Developmental sequences in naturalistic L2 acquisition. *Working Papers in Bilingualism* (Toronto), 11, 1-31.

Young, (1999). Input and interaction. *Annual Review of Applied Linguistics, 9*, 122-134.

색인

색인

A

B

C

D

E

F

G

H

I

L

M

N

O

P

R

ㅅ

ㅇ

ㅈ

ㅊ

ㅌ

ㅍ

ㅎ